통합사회
30일 달성
학습 계획표

학습 계획표

학습 계획표를 따라 차근차근 독해 공부를 시작해 보세요.
빠작과 함께라면 통합사회 독해, 어렵지 않습니다.

영역	지문명	교재 쪽수	학습한 날		
지리	한반도는 토끼인가, 호랑이인가?	016~019쪽	1일차	월	일
	갯벌 개발의 미래	020~023쪽	2일차	월	일
	독도의 주인을 증명하는 기록	024~027쪽	3일차	월	일
	사계절의 균형이 무너진다면	028~031쪽	4일차	월	일
	봄철의 불청객들	032~035쪽	5일차	월	일
	농어촌을 구할 빈집 정비 사업	036~039쪽	6일차	월	일
	수도권 집중에서 더불어 잘 사는 국토로	040~043쪽	7일차	월	일
역사	구석기 유물을 발굴한 손보기	046~049쪽	8일차	월	일
	8조법에 나타난 불평등 사회	050~053쪽	9일차	월	일
	의자왕과 삼천 궁녀는 가짜 뉴스?	054~057쪽	10일차	월	일
	위대한 정복자, 광개토 대왕	058~061쪽	11일차	월	일
	김춘추와 토끼의 간 이야기	062~065쪽	12일차	월	일
	사라진 철의 나라	066~069쪽	13일차	월	일
	비운의 천재, 최치원	070~073쪽	14일차	월	일
	빼앗길 수 없는 발해의 역사	074~077쪽	15일차	월	일

빠작

통합사회

5학년

❝『빠작 초등 비문학 독해 통합사회·통합과학』은 교과서 중심의 비문학 학습이 어떠해야 하는지를 아주 쉽게, 효과적으로 제시하고 있습니다.❞

흔히 교과서를 읽는 것이 중요하다고 말합니다. 그런데 교과서를 어떻게 읽고 학습해야 하는지 올바로 가르치는 경우는 적습니다.

이번 『빠작 초등 비문학 독해 통합사회·통합과학』은 교과서 중심의 비문학 학습이 어떠해야 하는지를 아주 쉽게, 효과적으로 제시하고 있습니다. 특히 지문을 읽고 내용을 독해한 뒤 이어지는 교과 개념 학습이 아이들에게는 교과 개념을 반복 학습시키는 데 매우 도움이 될 것으로 기대됩니다. 그뿐만 아니라 기존의 독해 파트 역시 내용 이해, 추론, 적용의 단계를 구분하여 체계적으로 독해력을 훈련 시키고 있어 학습 효과 향상이 기대됩니다.

최성호
에이프로 아카데미

❝비문학은 단계별 독법이 중요한데, 내용 독해에서 이해, 적용, 추론으로 진행되는 배움의 과정이 매우 체계적입니다.❞

저는 비문학 교재를 볼 때 스스로 몇 가지 질문을 던지곤 합니다. '좋은 제시문을 선정했는가?' '학생들의 배경지식을 활성화하고 의미 있는 지식과 정보를 제공하는가?', '비문학을 읽어내는 독법, 즉 읽는 역량을 키워 주는가?'

『빠작 초등 비문학 독해 통합사회·통합과학』은 이러한 저의 질문에 고개를 끄덕이게 해 주었습니다. 사회, 과학의 세부 영역에서 좋은 제시문을 선정했을 뿐 아니라 내용 독해에서도 이해, 추론, 적용으로 진행되는 탄탄한 구성과 글에 블록 조각이 결합되는 것처럼 깔끔하게 구성된 어휘, 표현과 해제까지도 모두 체계적입니다.

무엇보다 구조 분석을 통해 단락에서 전체 글을 한눈에 보게 하는 과정이 좋았습니다. 이 교재를 한번 공부한 학생들이 나중에 각각의 글을 '한 판 구조도'로 다시 만들어 복습한다면, 더욱 큰 효과가 있을 것으로 예상합니다.

비문학 공부는 때로 인내심과 끈기가 필요합니다. 하지만 그만큼 배움의 효과를 크게 돌려주는 공부라는 점을 잊지 말았으면 합니다.

강용철
EBS 국어 대표 강사

❝독해력은 교과 내용을 이해하는 데 필수적이고, 배경지식은 이해를 돕고 학습의 흥미를 높이는 데 결정적인 역할을 합니다.❞

초등학교 3학년부터는 사회, 과학 교과 공부가 시작됩니다. 그런데 생각보다 많은 아이들이 사회, 과학 교과를 어려워합니다. 이야기책보다 흥미 요소가 적고 내용이 어렵기 때문입니다. 학년이 올라갈수록 어려워지는 교과 내용을 이해하려면 두 가지가 필요합니다. 바로 독해력과 배경지식입니다. 독해력은 교과 내용을 이해하는 데 필수적이고, 배경지식은 이해를 돕고 학습의 흥미를 높이는 데 결정적인 역할을 합니다. '아는 만큼 보인다'고 하듯이 배경지식이 풍부한 아이일수록 사회, 과학 과목을 더 재미있게 받아들일 수 있습니다.

이번에 출간된 『빠작 초등 비문학 독해 통합사회·통합과학』은 양질의 비문학 지문을 통해 국어 독해력을 향상 시키는 것은 물론이고 사회, 과학 공부에 필요한 배경지식을 쌓아갈 수 있도록 구성되었습니다. 이렇게 국어 독해력과 교과 배경지식 두 마리 토끼를 잡은 책이 출시되어 반갑습니다. 각 학년 별, 과목 별 교육과정이 체계적이고 충실하게 반영된 것도 눈에 띕니다. 매일 일정 분량을 학습하며 교과 개념 지식과 배경지식을 쌓아 나간다면 어느새 사회, 과학이 재미있게 느껴질 것입니다.

최선민
초등교사, 『오늘부터 초등 어휘왕』 저자

고등학생들을 지도하고 수능 대비를 하면서 가장 크게 절감하는 것이 학생들의 비문학 독해 능력 격차입니다. 단기간의 학습으로 극복이 어려운 비문학 독해 및 문제 풀이 능력은 학생들의 개인적 역량에 의존하는 경향이 크기 때문입니다.

그리고 정말 불편한 진실은, 비문학 독해의 성패는 국어 능력에 의해서라기보다는 여러 과목 공부를 잘하는 학생인가 그렇지 않은가에 따라 좌우된다는 점입니다. 특히 '과학'과 '사회' 과목 학습이 탄탄한 학생이 비문학 독해에 강하다는 것은 누구도 부정할 수 없는 현실입니다. 그러나 지금은 독해법으로 문제를 푸는 시대가 아닙니다. 어찌 보면 수능의 취지에 가장 부합한, 충실한 범교과적 학습이 필요한 시대입니다.

그래서 초등학교 때부터 미리 '과학'과 '사회' 과목의 배경지식을 기르고, 교과 개념과 연계된 문제 풀이를 통해 수능과 고등 교과 학습의 기초를 다지는 것이 중요합니다.

『빠작 초등 비문학 독해 통합사회·통합과학』은 그런 길을 열어가는 기준이 될 학습서입니다. 교과 개념을 충실하게 반영하면서도 우리 아이들이 흥미를 갖고 도전하고 싶은 지문들로 구성되어 있기 때문입니다. 아이들뿐만 아니라 학부모님들도 지문을 함께 읽다 보면, 배경지식이 쌓이는 느낌을 받을 수 있을 것입니다.

이석호
이석호국어학원 원장

『빠작 초등 비문학 독해 통합사회·통합과학』은 모든 초등학생에게 권하고 싶을 정도로 꼭 필요한 것과 심화 내용이 흥미롭게 구성되어 있습니다. 교과 연계 개념이기 때문에 친숙하면서도 깊이가 있고, 내용이 재미있어 지식을 확장하는 데에도 크게 도움이 될 듯합니다.

국어의 독서 과목에도 사회, 과학 지문이 어려운 난이도로 출제되어 힘들어하는 고등학생들이 많은데, 초등학생 때부터 이렇게 공부하면 중고등 내신과 수능까지 매우 든든할 것입니다.

중·고등과 수능까지 2022개정 교육 과정을 배우게 되어 시험을 치르게 될 초등학생들에게는 통합사회, 통합과학이 사·과탐 영역에서 최대 비중이 됩니다. 국어 또한 난도가 계속 올라가고 있으며, 여러 분야의 텍스트 독해력이 미치는 영향이 절대적입니다.

『빠작 초등 비문학 독해 통합사회·통합과학』을 통해 최신 사회 현상과 과학 원리를 공부해 추론하고 적용하는 힘을 기르면 국어, 사회, 과학은 물론이고 범교과적인 성적과 사고력 향상을 기대할 수 있을 것입니다.

김소희
한올국어학원 원장

사회와 과학을 암기 과목이라고 생각하고 달달 외우는 경우가 많습니다. 하지만 그 많은 개념을 외우기란 쉬운 일이 아닐뿐더러 재미없는 과목으로 인식하게 되는 지름길이 됩니다. 사회와 과학 교과서를 제대로 읽고 이해하지 못하는 학생들의 어려움은 결국 '어휘'에 있습니다. 낯선 어휘를 익숙하게 만들면 교과 개념을 쉽게 이해할 수 있습니다.

『빠작 초등 비문학 독해 통합사회·통합과학』은 최신 사회 현상과 과학 원리를 접목한 교과 연계 독해 학습으로 학생들에게 흥미를 더해 줍니다.

'다음에는 또 어떤 이야기가 나올까?'라는 생각이 들며 궁금해지는 지문과 문제, 비주얼 개념이 한데 어우러져 '어휘-개념-독해'를 한 번에 해결할 수 있도록 돕습니다. 문항 구성에 있어 내용 이해에만 국한하지 않고 목적, 추론, 어휘·어법, 요약, 적용 등 다양한 문제를 접할 수 있게 만들어 폭넓은 독해 능력 향상에도 도움을 줍니다. 초등학생의 사회와 과학 공부에 도움을 줄만한 학습서를 찾기 어려웠는데 좋은 교재가 나와 기쁜 마음입니다.

정예슬
교육인플루언서, 전직 초등 교사

독해

초등 국어 문학 독해

- 지문 독해–지문 분석–어휘 학습 3단계로 학습하는 초등 독해 기본서
- 소설, 시, 수필 등 문학 작품의 갈래별 지문 감상 훈련으로 바른 독해 학습

초등 국어 비문학 독해

- 지문 독해–지문 분석–어휘 학습 3단계로 학습하는 초등 독해 기본서
- 언어, 역사, 사회, 문화, 경제, 과학, 기술, 예술, 인물, 환경 등 10개 영역별 지문으로 배경지식 습득 및 어휘력 향상

초등 비문학 독해 통합사회

- 사회 현상과 관련 있는 비문학 지문 독해 훈련
- 3~6학년이 꼭 알아야 하는 사회 교과 개념 연계

초등 비문학 독해 통합과학

- 과학 원리와 관련 있는 비문학 지문 독해 훈련
- 3~6학년이 꼭 알아야 하는 과학 교과 개념 연계

어휘

초등 국어 어휘X독해

- 독해 학습을 통해 학년별 필수 어휘 이해
- 핵심어 중심의 비문학 지문 독해 학습
- 핵심어의 뜻과 주제로 어휘 확장 학습

문법

초등 국어 문법

- 문법의 기초 개념을 탄탄하게 학습
- 풍부한 예시로 정확하게 문법 이해
- 다양한 문제로 폭넓게 적용하여 문법 학습

『빠작』을 어떻게 공부하면 좋을까요?

다음 내용을 보고 우리 아이에게 어떤 학습 순서가 알맞을지 살펴보세요.

A 타입 기본부터 차근차근 공부하고 싶어요!

기초부터 천천히 학습하여 문해력을 키우고 싶은 친구, 적은 분량이라도 매일 꾸준히 독해 공부를 해서 실력을 탄탄하게 다지고 싶은 친구는 A타입의 순서로 학습하는 것을 추천합니다. 매일 정한 분량을 꾸준히 학습하고 마지막으로 문해력을 완성하는 문법까지 전 권을 학습하고 나면 국어 실력이 한층 향상됩니다.

추천 학습

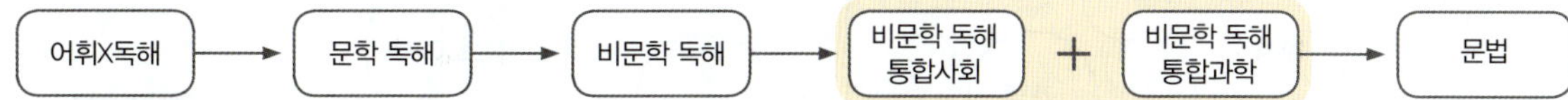

B 타입 비문학보다 문학이 어려워요!

비문학 글의 핵심 주제 파악이나 글쓴이의 관점을 파악하는 것은 쉽지만 문학 작품에서 숨겨진 작가의 의도를 파악하고, 작품의 중요 내용을 정리하는 것이 어려운 친구에게는 B타입을 추천합니다. 빠작 문학은 문학 작품의 갈래별 지문 감상 훈련 위주로 구성되어 있어서 문학 독해가 쉬워집니다.

추천 학습

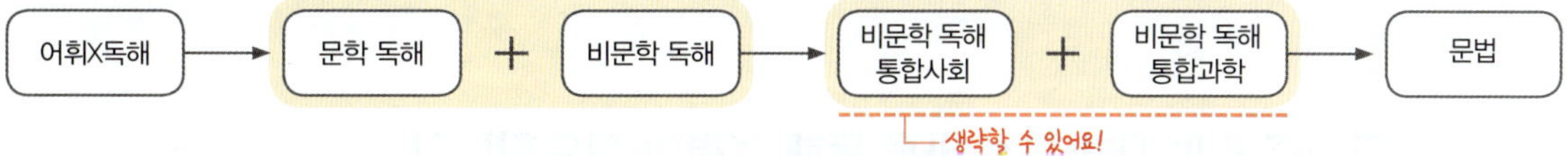

C 타입 문학보다 비문학이 어려워요!

문학 작품을 읽으며 작가의 의도를 파악하는 것은 쉽지만, 비문학의 핵심 주제 파악이나 글쓴이의 관점 이해가 어려운 친구에게는 C타입을 추천합니다. 어휘로 기본을 다진 뒤, 비문학으로 세분화된 지문을 공부하고, 특화된 통합사회・통합과학 지문을 이어서 차례대로 학습하면 글의 중심 내용을 파악하고, 글쓴이의 생각을 이해하는 것이 쉬워집니다.

추천 학습

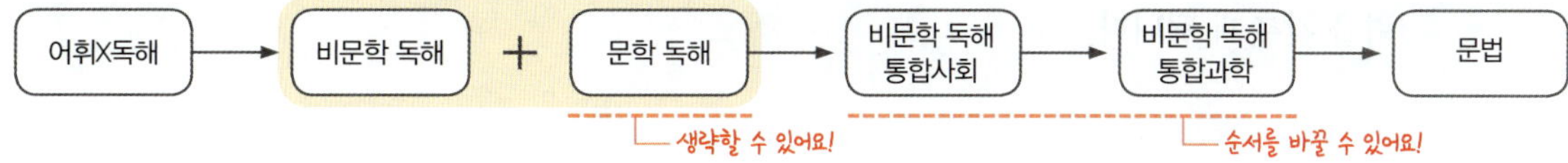

D 타입 좋아하는 영역만 집중해서 공부해요!

지문을 독해하는 데는 문제가 없지만 사회나 과학 중 자신이 좋아하는 한 영역만 집중해서 책을 읽는 친구나, 교과와 관련 있는 지문이 어렵게 느껴지는 친구에게는 D타입을 추천합니다. 빠작 비문학 독해를 공부하며 먼저 비문학 전 영역을 두루 살펴보고, 비문학 독해 통합사회와 통합과학을 함께 공부하면 특정한 영역에 치우치지 않고 학습하며 교과 배경지식도 쌓을 수 있습니다.

추천 학습

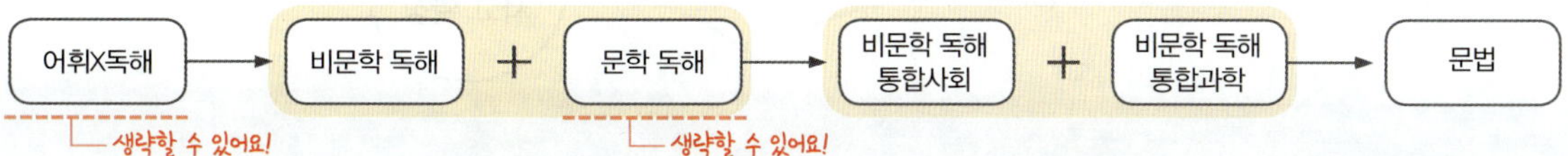

독해력 형성, 수월한 교과 학습의 지름길입니다.

교과 지식은 글을 통해 전달됩니다. 지식을 전달하는 글은 핵심 개념과 그에 대한 부연 설명을 압축적으로 제시하기 때문에 글의 수준이 높습니다. 또한 이해를 돕는 예시들이 한데 모여 있지 않고 다양한 활동이나 문제들 곳곳에 흩어져 있기도 합니다. 따라서 글을 정확하고 바르게 읽어내는 능력, 즉 독해력이 형성되어 있어야 수월한 교과 학습이 가능해집니다.

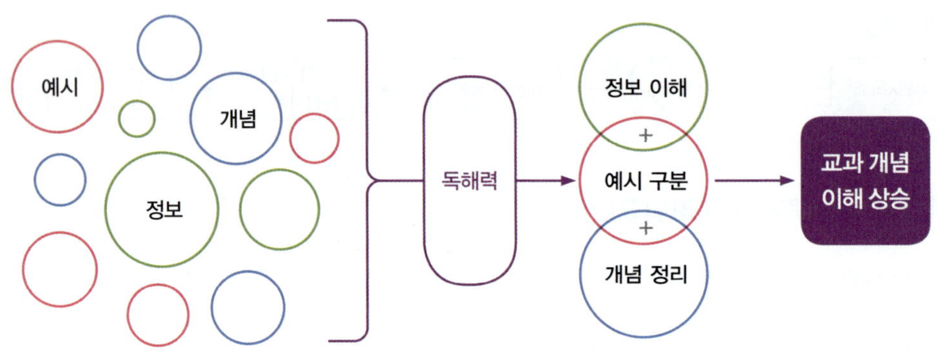

교과 학습에 대비하는 바른 독해 훈련이 필요합니다

01 교과와 관련된 글을 독해하며 배경지식을 쌓습니다

교과와 관련된 글을 읽는 것만으로도 교과 학습을 돕는 배경지식을 자연스럽게 쌓을 수 있습니다. 교과 지식은 관련 맥락을 풀어 쓴 글을 읽으면 보다 쉽고 흥미있게 학습할 수 있기 때문입니다. 그리고 글을 읽는 것에서 그치지 않고 문제를 통해 내용을 정확하게 이해하고, 드러나지 않은 정보를 찾아낸 뒤, 글의 주제와 관련하여 사고를 확장시키는 단계까지 가야 합니다. 이러한 과정을 거치고 나면 비로소 글을 바르고 정확하게 소화하는 능력을 갖추게 됩니다.

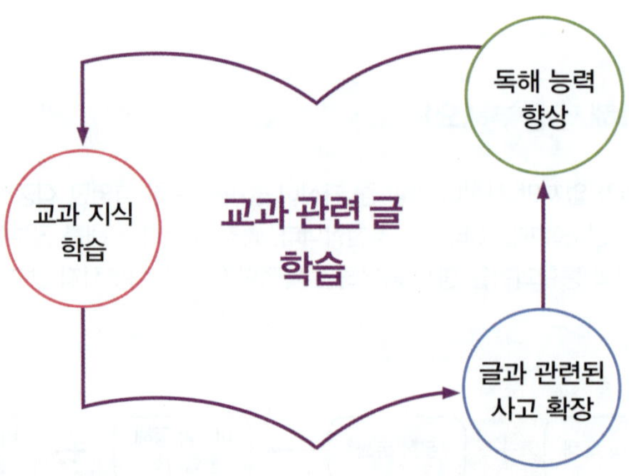

02 학습 도구어가 되는 어휘를 익힙니다

교과 학습을 어렵게 하는 가장 큰 원인은 어려운 어휘입니다. 개념을 설명하는 어휘는 주로 추상적인 뜻을 나타내는 한자어로 이루어져 있지만, 개념어로 사용될 때에는 구체적이고 명확한 뜻으로 한정하여 쓰입니다. 따라서 독해하며 글에 나온 어휘의 뜻을 정확하게 확인하고, 다시 다른 맥락에서 그 어휘를 활용해 볼 수 있어야 합니다.

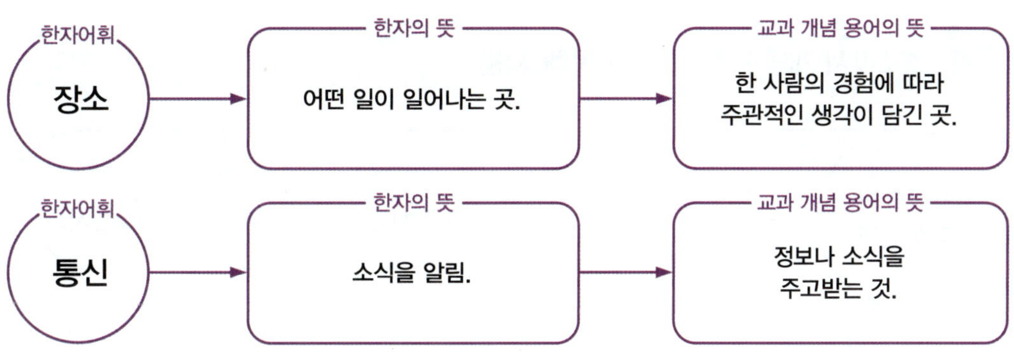

03 글과 교과 개념을 연결하여 이해의 폭을 넓힙니다

글을 독해한 뒤에는 글에 담긴 교과 핵심 용어를 확인하고, 그 속에 담긴 개념을 정리해야 합니다. 글의 내용과 교과 개념을 유기적으로 연결하여 이해해야 교과 학습을 할 때 학습한 배경지식을 활성화하여 떠올릴 수 있습니다.

이렇게 글 속에 숨어 있던 교과 개념을 확인하고, 글과 교과 개념을 연결하여 쉽고 자연스럽게 익히는 것은 교과 개념에 대한 이해도와 글에 대한 이해도를 동시에 높이는 길입니다.

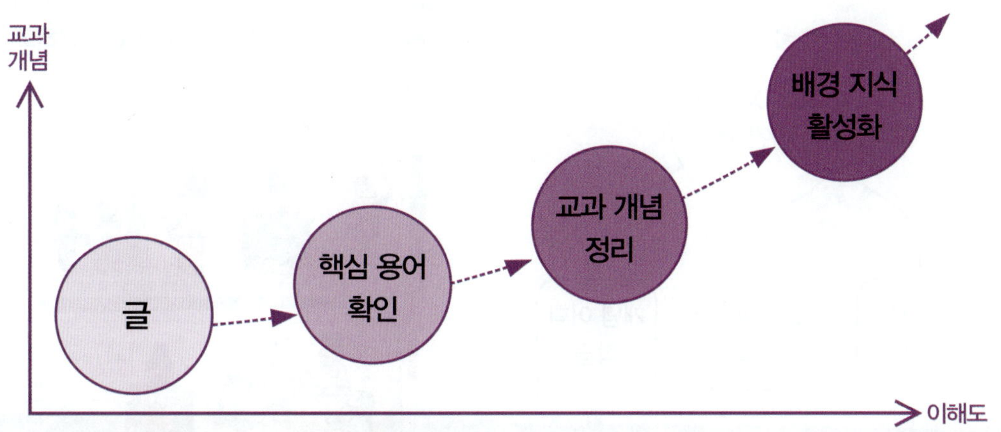

빠작 초등 비문학 독해 통합사회는 초등 5학년 학생들이 비문학 사회 지문을 읽고 내용을 이해한 뒤, 연결된 교과 개념을 파악하는 훈련 중심으로 구성하였습니다. 설명문, 논설문 등 정보 글의 구조 분석 훈련을 통해 글에 담긴 배경지식을 이해하고, 그 내용이 교과 개념과 어떻게 연결되는지 파악하며 깊이 있는 독해 학습이 가능하도록 구성하였습니다.

1 교과서 개념 바탕의 사회 독해 지문

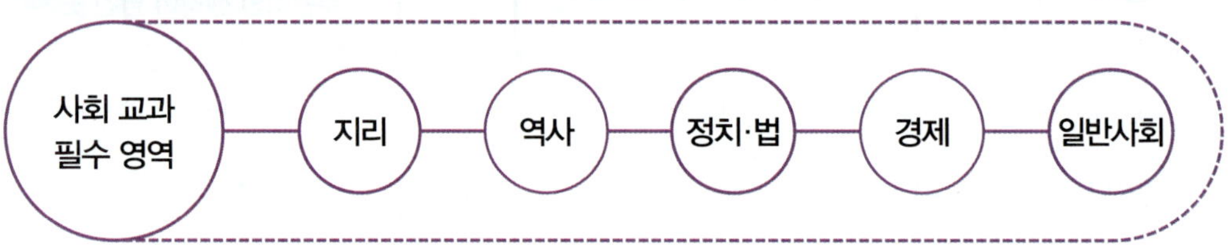

2 유기적으로 연결된 학습 구성

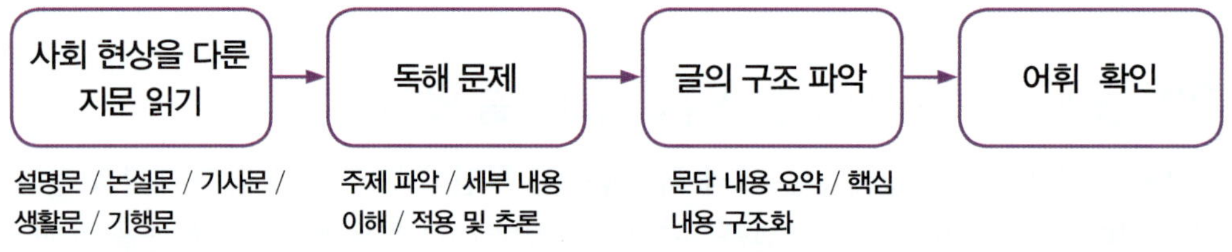

설명문 / 논설문 / 기사문 / 생활문 / 기행문

주제 파악 / 세부 내용 이해 / 적용 및 추론

문단 내용 요약 / 핵심 내용 구조화

3 교과 배경지식 확대

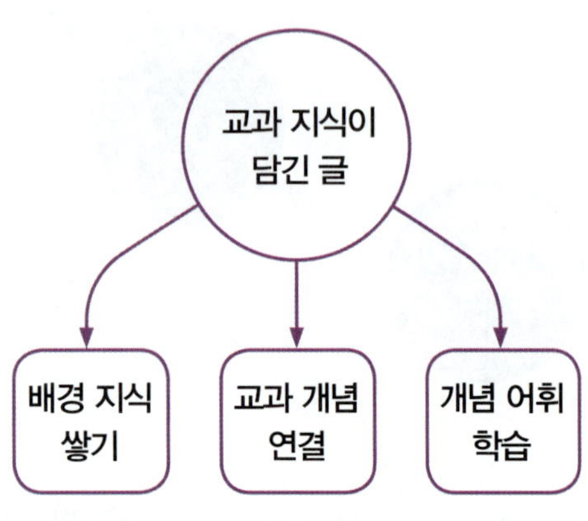

4 이미지로 교과 개념 학습

교과 내용을 그림에 압축적으로 담아 지문과 관련된 내용을 효과적으로 이해하고 학습하도록 구성

영역별 구성

지문 분석 강의 제공

중심 주제 파악

세부 내용 이해

적용, 추론

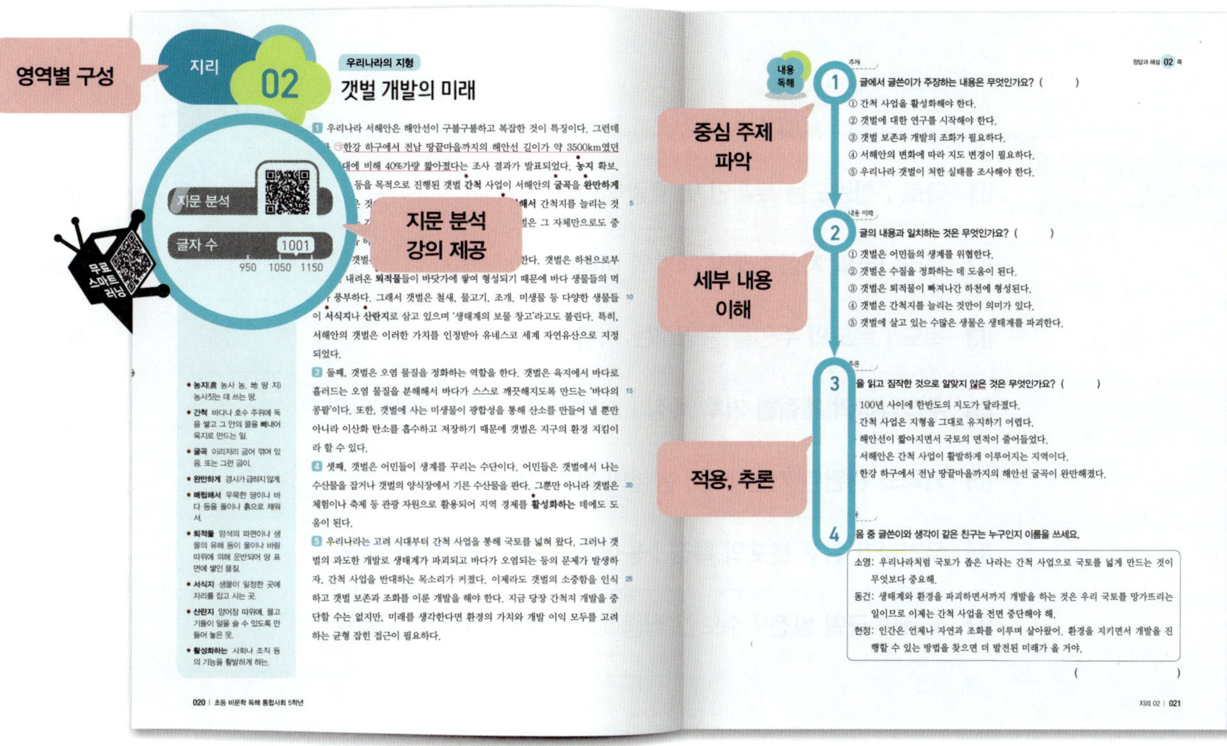

문단 요약하기

글의 핵심 내용 정리하기

어휘의 쓰임 알기

교과 개념 이해하기

이미지로 이해하기

교과 주제 이해하기

교과 핵심 용어 확인하기

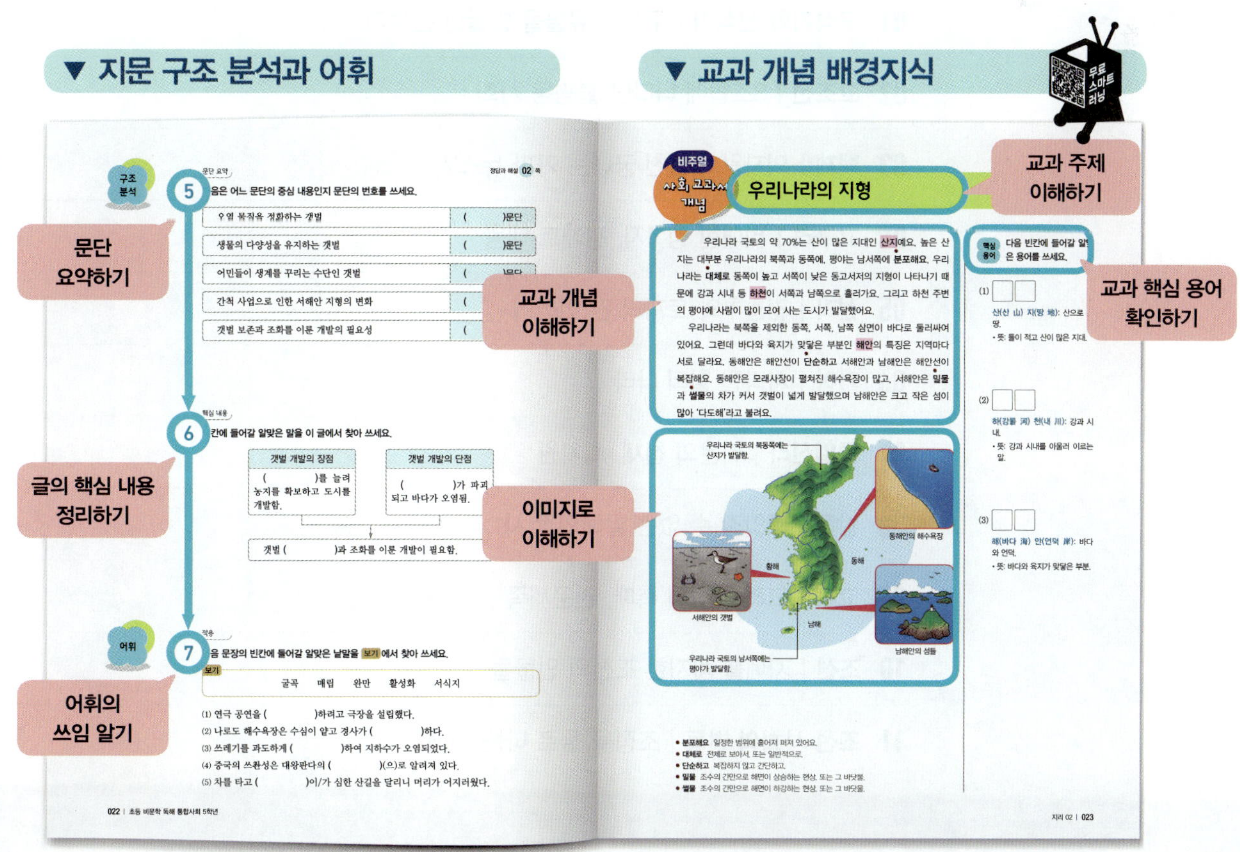

일반사회

초등 비문학 독해
통합사회

『빠작 초등 비문학 독해 통합사회』는 3~6학년 사회 교과서 짜임에 따라 지리, 역사, 일반사회(사회·문화, 법·정치, 경제)의 세 영역으로 구분되어 있습니다. 학년별로 교과서에서 배우는 내용에 따라 영역을 나누고, 영역별로 필요한 내용을 학습할 수 있도록 구성하였습니다.

영역	3학년	4학년	5학년	6학년
지리	• 독립운동의 역사를 간직한 고장, 천안 • '대전역'의 역사 • 혼일강리역대국도지도 • 바다로 돌아간 바다거북 • 대한민국 여러 지역의 랜드마크	• 방향을 알 수 있는 방법 • 지도 그리기 • 조선 시대의 지도 • 할머니 댁을 찾아가요 • 디지털 영상 지도의 기능 • 다양한 지역 축제 • 거제와 부산을 연결하다 • 단양이 좋아요 • 화려한 도시의 그늘 • 사람들이 모이는 곳 • 조선 팔도 • 지역 불균형 문제	• 한반도는 토끼인가, 호랑이인가? • 갯벌 개발의 미래 • 독도의 주인을 증명하는 기록 • 사계절의 균형이 무너진다면 • 봄철의 불청객들 • 농어촌을 구할 빈집 정비 사업 • 수도권 집중에서 더불어 잘 사는 국토로	• 경도의 기준, 그리니치 천문대 • 대륙과 섬을 구분하는 기준 • 튀르키예는 아시아일까, 유럽일까? • 신비로운 고대 도시, 마추픽추 • 아프리카의 국경선 • 북극과 남극은 어떻게 다를까? • 히말라야산맥의 형성 • 기후에 따라 다른 세계의 집 • 아마존 열대 우림 보호의 필요성 • 온대 기후의 다양한 특징 • 백야와 극야
역사	• 연표에서 사라진 고구려와 발해 • 조선 시대를 대표하는 화가, 신윤복 • 잃어버린 가족을 찾아서 • 지금은 사라진 추억 속 물건들 • 지명으로 알 수 있는 지역의 특징 • 자연의 시간표, 절기 • 윷놀이, 국가무형유산 되다 • 로마 제국을 키운 도로 • 진도로 떠나는 여행 • 미래의 교통수단, 상상에서 현실로 • 횃불과 연기로 전한 조상들의 지혜 • 뇌를 망가뜨리는 스마트폰	• 유네스코가 정한 세계 유산 목록 • 박물관의 역사 • 도산 안창호 선생의 정신 • 고구려의 흔적 • 강진 답사기	• 구석기 유물을 발굴한 손보기 • 8조법에 나타난 불평등 사회 • 의자왕과 삼천 궁녀는 가짜 뉴스? • 위대한 정복자, 광개토 대왕 • 김춘추와 토끼의 간 이야기 • 사라진 철의 나라 • 비운의 천재, 최치원 • 빼앗길 수 없는 발해의 역사 • 고려 멸망의 촉매, 권문세족 • 지폐를 차지한 조선의 인물들 • 조정을 둘로 나눈 전쟁 • 종교에서 저항 운동으로 • 광화문의 수난 • 독립운동을 한 어린 영웅들 • 다시 찾은 빛, 그러나 분단 • 6·25 전쟁과 이산가족	• 왜 남북이 통일되어야 하는가 • 대통령 직선제를 이룬 6월 민주 항쟁
일반사회	• 4차 산업혁명으로 변하는 일상 • 저출산이 가져온 학교의 변화 • 키오스크가 만든 디지털 격차 • 노인을 돕는 인공 지능 스피커 • 알파 세대 • 늘어나는 1인 가구 • 물물 교환에서 화폐까지 • 지폐에 숨겨진 비밀 • 놀이공원 우선 탑승권은 정당한가 • 민주 정치의 시작, 그리스 아테네 • 바다로 돌아간 돌고래 • 세계의 다양한 선거 방법 • 은행나무 열매 제거 작전	• 빅터와 사회화 • '다름'을 바라보는 태도 • 보호해야 하는 저작권 • 경제 활동으로 굴러가는 생활 • 인구 문제를 해결하기 위한 노력 • 기회비용을 고려한 선택 • 우리를 유혹하는 묶음 판매 • 우리나라의 산업 발전 • 식탁에서 만나는 지역 간 교류 • 국가의 주인 • 학급 회의로 자리를 정해요 • 주민 참여 제도 • 폐기물 매립장 설치 반대	• 국경일은 모두 공휴일인가? • 종교의 자유가 보장된 우리나라 • 사라지는 은행 점포 • 세금을 내지 않으면? • 헌법 소원을 남용하는 사람들 • 편견에 맞선 어기의 성장 일기 • 유네스코 세계 문화유산이 된다는 것	• 세계 인구 1위는 중국이 아닌 인도 • 한 나라였던 인도와 파키스탄, 방글라데시 • 팔레스타인의 눈물 • 지구 온난화에 대한 경고 • 공정거래위원회는 무슨 일을 할까? • 기업의 사회적 책임 • 탄소세 도입에 대한 논쟁 • 노동자의 권리를 외치다 • 세계 무역의 파수꾼, 세계 무역 기구 • 미래 산업 박람회를 다녀와서 • 다수결의 원칙은 늘 옳은가 • 공정한 선거를 책임지는 국가 기관 • 법이 만들어지는 과정 • 대통령제란 무엇일까? • 우리나라의 심급제도, 3심제 • 삼권분립의 중요성 • 미디어의 사회적 기능

『빠작 초등 비문학 독해 통합과학』은 물질, 생명, 운동과 에너지, 지구와 우주, 과학과 사회의 다섯 영역으로 구분되어 있습니다. 학년별로 교과서에서 배우는 내용에 따라 영역을 나누고, 영역별로 필요한 내용을 학습할 수 있도록 구성하였습니다.

영역	3학년	4학년	5학년	6학년
물질	• 상상을 이루어 주는 물질 • 환경을 살리는 플라스틱 • 불의 상태는 무엇일까? • 언 호수에서 물고기가 살 수 있는 까닭	• 돌고 도는 물 • 얼음으로 만든 집, 이글루 • 겨울철 강이나 호수, 바다의 변화 • 짠 바닷물의 변신 • 구름을 둘러싼 과학적 원리 • 하늘에서 본 튀르키예 • 최초의 화학자, 보일 • 수소의 특성	• 생명을 살리는 빨대 • 맛보기 전에는 모른다 • 손난로가 열을 내는 원리 • 붉은 바다 • 대서양에 큰일이 났다고?	• 과학의 역사 속 우연한 발견 • 하늘에서 산성 물질이 내린다고? • 생활의 재주꾼, 염기성 물질 • 인체의 중화 반응 • 불의 정체를 찾아서 • 리튬 이온 전지의 위험성
생명	• 비슷하지만 다른 동물들 • 심해 생물의 특징 • 세상에서 가장 큰 꽃 • 사막에서 살아가는 식물 • 여왕벌의 일생 • 오리너구리의 한살이 • 씨앗 속의 온도계 • 미래 먹거리 문제를 해결하는 스마트팜 • 가장 오래 사는 나무	• 버섯의 정체 • 쓸모 있는 미세 조류 • 손 씻기의 중요성 • 우리와 함께 살아가는 미생물 • 생태계의 지킴이, 꿀벌 • 생태계 평형의 중요성을 깨닫다 • 플라스틱 쓰레기의 심각성 • 곰팡이에서 발견한 페니실린	• 우리 몸의 뼈 • '간'에 기별도 안 가는 이유 • 혈관의 종류와 기능 • 사레가 들리는 이유 • 오줌의 재발견 • 티라노사우루스의 감각 기관 • 왜 헛스윙을 하게 될까?	• 식물 세포의 특징 • 뿌리의 종류 • 괴력의 벌레, 거품벌레 • 자연의 기본 원리, 삼투 현상 • 인공 광합성 기술 • 진달래와 철쭉의 차이점 • 신기한 유전의 법칙
운동과 에너지	• 우주에 일어나는 몸의 변화 • 자동차 범퍼의 비밀 • 지레의 원리 • 저울의 역사 • 기계저울과 전자저울 • 목소리의 과학 • 고대 그리스의 원형 극장 • 들을 수 없는 소리, 초음파 • 우주에서 소리를 들을 수 있을까? • 우리에게 도움이 되는 백색 소음	• '이그노벨상'은 어떤 상일까? • 배를 끌어당기는 섬의 비밀 • 비행기보다 빠른 자기 부상 열차 • 지구 자기장을 이용해 길을 찾는 연어	• 그림자의 원리 • 거울의 원리 • 별은 거기에 없다 • 적외선 열화상 카메라 • 온도계의 변천 • 물을 시원하게 만들려면 • 과학적인 난방 장치 '온돌' • 지구 온난화 현상 • 우주에서 어떻게 살 수 있을까?	• 휴대 전화의 위치를 찾는 방법 • 파리와 데카르트 좌표 • 사회의 기준이 되는 도량형 • 번개 잡은 사나이의 성공 비결 • 진화하는 배터리 • 멀티탭의 연결 구조 • 무선 충전 기술 • 스마트 그리드가 필요하다
지구와 우주	• 대기가 우주로 흩어지지 않는 까닭 • 지구 온난화로 높아지는 해수면 • 바닷물은 왜 짤까? • 프랑스 에트르타의 절벽과 해변 • 밀물과 썰물을 이용한 조력 발전소 • 소중한 갯벌을 지키자	• 강이 만든 터전, 메콩강 삼각주 • 한강의 시작점은 어떤 모습일까? • 화산 활동으로 만들어진 섬, 하와이 • 폼페이가 갑자기 사라진 이유 • 제주도의 돌하르방과 현무암 • 일본에서 왜 지진이 자주 일어날까? • 작품에 나타난 달의 독특한 모양 • 망원경으로 발견한 천왕성 • 밤하늘의 나침반, 북극성 • 제2의 코로나를 부르는 기후 변화	• 어떤 지층이 먼저일까 • 퇴적암의 특징 • 화석의 가치 • 번개가 생기는 원리 • 안개와 스모그 • 어린이날부터 강한 비 예상 • 태풍	• 천구란 무엇인가 • 싼샤 댐이 지구에 미치는 영향 • 천동설과 지동설 • 천상열차분야지도 • 경주 첨성대의 정체 • 한옥의 지붕에 숨어 있는 과학 • 지구는 살아 있다
과학과 사회	• 감염병 위험을 높이는 폭염		• 에너지의 날 • 에너지를 만드는 바람개비	• 생명을 살리는 프린터 • 과학 기술의 양면성

지리

국토

한반도는 토끼인가, 호랑이인가?

1 한반도의 지형은 무엇을 닮았을까? 과거에는 **측량** 기법이 발달하지 않아 하늘에서 본 한반도의 모습을 알 수 없었다. 그래서 한반도의 실제 모양을 알고 비유하기보다는 당시 중심이 되었던 **사상**에 영향을 받아 한반도의 모습을 표현했다. ㉠조선 후기에는 한반도를 중국을 향해 허리를 굽히는 노인의 모습에 빗댄 기록이 있는데, 이는 조선이 중국을 섬겨야 한다는 주장을 뒷받침하는 것이었다. 그리고 한반도의 **형상**이 무엇을 닮았는가에 대한 논란은 한반도의 실제 모습을 지도로 나타낼 수 있게 된 이후에 시작되었다.

2 19세기 후반 일본은 침략을 위한 준비로 조선의 지형을 조사하고 지도를 제작했다. 한 일본인 학자는 한반도 **전역**을 **답사한** 뒤 1903년에 자신의 연구 결과를 발표하면서 한반도가 중국을 향해 일어선 토끼 모양이라고 주장했다. 이 학자는 한반도를 토끼에 빗댐으로써 우리 민족을 중국에 **순종하며** 살아가는 약한 존재라고 인식하게 했다. 이 주장은 자신들의 침략을 **정당화하려는** 일본의 의도와 맞물려 일제 강점기 내내 교육되었다. 그리고 오랜 세월 우리 민족의 머릿속에 남아 있게 되었다.

3 이와 반대되는 주장은 시간이 흐른 후에 등장했다. 최남선은 1908년에 펴낸 잡지 『소년』의 삽화에 한반도 모양을 토끼와는 성격이 정반대인 호랑이로 표현했다. 화가 안중식도 한반도의 모습을 발톱을 세우고 대륙을 향해 달려드는 호랑이로 그렸다. **적극적**이고 용맹한 호랑이의 모습을 통해 우리는 ㉡힘에 굴복하지 않는 당당한 민족이라는 것을 나타내고자 한 것이다. 이 주장은 이후 일제 강점기까지 이어져 일제의 침략에 **울분**을 느끼던 많은 사람의 호응을 얻었다.

4 한반도의 모양에 대한 서로 다른 주장은 한반도의 실제 모양을 따지려고 했다기보다는 그 주장을 한 사람들의 특별한 생각과 의도가 담긴 것이다. 그러므로 토끼와 호랑이라는 동물에 **선입견**을 가질 필요도 없고, 일제의 그늘에서 벗어난 지금은 한반도가 토끼인가 호랑이인가에 **얽매일** 필요도 없다. 결국 중요한 것은 지도 안을 채운 모양이 아니라 우리가 어떤 생각을 가지고 살아가는가이다.

- **측량** 지형의 높낮이, 면적 따위를 재는 일.
- **사상**(思 생각 사, 想 생각 상) 어떠한 사물에 대하여 가지고 있는 구체적인 사고나 생각.
- **형상**(形 형상 형, 狀 형상 상) 사물의 생긴 모양이나 상태.
- **전역** 어느 지역의 전체.
- **답사한** 현장에 가서 직접 보고 조사한.
- **순종하며** 순순히 따르며.
- **정당화하려는** 사리에 맞지 않는 것을 맞는 것처럼 만들려는.
- **적극적** 대상에 대한 태도가 긍정적이고 능동적인 것.
- **울분** 답답하고 분한 마음.
- **선입견** 어떤 대상에 대하여 겪어 보지 않고 미리 짐작하여 가지는 생각.
- **얽매일** 마음대로 행동할 수 없도록 심하게 구속될.

전개 방식

1 이 글의 설명 방법으로 알맞은 것은 무엇인가요? (   )

① 비슷한 의견을 종합해서 결론을 냈다.
② 미래의 전망에 대해 상세하게 설명했다.
③ 서로 다른 주장에 담긴 의미를 설명했다.
④ 예상되는 반응을 확인하며 이야기를 전개했다.
⑤ 장소의 흐름에 따라 변화되는 인식을 드러냈다.

내용 이해

2 이 글의 내용과 일치하는 것은 무엇인가요? (   )

① 토끼 모양 주장은 일제 강점기에 교육되었다.
② 조선 초기에는 한반도의 실제 모양을 알고 있었다.
③ 토끼 모양은 호랑이 모양보다 한반도의 형상과 더 비슷하다.
④ 한반도의 토끼 모양 주장은 호랑이 모양 주장에 반대하려고 나왔다.
⑤ 글쓴이는 토끼 모양과 호랑이 모양 중에서 하나를 선택해야 한다고 생각한다.

적용

3 ㉠을 읽고 알맞게 말하지 **못한** 친구는 누구인지 쓰세요.

> 승윤: 나는 한반도를 중국을 향해 허리를 굽히는 노인에 비유했다는 것이 조금 슬
> 　　　프게 느껴져.
> 세연: 나는 이 표현이 우리나라가 중국보다 훨씬 역사도 길고, 경험이 풍부하다는
> 　　　것을 보여 준다고 생각해.
> 다예: 나는 당시 중국과의 관계를 보았을 때, 힘이 센 중국을 받들어야 하는 힘없
> 　　　는 조선의 현실을 비유한 것 같아.

(   )

어휘·어법

4 '힘'이 ㉡과 같은 뜻으로 쓰인 것은 무엇인가요? (   )

① 나는 스스로의 힘으로 수학 문제를 풀었다.
② 어제는 커피의 힘을 빌려 밤을 새울 수 있었다.
③ 못 한 개의 힘으로 버티던 액자가 결국 바닥으로 떨어졌다.
④ 할아버지께서는 일제의 힘에 굴하지 않고 끝까지 독립운동을 하셨다.
⑤ 우리 반에서 손아귀 힘이 가장 센 지운이가 학교 팔씨름 대회에서 우승했다.

구조 분석

5 다음 빈칸에 들어갈 알맞은 말을 쓰며 이 글의 내용을 정리하세요.

문단	중심 내용
1	( )의 모양에 대한 과거의 표현
2	한반도가 ( ) 모양이라는 주장의 의미
3	한반도가 ( ) 모양이라는 주장의 의미
4	한반도의 모양에 대한 ( )의 의미

핵심 내용

6 빈칸에 들어갈 알맞은 말을 이 글에서 찾아 쓰세요.

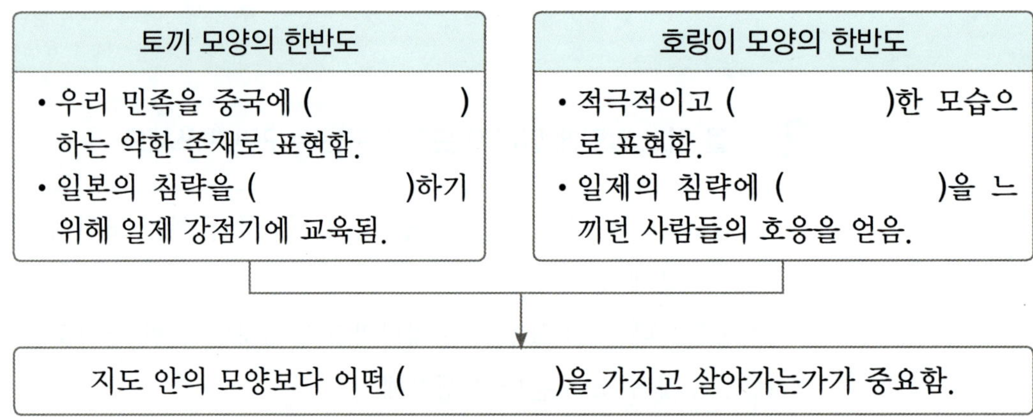

어휘

적용

7 다음 문장에 들어갈 알맞은 낱말에 ◯표 하세요.

⑴ 나는 등에 북두칠성 (형편, 형상)의 점이 있다.

⑵ 담임 선생님께서는 체험 학습 장소를 (답사, 답보)하셨다.

⑶ 아이들에게 무조건 (순항, 순종)하기를 강요해서는 안 된다.

⑷ 민주는 잘못을 (정당화, 정보화)하려고 변명만을 늘어놓았다.

⑸ 어떤 일을 하든지 (적극적, 보수적)으로 자신 있게 나선다면 두려울 것이 없다.

국토

비주얼 사회 교과서 개념

국토의 **영역**은 한 나라의 주권이 미치는 범위로, 영토, 영해, 영공으로 이루어져요. 영토를 기준으로 영해와 영공의 범위가 달라지기 때문에 영토의 끝을 어디로 정하는지가 중요해요.

우리나라의 영토는 아시아 대륙의 동북쪽에 위치한 **한반도**와 **부속 도서**를 포함해요. 남북을 합쳐서 보았을 때 영토의 북쪽 끝은 유원진, 동쪽 끝은 독도의 동도, 서쪽 끝은 마안도, 남쪽 끝은 마라도예요. 영해의 범위는 영해를 설정하는 기준선으로부터 12**해리**까지인데, 우리나라의 영해는 동해, 서해, 남해에 걸쳐 있어요. 섬이 많은 서해안과 남해안은 **기선**을 기준으로 하고, 동해안은 썰물일 때의 해안선을 기준으로 해서 영해를 정해요. 영공은 영토와 영해의 위쪽 하늘이에요. 다른 나라의 비행기가 우리나라의 영공을 지나가려면 허가를 받아야 해요.

- **영역** 한 나라의 주권이 미치는 범위. 영토, 영해, 영공으로 구성된다.
- **부속** 주된 사물이나 기관에 딸려서 붙음. 또는 그렇게 딸려 붙은 사물.
- **도서** 크고 작은 온갖 섬.
- **해리** 거리의 단위. 바다 위나 공중에서 긴 거리를 나타낼 때 쓴다. 1해리는 1,852미터.
- **기선** 가장 바깥에 있는 섬들을 직선으로 연결한 선.

핵심 용어 다음 빈칸에 들어갈 알맞은 용어를 쓰세요.

(1) ☐☐

국(나라 國) **토**(땅 土): 나라의 땅.
- 뜻: 나라의 땅. 한 나라의 주권이 미치는 지역을 이름.

(2) ☐☐☐

한(한국 韓) **반**(반 半) **도**(섬 島): 한국 반도.
- 뜻: 아시아 대륙의 동북쪽 끝에 있는 반도. 압록강과 두만강을 경계로 하여 그 아래 지역을 가리키며, 우리나라 국토의 대부분을 차지함.

우리나라의 지형

갯벌 개발의 미래

1 우리나라 서해안은 해안선이 구불구불하고 복잡한 것이 특징이다. 그런데 최근 ㉠한강 하구에서 전남 땅끝마을까지의 해안선 길이가 약 3500km였던 1910년대에 비해 40%가량 짧아졌다는 조사 결과가 발표되었다. **농지** 확보, 도시 개발 등을 목적으로 진행된 갯벌 **간척** 사업이 서해안의 **굴곡**을 **완만하게** 바꾸어 놓은 것이다. 그러나 물길을 막고 흙을 **매립해서** 간척지를 늘리는 것 5 만이 갯벌을 가치 있게 활용하는 방법은 아니다. 갯벌은 그 자체만으로도 중요한 역할을 하기 때문이다.

2 첫째, 갯벌은 생물의 다양성을 유지하는 역할을 한다. 갯벌은 하천으로부터 흘러 내려온 **퇴적물**들이 바닷가에 쌓여 형성되기 때문에 바다 생물들의 먹이가 풍부하다. 그래서 갯벌은 철새, 물고기, 조개, 미생물 등 다양한 생물들 10 이 **서식지**나 **산란지**로 삼고 있으며 '생태계의 보물 창고'라고도 불린다. 특히, 서해안의 갯벌은 이러한 가치를 인정받아 유네스코 세계 자연유산으로 지정되었다.

3 둘째, 갯벌은 오염 물질을 정화하는 역할을 한다. 갯벌은 육지에서 바다로 흘러드는 오염 물질을 분해해서 바다가 스스로 깨끗해지도록 만드는 '바다의 15 콩팥'이다. 또한, 갯벌에 사는 미생물이 광합성을 통해 산소를 만들어 낼 뿐만 아니라 이산화 탄소를 흡수하고 저장하기 때문에 갯벌은 지구의 환경 지킴이라 할 수 있다.

4 셋째, 갯벌은 어민들이 생계를 꾸리는 수단이다. 어민들은 갯벌에서 나는 수산물을 잡거나 갯벌의 양식장에서 기른 수산물을 판다. 그뿐만 아니라 갯벌은 20 체험이나 축제 등 관광 자원으로 활용되어 지역 경제를 **활성화하는** 데에도 도움이 된다.

5 우리나라는 고려 시대부터 간척 사업을 통해 국토를 넓혀 왔다. 그러나 갯벌의 과도한 개발로 생태계가 파괴되고 바다가 오염되는 등의 문제가 발생하자, 간척 사업을 반대하는 목소리가 커졌다. 이제라도 갯벌의 소중함을 인식 25 하고 갯벌 보존과 조화를 이룬 개발을 해야 한다. 지금 당장 간척지 개발을 중단할 수는 없지만, 미래를 생각한다면 환경의 가치와 개발 이익 모두를 고려하는 균형 잡힌 접근이 필요하다.

- **농지**(農 농사 농, 地 땅 지) 농사짓는 데 쓰는 땅.
- **간척** 바다나 호수 주위에 둑을 쌓고 그 안의 물을 빼내어 육지로 만드는 일.
- **굴곡** 이리저리 굽어 꺾여 있음. 또는 그런 굽이.
- **완만하게** 경사가 급지지않게
- **매립해서** 우묵한 땅이나 바다 등을 돌이나 흙으로 채워서.
- **퇴적물** 암석의 파편이나 생물의 유해 등이 물이나 바람 따위에 의해 운반되어 땅 표면에 쌓인 물질.
- **서식지** 생물이 일정한 곳에 자리를 잡고 사는 곳.
- **산란지** 양어장 따위에. 물고기들이 알을 슬 수 있도록 만들어 놓은 못.
- **활성화하는** 사회나 조직 등의 기능을 활발하게 하는.

주제

1 이 글에서 글쓴이가 주장하는 내용은 무엇인가요? (   )

① 간척 사업을 활성화해야 한다.
② 갯벌에 대한 연구를 시작해야 한다.
③ 갯벌 보존과 개발의 조화가 필요하다.
④ 서해안의 변화에 따라 지도 변경이 필요하다.
⑤ 우리나라 갯벌이 처한 실태를 조사해야 한다.

내용 이해

2 이 글의 내용과 일치하는 것은 무엇인가요? (   )

① 갯벌은 어민들의 생계를 위협한다.
② 갯벌은 수질을 정화하는 데 도움이 된다.
③ 갯벌은 퇴적물이 빠져나간 하천에 형성된다.
④ 갯벌은 간척지를 늘리는 것만이 의미가 있다.
⑤ 갯벌에 살고 있는 수많은 생물은 생태계를 파괴한다.

추론

3 ㉠을 읽고 짐작한 것으로 알맞지 <u>않은</u> 것은 무엇인가요? (   )

① 100년 사이에 한반도의 지도가 달라졌다.
② 간척 사업은 지형을 그대로 유지하기 어렵다.
③ 해안선이 짧아지면서 국토의 면적이 줄어들었다.
④ 서해안은 간척 사업이 활발하게 이루어지는 지역이다.
⑤ 한강 하구에서 전남 땅끝마을까지의 해안선 굴곡이 완만해졌다.

적용

4 다음 중 글쓴이와 생각이 같은 친구는 누구인지 이름을 쓰세요.

> 소영: 우리나라처럼 국토가 좁은 나라는 간척 사업으로 국토를 넓게 만드는 것이
>   무엇보다 중요해.
> 동건: 생태계와 환경을 파괴하면서까지 개발을 하는 것은 우리 국토를 망가뜨리는
>   일이므로 이제는 간척 사업을 전면 중단해야 해.
> 현정: 인간은 언제나 자연과 조화를 이루며 살아왔어. 환경을 지키면서 개발을 진
>   행할 수 있는 방법을 찾으면 더 발전된 미래가 올 거야.

(   )

5 다음은 어느 문단의 중심 내용인지 문단의 번호를 쓰세요.

오염 물질을 정화하는 갯벌	( )문단
생물의 다양성을 유지하는 갯벌	( )문단
어민들이 생계를 꾸리는 수단인 갯벌	( )문단
간척 사업으로 인한 서해안 지형의 변화	( )문단
갯벌 보존과 조화를 이룬 개발의 필요성	( )문단

핵심 내용

6 빈칸에 들어갈 알맞은 말을 이 글에서 찾아 쓰세요.

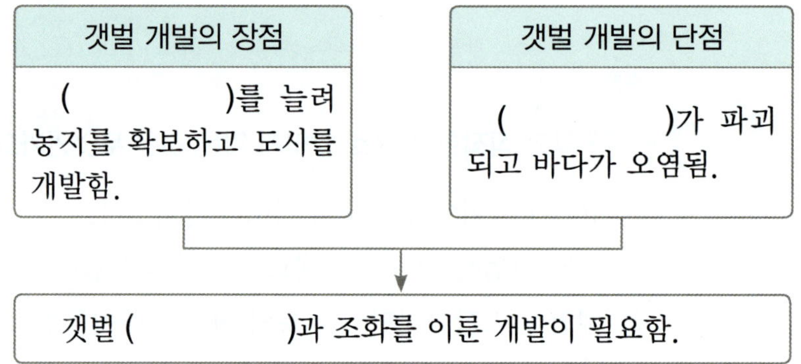

적용

7 다음 문장의 빈칸에 들어갈 알맞은 낱말을 보기 에서 찾아 쓰세요.

보기

굴곡 매립 완만 활성화 서식지

⑴ 연극 공연을 ( )하려고 극장을 설립했다.
⑵ 나로도 해수욕장은 수심이 얕고 경사가 ( )하다.
⑶ 쓰레기를 과도하게 ( )하여 지하수가 오염되었다.
⑷ 중국의 쓰촨성은 대왕판다의 ( )(으)로 알려져 있다.
⑸ 차를 타고 ( )이/가 심한 산길을 달리니 머리가 어지러웠다.

우리나라의 지형

우리나라 국토의 약 70%는 산이 많은 지대인 **산지**예요. 높은 산지는 대부분 우리나라의 북쪽과 동쪽에, 평야는 남서쪽에 **분포해요**. 우리나라는 **대체로** 동쪽이 높고 서쪽이 낮은 동고서저의 지형이 나타나기 때문에 강과 시내 등 **하천**이 서쪽과 남쪽으로 흘러가요. 그리고 하천 주변의 평야에 사람이 많이 모여 사는 도시가 발달했어요.

우리나라는 북쪽을 제외한 동쪽, 서쪽, 남쪽 삼면이 바다로 둘러싸여 있어요. 그런데 바다와 육지가 맞닿은 부분인 **해안**의 특징은 지역마다 서로 달라요. 동해안은 해안선이 **단순하고** 서해안과 남해안은 해안선이 복잡해요. 동해안은 모래사장이 펼쳐진 해수욕장이 많고, 서해안은 **밀물**과 **썰물**의 차가 커서 갯벌이 넓게 발달했으며 남해안은 크고 작은 섬이 많아 '다도해'라고 불려요.

핵심 용어 다음 빈칸에 들어갈 알맞은 용어를 쓰세요.

(1) ☐☐

산(산 山) 지(땅 地): 산으로 된 땅.
- 뜻: 들이 적고 산이 많은 지대.

(2) ☐☐

하(강물 河) 천(내 川): 강과 시내.
- 뜻: 강과 시내를 아울러 이르는 말.

(3) ☐☐

해(바다 海) 안(언덕 岸): 바다와 언덕.
- 뜻: 바다와 육지가 맞닿은 부분.

- **분포해요** 일정한 범위에 흩어져 퍼져 있어요.
- **대체로** 전체로 보아서. 또는 일반적으로.
- **단순하고** 복잡하지 않고 간단하고.
- **밀물** 조수의 간만으로 해면이 상승하는 현상. 또는 그 바닷물.
- **썰물** 조수의 간만으로 해면이 하강하는 현상. 또는 그 바닷물.

독도

독도의 주인을 증명하는 기록

지문 분석

글자 수 **1040**
950 1050 1150

1 「독도는 우리땅」이라는 노래는 대한민국 사람이라면 누구나 한 번쯤 들어
보았을 것이다. 1982년에 발표된 이 곡은 제목에서 알 수 있듯이 독도가 우리
영토라는 것을 알리는 노래이다. 이 노래는 일본의 독도 **영유권** 주장을 반박
하기 위한 목적으로 만들어졌다. 그래서 가사에도 독도가 우리 땅임을 증명하
는 역사 기록과 일본이 독도 영유권을 주장하는 배경이 등장한다. 반복되는 노 　5
래 가사처럼 독도는 **엄연히** 우리나라 땅이며, 많은 기록이 이것을 뒷받침한다.

2 독도가 처음 등장한 **문헌**은 고려 시대 김부식이 **편찬한** 『삼국사기』이다.
이 책에는 울릉도와 우산도 두 섬이 우산국이라는 나라를 형성하고 있다고 기
록되어 있다. 여기 나오는 '우산도'가 바로 독도이며 이 책에는 6세기 초 신라
지증왕이 우산국을 정복하였다는 내용이 함께 전해진다. 　10

3 조선 시대인 1432년에 편찬된 『세종실록지리지』는 동해에 무릉(울릉)과
우산(독도)의 두 섬이 있다고 **기술하고** 있다. 1531년에 편찬된 『신증동국여지
승람』에서도 '우산도, 울릉도가 울진현 동쪽 바다 한가운데 있다.'라는 기록이
발견된다. 역사서는 아니지만 1740년경의 책 『성호사설』에는 안용복이 일본
으로 건너가 독도를 조선의 땅으로 회복하였다는 내용이 나온다. 안용복은 두 　15
번에 ㉠걸친 활약으로 일본으로부터 울릉도와 독도가 조선 땅이라는 것을 인
정하는 문서를 받아냈다. 그리고 이것을 계기로 조선 정부는 울릉도와 독도를
정기적으로 점검하게 되었다.

4 1900년, 대한 제국은 울릉도를 울도로 바꾸고 강원도 울진현에 속해 있던
울릉도와 독도를 묶어 독립된 군으로 **승격하는 칙령**을 발표했다. 이로부터 4 　20
년 뒤 러일전쟁을 일으킨 일본이 독도에 **눈독**을 들이기 시작했다. ㉡1905년
1월, 일본 정부는 주인 없는 섬 독도를 일본 영토로 **편입하기로** 결정하고, 그
다음 달에 독도가 시마네현 **소속**이라고 발표했다. 그러나 일본이 제2차 세계
대전에서 진 후, 연합군은 독도가 일본 영토로부터 분리되었다는 문서를 남기
고 대한민국에 독도를 돌려주었다. 이러한 기록들은 일본의 근거 없는 주장을 　25
반박하고 독도의 주인이 **명백한** 대한민국이라는 것을 증명한다.

- **영유권** 일정한 영토에 대한 해당 국가의 관할권.
- **엄연히** 어떠한 사실이나 현상이 부인할 수 없을 만큼 뚜렷하게.
- **문헌** 옛날의 제도나 문물을 아는 데 증거가 되는 자료나 기록.
- **편찬한** 여러 가지 자료를 모아 체계적으로 정리하여 책을 만든.
- **기술하고** 대상이나 과정의 내용과 특징을 있는 그대로 열거하거나 기록하여 서술하고.
- **승격하는** 지위나 등급 따위를 올린.
- **칙령** 임금이 내린 명령.
- **눈독** 욕심을 내어 눈여겨보는 기운.
- **편입하기로** 이미 짜인 한 동아리나 대열 따위에 끼어 들어가기로.
- **소속** 일정한 단체나 기관에 딸림. 또는 그 딸린 곳.
- **명백**(明 밝을 명, 白 흰 백)**한** 의심할 바 없이 아주 뚜렷한.

글의 특징

1 이 글의 특징으로 알맞은 것은 무엇인가요? (   )

① 어부 안용복의 일생과 업적을 소개한 글이다.
② 독도의 자원을 개발해야 한다고 주장하는 글이다.
③ 독도에 여행을 다녀온 뒤에 느낀 감상을 적은 글이다.
④ 독도가 대한민국 땅임을 증명하는 기록을 설명한 글이다.
⑤ 일본이 독도의 영유권을 포기했다는 사실을 전달하는 글이다.

내용 이해

2 이 글의 내용과 일치하지 <u>않는</u> 것은 무엇인가요? (   )

① 일본은 1905년에 독도가 시마네현에 속한다고 발표하였다.
② 조선 시대의 여러 문헌에 독도가 우리의 영토임이 기록되어 있다.
③ 독도에 대한 최초의 역사 기록은 고려 시대 김부식의 『삼국사기』이다.
④ 우산국은 신라에 토산물 바치기를 거부하고 여러 차례 전쟁을 치렀다.
⑤ 신라가 정복하기 전에 이미 독도는 우산국이라는 나라를 형성하고 있었다.

어휘·어법

3 '걸치다'가 ㉠과 같은 뜻으로 쓰인 것은 무엇인가요? (   )

① 해가 산마루에 걸쳐 있다.
② 빨랫줄이 마당에 걸쳐 있다.
③ 지수는 의자 팔걸이에 팔을 걸치고 앉았다.
④ 은조는 급한 나머지 잠옷 위에 외투만 걸치고 나갔다.
⑤ 이번 전시회는 월요일에서 다음 일요일에 걸쳐 계속된다.

적용

4 ㉡에 대해 알맞게 이해한 친구는 누구인지 쓰세요.

> 은지: 일본은 독도를 차지하려고 러시아와 전쟁을 시작했군.
> 로운: 일본은 고종 황제의 칙령에 따라 군사 작전을 펼치고 있었군.
> 성진: 일본은 독도에 대한 과거의 기록들을 무시하고 일방적으로 독도를 차지하려
>   고 했군.

(   )

**구조
분석**

문단 요약

5 다음은 이 글에 나타난 각 문단의 중심 내용입니다. 글의 내용에 맞게 순서대로 기호를 쓰세요.

> ㉮ 조선 시대 문헌에 기록된 독도
> ㉯ 1900년 이후 칙령에 기록된 독도
> ㉰ 고려 시대 문헌에 최초로 기록된 독도
> ㉱ 일본의 독도 영유권 주장을 반박하는 노래

(   ) → (   ) → (   ) → (   )

핵심 내용

6 빈칸에 들어갈 알맞은 말을 이 글에서 찾아 쓰세요.

( )	울릉도와 우산도 두 섬이 우산국이라는 나라를 형성하고 있다는 기록이 있음.
세종실록지리지	( )에 무릉과 우산의 두 섬이 있다고 기술하고 있음.
신증동국여지승람	( ), 울릉도가 울진현 동쪽 바다 한가운데 있다는 기록이 있음.
( )	안용복이 일본으로 건너가 독도를 조선의 땅으로 회복하였다는 내용이 나옴.
대한 제국 칙령	강원도 울진현에 속해 있던 울릉도와 독도를 묶어 독립된 군으로 승격한다고 발표함.

어휘

적용

7 다음 문장의 빈칸에 들어갈 알맞은 낱말을 보기 에서 찾아 쓰세요.

보기

> 기술   눈독   명백   문헌   편찬

⑴ 재호가 한 행동은 (   )한 반칙이었다.
⑵ 동생이 내 새 운동화에 (   )을 들이고 있다.
⑶ 역사는 이순신을 민족의 영웅이라고 (   )하고 있다.
⑷ 옛 (   )을 통해 그 시대의 문화와 생활상을 알 수 있다.
⑸ 1910년대에 우리 민족 최초의 국어사전 (   ) 사업이 시작되었다.

독도

독도는 경상북도 울릉군에 속하는 화산섬으로, 두 개의 큰 섬인 동도와 서도, 89개의 작은 바위섬으로 이루어져 있어요. 독도는 동해안에서 바다제비, 슴새, 괭이갈매기 등이 **번식하는** 유일한 지역이어서 1982년부터 천연기념물로 지정했어요. 독도에는 식물 60여 종, 곤충 130여 종, 조류 160여 종과 다양한 해양 생물이 서식하고 있어요. 1999년 12월에는 천연기념물 독도와 그 주변 지역을 보호하기 위해 '독도 **천연 보호 구역**'으로 **명칭**이 변경되었어요.

독도는 군사적, 경제적으로도 가치가 높아요. 독도는 동해 한가운데에 있어 러시아, 일본, 북한 군대의 이동 상황을 파악하는 역할을 해요. 또한, 한류와 난류가 만나는 독도에는 플랑크톤이 많아 다양한 어종이 살고 있어요. 그뿐만 아니라 독도 주변 바다에는 미래의 에너지 자원으로 기대를 모으고 있는 가스 하이드레이트가 묻혀 있어요.

핵심 용어 다음 빈칸에 들어갈 알맞은 용어를 쓰세요.

(1) ☐☐

독(홀로 獨) 도(섬 島): 홀로 있는 섬.
- 뜻: 경상북도 울릉군에 속하는 화산섬.

(2) ☐☐ **보호 구역**

천(자연 天) 연(그러할 然): 자연 그대로.
- 뜻: 천연기념물이나 명승 따위를 보호하기 위하여 그 주변에 지정한 구역.

● **번식하는** 붇고 늘어서 많이 퍼지는.
● **명칭** 사람이나 사물 따위의 이름. 또는 그것을 일컫는 이름.

우리나라의 계절별 기후 특징

사계절의 균형이 무너진다면

1 지구는 태양으로부터 끊임없이 에너지를 받는데 **위도**에 따라 그 양이 다르다. 위도가 높은 극지방은 햇볕을 적게 받아 기온이 낮고, 위도가 낮은 **적도** 지방은 햇볕을 많이 받아 기온이 높다. 중위도에 위치한 우리나라는 봄, 여름, 가을, 겨울의 사계절이 나타나고 계절에 따라 기온 차이가 크다. 이는 계절에 따라 다른 방향에서 바람이 불어오기 때문이며, 여름에는 남쪽에서 덥고 습한 바람이 불어오고 겨울에는 북서쪽에서 차갑고 건조한 바람이 불어온다. 5

2 ⟨ ㉠ ⟩ 지구의 평균 기온이 상승하면서 우리나라의 기후도 변하고 있다. 우리나라는 일평균 기온이 일정하게 유지되는 날을 계절의 시작으로 정하는데, 평균 기온이 5℃ 이상이면 봄, 20℃ 이상이면 여름, 20℃ 미만이면 가을, 5℃ 미만이면 겨울로 본다. 2021년 기상청의 발표에 따르면 최근 30년 동안 10 여름은 20일 길어지고, 겨울은 22일 짧아졌다. 또한, 여름은 119일로 가장 길고 가을은 69일로 가장 짧은 계절이 되었으며, 이대로 기온이 계속 오른다면 사계절의 균형이 무너지게 된다.

3 기후의 변화는 한반도에 **분포하는** 생물들에게도 영향을 주었다. 따뜻해진 날씨로 인해 양서류인 큰산개구리의 산란 시기는 점점 **빨라지고** 있고, 제주 15 도, 호남, 영남 지역이었던 남방노랑나비의 서식지는 경기도, 서해안, 동해안까지 **북상했다.** 산지에서 자라는 광대나물은 **개화** 시기가 변했고, 남해안, 제주도 등에 **자생하던** 낚시제비꽃은 이제 중부 지방에서도 볼 수 있게 되었다. 바닷속 상황도 예외가 아니다. 찬물에 사는 연어는 해수 온도가 상승하면서 서식지가 축소되고 있다. 20

4 이 상황이 지속된다면 생태계는 점차 파괴될 것이다. ⟨ ㉡ ⟩ 정부는 큰 산개구리, 남방노랑나비, 광대나물, 낚시제비꽃, 연어 등 생물 100종을 '국가 기후 변화 생물지표종'으로 지정했다. 이들은 계절에 따라 활동, 분포 지역 등의 변화가 뚜렷하거나 뚜렷할 것으로 예상되는 생물들로, 생태계의 변화를 파악하고 **대응하기** 위한 **지표**가 된다. 정부는 기후 변화의 영향을 파악하고 피 25 해를 줄이기 위해 기후 변화 생물지표종의 변화를 **주시하고** 있다.

- **위도** 지구 위의 위치를 나타내는 좌표축 중에서 가로로 된 것.
- **적도** 위도의 기준이 되는 선.
- **분포하는** 일정한 범위에 흩어져 퍼져 있는.
- **북상**(北 북녘 북, 上 위 상)**했다** 북쪽을 향하여 올라갔다.
- **개화**(開 열 개, 花 꽃 화) 풀이나 나무의 꽃이 핌.
- **자생하던** 저절로 나서 자라던.
- **대응하기** 어떤 일이나 사태에 맞추어 태도나 행동을 취하기.
- **지표** 방향이나 목적, 기준 따위를 나타내는 표지.
- **주시하고** 어떤 목표물에 주의를 집중하여 보고.

내용
독해

1 이 글의 설명 방법으로 알맞은 것은 무엇인가요? (   )

① 묻고 대답하는 대화 형식으로 이야기를 전개하고 있다.
② 여러 대상이 지니는 장단점을 비교하여 평가하고 있다.
③ 시간의 흐름에 따른 글쓴이의 생각 변화를 나타내고 있다.
④ 글쓴이가 관심 있는 대상을 그림 그리듯이 표현하고 있다.
⑤ 현재 상황을 설명하고 변화에 대응하는 방법을 소개하고 있다.

내용 이해

2 우리나라에 사계절이 있는 까닭으로 알맞은 것은 무엇인가요? (   )

① 고위도에 위치해 있어서
② 비가 많이 내리지 않아서
③ 태양과의 거리가 가까워서
④ 위도가 중간인 곳에 있어서
⑤ 바람이 한 방향으로만 불어서

추론

3 '국가 기후 변화 생물지표종'에 대해 짐작한 사실로 알맞은 것은 무엇인가요? (   )

① 국가 기후 변화 생물지표종이 사라지면 생태계가 복구될 것이다.
② 지금과 같은 추세라면 낚시제비꽃의 분포 지역은 점점 남쪽으로 내려올 것이다.
③ 우리나라 기후가 정상으로 돌아온다면 큰산개구리의 산란 시기도 늦어질 것이다.
④ 국가 기후 변화 생물지표종은 주로 기온이 낮은 곳에서만 자라는 생물로 정할 것이다.
⑤ 국가 기후 변화 생물지표종으로 지정된 생물은 다른 생물보다 기후 변화에 덜 민감
  할 것이다.

어휘·어법

4 ㉠과 ㉡에 들어갈 이어 주는 말이 차례대로 알맞게 짝 지어진 것은 무엇인가요? (   )

① 그러나, 그리고   ② 그런데, 그래서
③ 그런데, 그리고   ④ 그러므로, 그래서
⑤ 그러므로, 그러나

문단 요약

5 다음은 이 글에 나타난 각 문단의 중심 내용입니다. 글의 내용에 맞게 순서대로 기호를 쓰세요.

> ㉮ 기후가 변화하는 우리나라
> ㉯ 위도에 따라 서로 다른 기후
> ㉰ 국가 기후 변화 생물지표종 지정의 의미
> ㉱ 기후 변화에 따라 나타나는 생물의 변화

(   ) → (   ) → (   ) → (   )

핵심 내용

6 빈칸에 들어갈 알맞은 말을 이 글에서 찾아 쓰세요.

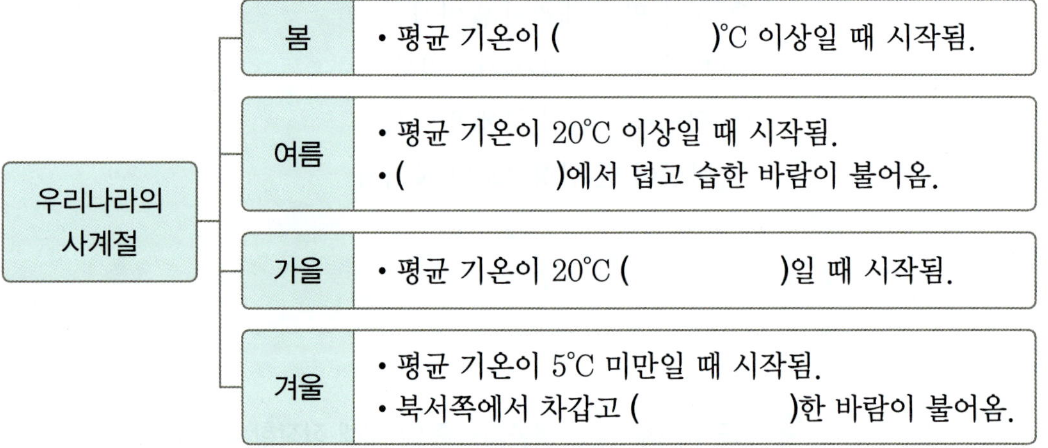

이해

7 다음 낱말의 뜻을 찾아 선으로 알맞게 이으세요.

(1) 북상 •   • ㉮ 저절로 나서 자람.

(2) 개화 •   • ㉯ 북쪽을 향하여 올라감.

(3) 자생 •   • ㉰ 풀이나 나무의 꽃이 핌.

(4) 분포 •   • ㉱ 일정한 범위에 흩어져 퍼져 있음.

(5) 주시 •   • ㉲ 어느 목표물에 주의를 집중하여 봄.

우리나라의 계절별 기후 특징

정답과 해설 **04** 쪽

기후는 오랜 기간 한 지역에 나타나는 평균적인 대기 상태예요. 고위도와 저위도의 중간인 **중위도**에 위치한 우리나라는 각 계절마다 서로 다른 기후가 나타나요.

봄에는 기온이 올라가면서 점점 날씨가 **온화해져요**. 여름에는 남쪽에서 덥고 습한 바람이 불어오고 **무더위**가 이어지면 밤에도 열대야 현상이 나타나요. 가을은 맑고 서늘해서 사람들이 활동하기 좋은 계절이에요. 춥고 건조한 겨울에는 **한파**가 찾아오고, 강원도와 울릉도 지역에 눈이 많이 내려요.

우리나라는 남북으로 길게 뻗어 있어 지역에 따라 기온 차이가 커요. 기온은 대체로 남쪽으로 갈수록 높아지고, 북쪽으로 갈수록 낮아져요. 우리나라는 계절에 따른 강수량 차이도 큰데, 장마와 태풍의 영향으로 여름에 비가 많이 내려요.

핵심 용어 다음 빈칸에 들어갈 알맞은 용어를 쓰세요.

(1) ☐ ☐

기(공기 氣) **후**(상태 候): 공기의 상태.
- 뜻: 오랜 기간 한 지역에 나타나는 평균적인 대기 상태.

(2) ☐ ☐ ☐

중(가운데 中) **위**(씨 緯) **도**(법도 度): 중간 위도.
- 뜻: 저위도와 고위도의 중간. 대략 남·북위 30~60°를 이름.

날씨가 온화함.

무덥고 습함.

맑고 서늘함.

춥고 건조함.

- **온화해져요** 날씨가 맑고 따뜻하며 바람이 부드러워져요.
- **무더위** 습도와 온도가 매우 높아 찌는 듯 견디기 어려운 더위.
- **한파**(寒 찰 한, 波 물결 파) 겨울철에 기온이 갑자기 내려가는 현상.

05

봄철의 불청객들

지문 분석

글자 수 1058
950 1050 1150

1 4월 12일, 전국에 황사 위기 경보 '주의' 단계가 **발령되었다**. 중국 북서부에서 **발원한** 황사가 하늘을 뿌옇게 뒤덮자, 미세 먼지 농도는 '매우 나쁨'으로 나타났다. 그런데 초미세 먼지 농도는 '보통'으로, 높지 않은 수준을 유지했다. 대기의 **질**을 설명할 때 **혼용되는** 개념인 황사와 미세 먼지, 그리고 초미세 먼지는 무엇이 다른 것일까? 5

2 먼저, 황사는 작은 모래나 먼지가 바람을 타고 이동하다 땅에 떨어지는 것이다. 황사는 봄철의 저기압이 타클라마칸, 오르도스, 고비 등 중국과 몽골의 사막 지대를 지날 때 발생하며 『삼국사기』에도 기록되어 있을 만큼 오래된 자연재해이다. 흙먼지가 주성분인 황사 **입자**는 지름이 5~8㎛(마이크로미터)로, 기상청 누리집에서 황사의 농도 변화를 실시간으로 확인할 수 있다. 황사는 10 서쪽에서 동쪽으로 바람이 부는 3월에서 5월까지 주로 발생하며 비가 많이 내리는 여름이나 날씨가 추운 겨울에는 발생률이 높지 않다.

3 미세 먼지는 입자 크기에 따라 미세 먼지와 초미세 먼지로 나뉜다. 미세 먼지는 입자 지름이 10㎛ 이하이고, 크기가 더 작은 초미세 먼지는 2.5㎛ 이하이다. 미세 먼지에 포함된 황산염, 질산염, 중금속 등의 화학 물질은 주로 15 화석 연료를 연소할 때나 자동차 배기가스 등에서 배출된다. 흙먼지, 꽃가루 등 미세 먼지는 자연적으로도 발생하지만 우리 몸에 더 해로운 것은 인간의 활동으로 만들어진 미세 먼지이다. 입자 크기가 작을수록 인체에 깊이 **침투할** 수 있기 때문에 초미세 먼지는 인체에 더욱 해롭다. 미세 먼지는 일 년 내내 발생하지만, 12월에서 3월 사이에 그 농도가 가장 높다. 미세 먼지는 대기 오 20 염의 결과물이기 때문에 환경부와 기상청이 함께 정보를 예측한다.

4 봄철은 황사와 미세 먼지가 동시에 발생하기 때문에 **유독** 대기의 질이 좋지 않다. 바람을 타고 넘어오는 황사가 중국의 대기를 거치면서 중국의 미세 먼지까지 함께 **유입될** 가능성이 높기 때문이다. 이 시기에는 **가급적** 외출을 자제하고, **부득이하게** 외출해야 한다면 보건용 마스크를 착용하여 호흡기를 25 보호해야 한다. 또한, 외출 후에는 깨끗이 씻어서 몸에 남은 오염 물질을 제거하는 것이 좋다.

- **발령되었다** 긴급한 상황에 대한 경보가 발표되었다.
- **발원**(發 필 발, 原 근원 원)**한** 사회 현상이나 사상 따위가 맨 처음 생겨난.
- **질** 속성, 가치, 쓸모, 등급 등과 같은 사물의 근본 성질.
- **혼용되는** 한데 섞이어 쓰이거나 어우러져 쓰이는.
- **입자** 물질의 일부로서, 구성하는 물질과 같은 종류의 매우 작은 물체.
- **침투할** 세균이나 병균 따위가 몸속에 들어올.
- **유독** 많은 것 가운데 홀로 두드러지게.
- **유입**(流 흐를 유, 入 들 입)**될** 액체나 기체, 열 따위가 어떤 곳으로 흘러들게 될.
- **가급적** 할 수 있는 대로 또는 형편이 닿는 대로.
- **부득이**(不 아닐 부, 得 얻을 득, 已 이미 이)**하게** 마지못하여 할 수 없게.

내용 독해

핵심어

1 이 글에서 중심이 되는 낱말을 모두 고르세요. (, ,)

① 황사　　　　　② 저기압　　　　　③ 미세 먼지
④ 화석 연료　　　⑤ 초미세 먼지

내용 이해

2 이 글에서 확인할 수 <u>없는</u> 것은 무엇인가요? ( )

① 황사의 발원지
② 황사를 감소시키는 방안
③ 미세 먼지에 포함된 유해 물질
④ 미세 먼지와 초미세 먼지의 차이
⑤ 봄에 유독 대기의 질이 좋지 않은 원인

추론

3 이 글을 읽고 짐작한 내용으로 알맞은 것의 기호를 쓰세요.

> ㉮ 대기 오염이 개선되면 미세 먼지 농도를 낮출 수 있을 것이다.
> ㉯ 일본은 중국에서 오는 황사의 영향을 우리나라보다 많이 받는다.
> ㉰ 황사와 미세 먼지, 초미세 먼지 중에서 황사가 인체에 가장 깊이 침투한다.

( )

적용

4 이 글의 이해를 돕기 위해 활용하면 좋은 자료로 알맞지 <u>않은</u> 것은 무엇인가요? ( )

① 미세 먼지의 성분 분석표
② 가을철 자연재해 발생률 그래프
③ 황사에 대해 기록된 옛 문헌의 내용
④ 보건용 마스크를 올바르게 착용하는 방법
⑤ 실시간 미세 먼지 농도를 확인할 수 있는 누리집

구조 분석

5 각 문단의 중심 내용을 찾아 선으로 알맞게 이으세요.

1문단 •　　•　사막 지대에서 발생한 황사의 특징

2문단 •　　•　대기의 질이 좋지 않을 때의 대처 방안

3문단 •　　•　황사와 미세 먼지, 초미세 먼지에 대한 의문 제기

4문단 •　　•　입자 크기가 작은 미세 먼지와 초미세 먼지의 특징

6 빈칸에 들어갈 알맞은 말을 이 글에서 찾아 쓰세요.

	황사	미세 먼지
발생 원인	봄철의 (　　　　)이 중국과 몽골의 사막 지대를 지날 때 발생함.	(　　　　)를 연소할 때나 자동차 배기가스 등에서 배출됨.
주성분	흙먼지	황산염, 질산염, 중금속 등의 (　　　　)
입자 지름	(　　　　)㎛	• 미세 먼지: 10㎛ 이하 • (　　　　): 2.5㎛ 이하
발생 시기	(　　　　)에서 5월까지 주로 발생함.	일 년 내내 발생함.

어휘

7 다음 문장에 들어갈 알맞은 낱말에 ◯표 하세요.

⑴ 이 옷감은 (양, 질)이 매우 좋다.

⑵ 불교는 인도에서 처음 (발견, 발원)하였다.

⑶ 폐수가 강으로 (수입, 유입)되는 것을 막아야 한다.

⑷ 초미세 먼지는 폐 속 깊숙이 (침식, 침투)해서 염증이 생기게 한다.

⑸ 지아는 갑작스런 부상으로 (부득이, 부정확)하게 경기에 나가지 못했다.

기후와 관련된 자연재해

자연재해는 자연 현상으로 발생하는 피해를 말해요. 우리나라에는 계절에 따라 다양한 자연재해가 일어나요.

봄에는 중국으로부터 모래바람이 불어오는 황사가 발생해요. 황사는 생활과 산업에 피해를 줄 뿐만 아니라 여러 가지 질병을 일으켜요. 여름에는 폭염 때문에 **온열** 질환을 앓는 환자가 많아지고, 홍수로 하천이 넘치거나 집과 논이 물에 잠겨요. 태풍은 주로 여름과 이른 가을 사이에 발생하는데, 강풍과 많은 비를 몰고 와서 큰 피해를 줘요. 가뭄은 비가 적게 내리는 봄과 가을에 발생해 곡식과 식물을 말라 죽게 해요. 겨울에는 많은 양의 눈이 한꺼번에 내리는 폭설 때문에 교통 **혼잡**, 눈사태 등의 피해를 입어요. 최근에는 지구 온난화로 기후가 따뜻하게 변하는 **기후 변화**로 자연재해가 더 자주, 더 심각하게 발생해요.

핵심 용어 다음 빈칸에 들어갈 알맞은 용어를 쓰세요.

(1) 자연 ☐☐

재(재앙 災) 해(해할 害): 재앙과 피해.
- 뜻: 자연 현상으로 발생하는 피해.

(2) 기후 ☐☐

변(변할 變) 화(될 化): 변하게 됨.
- 뜻: 일정 지역에서 오랜 기간에 걸쳐서 진행되는 기상의 변화.

- **온열** 따뜻하게 느껴지는 열.
- **혼잡** 여럿이 한데 뒤섞이어 어수선함.

농어촌을 구할 빈집 정비 사업

지문 분석

글자 수 1030
950 1050 1150

1 과거 우리나라는 벼농사 중심의 사회였기 때문에 농사지을 땅이 넓은 남서부 평야 지대의 인구 밀도가 높았다. 1960년대 이후 진행된 도시화로 농어촌에 사는 사람들은 일자리를 찾아 도시로 떠났다. 그 결과 서울, 인천, 경기를 중심으로 한 수도권과 대도시에 인구가 집중되었고, 농어촌은 인구가 감소해 지역 **소멸**의 위기에 처했다. 5

2 사람들이 도시로 떠난 뒤 농어촌에는 빈집이 늘어났다. 2022년 기준 전국의 빈집은 총 13만 2천여 채이며 이 중 농어촌의 빈집은 8만 9천여 채로 나타났다. **방치된** 빈집은 안전사고나 범죄에 노출되기 쉬워 **인근** 주민을 불안에 떨게 했다. 또한 빈집이 오랜 기간 방치되면 주변 **경관**을 훼손하고, 쓰레기로 인한 악취가 발생한다. 이에 여러 지방 자치 단체는 농어촌을 떠난 사람들을 10 다시 불러들여 위기에 빠진 농어촌을 구할 빈집 정비 사업을 진행하고 있다.

3 그중 첫 번째는 빈집 **리모델링**으로, 망가진 곳만 수리하여 빈집을 재활용하는 방안이다. 대개 지붕, 부엌, 화장실을 **개량하고**, 냉난방 시설과 외벽을 정비하는 작업을 거친다. 수리가 끝난 빈집은 저렴한 비용으로 **임대하거나** 숙박 시설로 활용한다. 이 사업은 **귀촌한** 사람들의 정착을 도와 생활 인구를 늘 15 리고, 관광객을 모으는 것이 목적이다. 이에 청양군과 강진군은 빈집을 정비한 뒤 월 1만 원만 받고 청년, 신혼부부, 귀촌인에게 빌려주고 있다. 또한 빈집을 고쳐 만든 경주시의 마을 호텔은 새로운 체험을 원하는 관광객들에게 인기가 높다.

4 두 번째로 **노후** 정도가 심해 위험하거나 수리할 수 없는 빈집은 아예 **철거** 20 **해서** 생활 편의 시설을 만드는 방안도 있다. 빈집을 소유한 사람은 지방 자치 단체로부터 빈집 철거비와 폐기물 처리비를 지원받는 대신 지방 자치 단체에 일정 기간 **무상**으로 집터를 제공하기도 한다. 이 사업을 통해 동두천시는 빈집 두 채를 철거한 땅에 방과 후 돌봄과 각종 체험 행사를 제공하는 아동 돌봄 센터를 만들었다. 그리고 김제시는 정비된 빈집 터를 주차장, 공원, 텃밭 등 25 주민 편의 공간으로 조성해 주민들에게 개방함으로써 빈집으로 인한 불안감을 해소했다.

- **소멸** 사라져 없어짐.
- **방치된** 돌봄이나 간섭을 받지 않고 그대로 두어진.
- **인근** 이웃한 가까운 곳.
- **경관** 산이나 들, 강, 바다 따위의 자연이나 지역의 풍경.
- **리모델링** 사용하던 주택이나 빌딩 따위를 목적과 용도에 맞게 고쳐 새것처럼 바꿈.
- **개량**(改 고칠 개, 良 어질 량)**하고** 나쁜 점을 보완하여 더 좋게 고치고.
- **임대하거나** 돈을 받고 자기의 물건을 남에게 빌려주거나.
- **귀촌**(歸 돌아갈 귀, 村 마을 촌)**한** 촌으로 돌아가거나 돌아온.
- **노후** 제구실을 하지 못할 정도로 낡고 오래됨.
- **철거해서** 건물, 시설 등을 무너뜨려 없애거나 걷어치워서.
- **무상** 어떤 행위에 대하여 아무런 대가나 보상이 없음.

내용 독해

설명 대상

1 이 글은 무엇에 대해 쓴 글인가요? (   )

① 도시와 농어촌의 갈등

② 인구 밀도를 계산하는 방법

③ 귀촌인의 농어촌 정착 과정

④ 수도권과 대도시의 인구 집중

⑤ 농어촌의 빈집 문제와 그 해결 방안

내용 이해

2 이 글의 내용과 일치하지 <u>않는</u> 것은 무엇인가요? (   )

① 우리나라에서는 1960년대부터 도시화가 진행되었다.

② 여러 지방 자치 단체가 빈집 문제를 해결하려고 노력한다.

③ 1960년대 이전까지 우리나라에서는 주로 벼농사를 지었다.

④ 2022년에는 농어촌의 빈집보다 도시의 빈집이 두 배 더 많다.

⑤ 오랜 기간 방치된 빈집에서는 안전사고가 일어날 위험이 있다.

추론

3 이 글을 읽고 짐작한 것으로 알맞은 것은 무엇인가요? (   )

① 심하게 낡은 빈집은 철거 대신 리모델링을 할 것이다.

② 빈집이 철거되면 인근 주민들은 불안감이 더욱 증가할 것이다.

③ 1960년대보다 2020년대에 우리나라 전체 인구는 줄었을 것이다.

④ 집을 부술 때 나온 쓰레기를 처리할 때에는 돈이 들지 않을 것이다.

⑤ 빈집 정비 사업은 농어촌 지역의 소멸을 막으려는 목적으로 진행될 것이다.

적용

4 이 글의 이해를 돕기 위해 활용하면 좋은 자료가 <u>아닌</u> 것의 기호를 쓰세요.

> ㉮ 지역별 폐기물 처리 비용을 비교한 표
>
> ㉯ 빈집을 정비해서 만든 숙박 시설의 사진
>
> ㉰ 우리나라 도시와 농어촌의 인구수 변화 그래프
>
> ㉱ 빈집에서 발생한 사건이나 사고를 조사한 신문 기사

(   )

구조 분석

5 다음 질문의 답을 찾을 수 있는 문단을 찾아 선으로 이으세요.

수리한 빈집은 어떻게 활용되는가?	·	·	**1**문단
우리나라 인구 분포는 어떻게 변화했는가?	·	·	**2**문단
수리할 수 없는 빈집은 어떻게 활용하는가?	·	·	**3**문단
농어촌에 빈집이 늘어나면서 어떤 문제가 발생했는가?	·	·	**4**문단

6 빈칸에 들어갈 알맞은 말을 이 글에서 찾아 쓰세요.

	과거	현재
인구가 많은 지역	(　　　　) 평야 지대의 인구 밀도가 높음.	서울, 인천, 경기를 중심으로 한 (　　　　)과 대도시에 인구가 집중됨.
그 까닭	(　　　　) 중심의 사회였기 때문에 농사지을 땅이 넓은 곳에 모여 삶.	도시화로 농어촌에 사는 사람들이 (　　　　)를 찾아 도시로 떠남.

어휘

7 다음 낱말의 뜻을 보기 에서 찾아 기호를 쓰세요.

보기
㉮ 나쁜 점을 보완하여 더 좋게 고침.
㉯ 돌보거나 간섭하지 않고 그대로 둠.
㉰ 제구실을 하지 못할 정도로 낡고 오래됨.
㉱ 건물, 시설 따위를 무너뜨려 없애거나 걷어치움.
㉲ 어떤 행위에 대하여 아무런 대가나 보상이 없음.

(1) 개량　(　　　　)　　　　(2) 노후　(　　　　)
(3) 무상　(　　　　)　　　　(4) 방치　(　　　　)
(5) 철거　(　　　　)

비주얼 사회 교과서 개념

우리나라 인구 분포의 특징

과거 우리나라는 농업 중심의 사회였기 때문에 기후가 온화하고 농사지을 땅이 많은 남서부 평야 지대에 사람들이 모여 살았어요. **산업화**가 진행되면서 일정한 넓이의 땅에 사람들이 어느 정도 모여 살고 있는지를 나타낸 **인구 밀도**가 달라졌어요. 서울, 부산 등 대도시 지역의 인구 밀도는 높아지고 산지 지역과 농어촌 지역의 인구 밀도는 낮아졌어요.

인구 분포가 지역마다 달라지면서 서로 다른 문제가 발생하기 시작했어요. 인구가 늘어나는 도시에서는 주택이 부족하고 교통이 혼잡해졌으며 환경 오염이 심해졌어요. 인구가 줄어드는 농어촌에서는 교육 시설과 의료 시설이 부족하고 **일손**이 모자라요. 그래서 정부는 대도시 주변에 신도시를 건설하고 국토를 균형적으로 발전시켜 전국에 인구를 고르게 **분산**하려고 노력해요.

핵심 용어 다음 빈칸에 들어갈 알맞은 용어를 쓰세요.

(1) ☐☐ **밀도**

인(사람 人) 구(입 口): 사람의 입.
- 뜻: 일정한 넓이의 땅에 사람들이 어느 정도 모여 살고 있는지를 나타낸 것.

(2) **인구** ☐☐

분(나눌 分) 포(펼 布): 나누어 펌.
- 뜻: 사람들이 어디에 얼마나 모여 살고 있는가를 나타낸 것.

- **산업화**(産 낳을 산, 業 일 업, 化 될 화) 농업 중심에서 공업, 서비스업 중심으로 생산 활동이 변하는 현상.
- **일손** 일을 하는 사람.
- **분산하려고** 갈라져 흩어지게 되게 하려고.

07

수도권 집중에서 더불어 잘 사는 국토로

지문 분석

글자 수 987
950 1050 1150

1 우리나라는 1960년대 이후 시작된 산업화, 도시화로 급격한 성장을 이루면서, 보다 효율적인 개발을 위해 국가적인 계획이 필요해졌다. 그래서 정부는 우리 국토의 한정된 자원을 **합리적**이고 균형적으로 개발할 수 있도록 10년 단위의 국토 종합 개발 계획을 시행하였다.

2 1972년에 시작된 제1차 국토 종합 개발 계획은 대규모 공업 단지를 **구축** 5 **하고** 교통과 통신 등 **기반** 시설을 늘리는 데 중점을 ㉠두었다. 이 시기에는 서울과 부산 등 대도시를 먼저 개발한 후 그 효과가 다른 지역으로 **파급되기를** 기대하는 **거점** 개발 방식을 추진했다. 그 결과, 동남해안 공업 단지가 **조성되었고**, 고속 도로와 다목적 댐이 건설되었다.

3 제2차 국토 종합 개발 계획에서는 수도권 **과밀**을 해소하고 국민의 생활 환 10 경을 개선하는 것을 목표로 삼았다. 그리하여 인구 감소가 예상되는 농어촌 도시에 농촌형 공업 단지를 건설하고, 국도와 지방도 등 주요 도로를 정비하였다. 이러한 노력에도 지역 **격차**는 더 벌어졌고, 공업 단지의 확산으로 환경 파괴와 오염 문제가 **대두되었다.**

4 제3차 국토 종합 개발 계획은 앞선 계획으로 생겨난 격차와 불균형 문제를 15 해결하려는 방향으로 실시되었다. 중소 도시에는 제조, 관광 등 특화 산업을 조성하고 교육, 문화, 의료 등 생활 **편익** 시설을 세웠다. 또한, 수도권 집중을 억제하기 위해 공공 기관을 지방으로 옮기고 수도권과 지방의 세금 및 보조금 지원에 차이를 두는 방안을 마련하였다.

5 2000년, 제4차 국토 종합 계획부터는 장기적 관점에서 20년 단위로 계획 20 을 수립하였고, 친환경적 발전을 강조하기 위해 '개발'이라는 단어를 뺐다. 개발의 방향은 그동안 진행된 성장 중심의 개발과는 반대로 발전과 환경 보전의 조화로 잡았다. 또한, 2020년부터는 저성장 시대와 4차 산업혁명, 국토 환경 개선 등에 초점을 맞춘 제5차 국토 종합 계획이 시작되었다. 이 계획은 다양한 세대와 계층, 지역이 더불어 잘 사는 국토를 만들어 삶의 질 향상, 환경 보 25 호 등의 가치를 **구현하고자** 한다.

- **합리적** 이론이나 이치에 합당한 것.
- **구축하고** 체제, 체계 따위의 기초를 닦아 세우고.
- **기반** 기초가 되는 바탕.
- **파급**(波 물결 파, 及 미칠 급) **되기를** 어떤 일의 여파나 영향이 차차 다른 데로 미치게 되기를.
- **거점** 어떤 활동의 근거가 되는 중요한 지점.
- **조성**(造 지을 조, 成 이룰 성)**되었고** 무엇이 만들어져 이루어졌고.
- **과밀** 인구나 건물, 산업 따위가 한곳에 지나치게 집중되어 있음.
- **격차** 빈부, 임금, 기술 수준 따위가 서로 벌어져 다른 정도.
- **대두되었다** 어떤 세력이나 현상이 새롭게 나타나게 되었다.
- **편익** 편안하고 유익함.
- **구현하고자** 어떤 내용을 구체적인 사실로 나타나게 하고자.

내용 독해

전개 방식

1 이 글의 설명 방법으로 알맞은 것은 무엇인가요? (　　　)

① 현상에 대한 원리를 구체적으로 설명하고 있다.

② 구체적 예를 통해 대상의 중요성을 강조하고 있다.

③ 낯선 용어의 개념을 정리하며 새로운 이론을 소개하고 있다.

④ 대상을 시기별로 제시하여 단계적 변화 내용을 설명하고 있다.

⑤ 권위자의 이론을 근거로 제시하며 자신의 주장을 강화하고 있다.

내용 이해

2 이 글을 통해 알 수 있는 내용이 아닌 것은 무엇인가요? (　　　)

① 국토 개발 계획의 필요성

② 국토 종합 개발 계획의 기간

③ 국토 종합 개발 계획의 주요 내용

④ 앞으로의 국토 종합 계획의 방향성

⑤ 국토 종합 개발 계획에서 제외된 지역

추론

3 이 글을 통해 답을 알 수 있는 질문은 무엇인가요? (　　　)

① 친환경 발전을 방해하는 요인은 무엇인가?

② 국토 종합 개발 계획을 처음 제안한 사람은 누구인가?

③ 국토 종합 개발 계획에 대한 국민들의 평가는 어떠한가?

④ 제4차 국토 종합 계획부터 '개발'이라는 단어가 빠진 까닭은 무엇인가?

⑤ 제2차 국토 종합 개발 계획에서 수도권을 집중 개발한 까닭은 무엇인가?

어휘·어법

4 '두다'가 ㉠과 같은 뜻으로 쓰인 것은 무엇인가요? (　　　)

① 공책을 책상 위에 두다.

② 우유를 오랫동안 상온에 두지 마라.

③ 동생을 집에 두고 나 혼자 놀러 나갔다.

④ 이미 끝난 일에 미련을 두어도 아무런 소용이 없다.

⑤ 일은 실패했지만 최선을 다했다는 것에 가치를 두었다.

구조
분석

문단 요약

5 각 문단의 중심 내용으로 알맞은 것에 ○표, 틀린 것에 ✕표를 하세요.

1 문단	국토 종합 개발 계획이 시행된 까닭	( )
2 문단	제1차 국토 종합 개발 계획이 중단된 까닭	( )
3 문단	제2차 국토 종합 개발 계획의 목표와 문제점	( )
4 문단	제3차 국토 종합 개발 계획의 실패 원인	( )
5 문단	제4차, 제5차 국토 종합 계획의 목표	( )

핵심 내용

6 빈칸에 들어갈 알맞은 말을 이 글에서 찾아 쓰세요.

국토 종합 개발의 문제점	해결 방안
• 수도권 중심으로 개발되어 지역 ( )가 벌어짐. • 환경 ( )와 오염 문제가 생겨남.	• 균형 발전을 위해 농어촌 도시와 중소 도시를 개발함. • 발전과 환경 ( )의 조화가 개발의 방향이 됨.

어휘

적용

7 다음 문장에 들어갈 알맞은 낱말에 ○표 하세요.

⑴ 학교 폭력이 사회 문제로 (대두, 대체)되고 있다.

⑵ 주민의 (편법, 편익)을 위해 버스를 운행하고 있다.

⑶ 이 작품은 직선의 아름다움을 잘 (구경, 구현)하였다.

⑷ 제품 생산에 드는 비용을 줄일 (보수적, 합리적) 방안을 떠올렸다.

⑸ 일자리를 찾아 몰려든 사람들로 인구 (과밀, 과소) 문제가 발생했다.

국토의 균형 발전

국토 개발은 우리나라 각 지역을 효율적으로 이용하기 위한 여러 가지 활동을 말해요. 국토 개발은 **단순한** 발전만을 위한 것이 아니라 경제, 환경, 지역 간의 조화를 생각하여 이루어져요.

우리나라는 1960년대부터 공업, 서비스업 중심으로 생산 활동이 변하는 산업화와 도시 면적이 확대되며 도시 주민이 늘어나는 **도시화**가 빠르게 진행되었어요. 서울, 인천, 부산, 대구 등 대도시의 인구가 급증했고 포항, 울산, 창원 등이 공업 도시로 성장하자, 수도권과 남동부 지역으로의 **인구 이동**이 더욱 활발해졌어요.

대도시로 인구가 집중됨에 따라 발생한 **주거** 공간 부족, 교통 혼잡 등의 문제를 해결하기 위해 대도시 주변에 신도시를 만들었어요. 또한 국토 전체를 균형 있게 발전시키기 위하여 수도권에 집중되어 있는 공공 기관 등을 지방으로 옮겼어요. 산업이 발달하면서 교통, 관광, 공업, 행정 등 다양한 기능을 가진 지방 도시가 나타났어요.

핵심 용어 다음 빈칸에 들어갈 알맞은 용어를 쓰세요.

(1) ☐ ☐ ☐

도(도읍 都) 시(시장 市) 화(될 化): 도시가 됨.
- 뜻: 도시의 수가 증가하고 도시 면적이 확대되며 도시 주민이 늘어나는 현상.

(2) **인구** ☐ ☐

이(옮길 移) 동(움직일 動): 옮겨 움직임.
- 뜻: 사람들이 한 장소에서 다른 장소로 옮겨 가는 현상.

국토의 균형 발전을 위해 수도권에 집중된 기능을 분산함.

교통(인천), 관광(제주), 공업(광양), 행정(세종) 등 다양한 기능을 가진 도시가 나타남.

- **단순한** 복잡하지 않고 간단한.
- **주거**(住 살 주, 居 살 거) 일정한 곳에 머물러 삶. 또는 그런 집.

역사

01

지문 분석

글자 수 **1023**
950 1050 1150

구석기와 신석기

구석기 유물을 발굴한 손보기

1 1964년, 미국에서 온 **고고학자** 모어 부부는 한국의 선사 시대 유적을 연구하기 위해 충청남도 공주의 금강을 답사하고 있었다. 강가 흙더미에서 돌 조각을 발견한 모어 부부는 같은 대학교에서 일하고 있던 역사학자 손보기에게 연락했다. 지층 사이에 박혀 있는 다양한 돌덩이들이 구석기 유물이라고 확신했기 때문이었다. 이들은 즉시 **발굴** 작업에 들어가려고 했지만 쉽게 허가가 나지 않았다. 5

2 당시에는 ㉠한반도에 구석기 시대가 존재하지 않는다는 것이 **통설**이어서 구석기 시대에 대한 연구가 활발히 진행되지 않았다. 그러나 이것은 일본이 만들어 낸 잘못된 주장이었다. 구석기 시대는 전기, 중기, 후기로 구분되는데, 1940년대까지 일본에서는 후기 구석기 시대의 유적만 발견된 상태였다. 일제 10 강점기에 일본은 모든 면에서 일본이 조선보다 **우월하다고** 주장했으니 식민지인 조선에는 그보다 오래된 유물이 있을 수 없었다. 일본의 **일방적** 주장은 독립한 지 수십 년이 지나서도 여전히 우리의 [㉡] 있었다.

3 같은 해 11월, 마침내 발굴 허가가 떨어졌다. 손보기는 고고학을 전문적으로 공부하지 않았기 때문에 더 큰 노력이 필요했다. 손보기는 낮에는 현장에 15 서 발굴 작업을 하고, 밤에는 외국 서적을 살피며 발굴한 유물을 찾아보는 등 **사명감**을 가지고 발굴에 임했다. 또한, 손보기는 일본식 고고학 **용어**를 우리 말로 바꾸며 일본의 **잔재**를 지워 나갔다. 구석기 시대에 돌을 떼어 만든 '타제 석기'에는 '뗀석기', 신석기 시대에 돌을 갈아 만든 '마제 석기'에는 '간석기'라는 이름을 붙였다. 그 결과 찍개, 찌르개, 자르개, 밀개 등 이름만으로도 석기 20 의 쓰임새를 바로 알 수 있게 되었다.

4 약 1년 간의 1차 발굴이 끝나고, 공주 석장리에서 구석기 유물이 나왔다는 소식이 발표되었다. 발굴 작업은 약 10년 동안 이어져 석기와 집터, 사람이나 동식물의 흔적 등 전기 구석기부터 후기 구석기까지 다양한 시대의 유물이 발굴되었다. 역사를 바로잡기 위한 손보기의 노력은 1974년 국사 교과서에 '한 25 반도에 구석기 시대가 있었다.'라는 내용이 수록되며 결실을 보았다.

- **고고학자**(考 생각할 고, 古 옛 고, 學 배울 학, 者 사람 자) 유물과 유적을 통하여 옛 인류의 생활, 문화 따위를 연구하는 사람.

- **발굴** 땅속이나 큰 덩치의 흙, 돌 더미 따위에 묻혀 있는 것을 찾아서 파냄.

- **통설**(通 통할 통, 說 말씀 설) 세상에 널리 알려지거나 일반적으로 인정되고 있는 설.

- **우월하다고** 다른 것보다 낫다고.

- **일방적** 어느 한쪽으로 치우친

- **사명감** 주어진 임무를 잘 수행하려는 마음가짐.

- **용어**(用 쓸 용, 語 말씀 어) 일정한 분야에서 주로 사용하는 말.

- **잔재** 과거의 낡은 사고방식이나 생활 양식의 찌꺼기.

설명 대상

1 이 글은 무엇에 대해 쓴 글인가요? (　　　　)

① 일본의 구석기 문화
② 한국 역사의 우월성
③ 선사 시대를 나누는 기준
④ 한국의 구석기 유물 발굴
⑤ 뗀석기와 간석기의 사용 방법

내용 이해

2 이 글을 통해 알 수 있는 내용이 <u>아닌</u> 것은 무엇인가요? (　　　　)

① 석장리 발굴이 시작된 계기
② 구석기 유물이 발견된 지역
③ 석장리 발굴 결과가 교과서에 실린 시기
④ 우리나라에서 구석기 시대가 시작된 연도
⑤ 구석기 시대와 신석기 시대에 사용한 도구

추론

3 ㉠에 대해 짐작한 내용으로 알맞은 것은 무엇인가요? (　　　　)

① 일본은 옛날부터 우리나라를 존중했다.
② 우리나라의 구석기 유물은 일본에서 넘어왔다.
③ 일본은 우리나라의 역사를 제멋대로 해석했다.
④ 우리나라는 광복 직후 일본의 주장을 모두 무시했다.
⑤ 일본은 과거에 우리나라와 일본이 같은 나라였다고 생각했다.

어휘·어법

4 ㉡에 들어갈, 다음과 같은 뜻이 있는 관용 표현은 무엇인가요? (　　　　)

> 어떤 일에 꽉 잡혀서 벗어나지 못하게 하고.

① 손을 끊고　　　　　　　　② 무릎을 치고
③ 발목을 잡고　　　　　　　④ 어깨를 견주고
⑤ 팔을 걷어붙이고

구조 분석

5 다음은 이 글에 나타난 각 문단의 중심 내용입니다. 글의 내용에 맞게 순서대로 기호를 쓰세요.

> ㉮ 공주 석장리에서의 발굴 결과
> ㉯ 공주에서 구석기 유물을 발굴한 계기
> ㉰ 구석기 시대에 대한 일본의 잘못된 주장
> ㉱ 구석기 유물 발굴과 일본식 고고학 용어 변경

(　　　) → (　　　) → (　　　) → (　　　)

6 빈칸에 들어갈 알맞은 말을 이 글에서 찾아 쓰세요.

	뗀석기	간석기
시대	(　　　) 시대	신석기 시대
일본식 용어	타제 석기	(　　　)
만든 방법	돌을 (　　　) 만듦.	돌을 갈아 만듦.

어휘

7 다음 문장의 빈칸에 들어갈 알맞은 낱말을 보기 에서 찾아 쓰세요.

> **보기**
>
> 발굴　　용어　　우월　　사명감　　일방적

⑴ 승철이는 나보다 수영 실력이 (　　　)하다.
⑵ 우리 동네에서 문화재 (　　　)이/가 시작되었다.
⑶ 지효는 늘 말도 없이 (　　　)(으)로 약속을 어겼다.
⑷ 법률 (　　　)이/가 가득한 책을 보니 머리가 어지러웠다.
⑸ 의사는 생명을 다루는 직업이므로 (　　　)이/가 깊어야 한다.

구석기와 신석기

　　선사 시대는 문자로 된 자료가 없는 시대예요. 그래서 사용한 도구를 기준으로 시대를 나누어서 '석기 시대', '청동기 시대', '철기 시대'라는 이름을 붙였어요.

　　석기를 사용한 석기 시대는 '**구석기 시대**'와 '**신석기 시대**'로 나뉘어요. 구석기 시대에는 돌을 깨뜨려서 뗀석기를 만들었는데, 뗀석기는 **수렵**이나 **채집**을 할 때 사용했어요. 이 시대에는 먹거리를 찾아 이동했기 때문에 사람들이 대체로 동굴에서 살았어요.

　　구석기 시대보다 기후가 따뜻해진 신석기 시대에는 사람들의 생활 모습도 달라졌어요. 이 시대에는 돌을 갈아서 만든 간석기를 사용했어요. 사람들은 **농경**과 **목축**을 시작하면서 바다나 강 근처에 **정착해** 움집에서 살았고, 곡식을 담거나 요리할 때 빗살무늬 토기를 사용했어요.

핵심 용어 다음 빈칸에 들어갈 알맞은 용어를 쓰세요.

(1) ☐☐ **시대**

선(먼저 先) 사(역사 史): 역사의 이전.
- 뜻: 문자로 된 자료가 없는 석기 시대와 청동기 시대.

(2) ☐☐☐ **시대**

구(오래 舊) 석(돌 石) 기(그릇 器): 옛날 석기.
- 뜻: 돌을 깨뜨려서 도구를 만들어 쓰던 가장 오래 전의 석기 시대.

(3) ☐☐☐ **시대**

신(새 新) 석(돌 石) 기(그릇 器): 새로운 석기.
- 뜻: 돌을 갈아서 만든 도구를 사용하고 농경과 목축을 하며 정착 생활을 시작한 시대.

- **수렵** 총이나 활 또는 길들인 매나 올가미 따위로 산이나 들의 짐승을 잡는 일.
- **채집** 널리 찾아서 얻거나 캐거나 잡아 모으는 일.
- **농경** 논밭을 갈아 농사를 지음.
- **목축** 소·말·양·돼지 따위의 가축을 많이 기르는 일.
- **정착해** 일정한 곳에 자리를 잡아 붙박이로 있거나 머물러 살아.

8조법에 나타난 불평등 사회

지문 분석

글자 수 971
950 1050 1150

1 청동기 시대에 인간은 **획기적**인 변화를 겪는다. 청동은 돌보다 더 강하기 때문에 재료를 다루는 능력에 따라 힘의 차이가 생겨났다. 또한, 농업이 발달해 **잉여** 농산물이 생기자, 식량을 더 가진 사람과 덜 가진 사람 사이에 격차가 벌어졌다. 이에 따라 청동기 시대는 힘 있고 재산이 많은 사람이 다른 사람을 지배하는 불평등한 사회로 접어들었다.

2 이 시기 한반도에는 최초의 국가인 고조선이 세워졌다. 건국 이후에는 사회 질서를 유지하기 위해 8조법이 제정되었다. 현재는 8개 조항 중 3개의 조항만이 중국의 옛 기록인 『한서』에 전해진다. 8조법의 **전문**을 확인할 수는 없지만 남아 있는 내용을 살펴보면 당시 고조선 사회 모습을 짐작할 수 있다.

3 "㉠남을 죽이면 즉시 죽음으로 갚는다."

고조선에서는 다른 사람을 죽인 사람에게 최고 형벌인 사형을 내렸다. '널리 사람을 이롭게 한다.'라는 뜻을 바탕으로 세워진 고조선에서 생명의 가치는 무엇보다 소중했기 때문이다. 또한, 모든 것을 인간의 힘으로 움직인 과거에는 노동력이 가장 중요한 재산이었다. 그러므로 이 조항은 일할 사람이 줄어드는 것을 막기 위해 엄격한 형벌을 만들어 범죄를 예방하려고 했던 시도로 볼 수도 있다.

4 "남에게 **상해**를 입히면 곡식으로 **배상한다**."

이 조항은 고조선이 농경 중심의 사회였다는 것을 알려 준다. 다친 사람은 일할 수 없으므로 남을 다치게 한 사람은 노동력 **손실**에 대한 **대가**를 치러야 했다. 그리고 배상의 수단이 곡식이었다는 것은 고조선에서 농사가 활발하게 이루어졌다는 증거가 된다.

5 "남의 물건을 훔친 자는 노비로 삼고, 죄를 용서받으려면 50만을 내야 한다."

도둑질을 할 수 있다는 것은 개인이 재산을 가질 수 있었으며 그 재산이 법으로 보호되었다는 것을 나타낸다. 그런데 **절도죄**를 처벌할 때 신분을 노비로 **강등할** 수 있었던 것은 고조선에 계급이 있었기 때문이다. 그리고 50만을 내면 용서받을 수 있다는 것으로 보아, 고조선에서 화폐가 사용되었다는 것을 짐작할 수 있다.

- **획기적** 어떤 과정이나 분야에서 전혀 새로운 시기를 열 만큼 뚜렷이 구분되는 것.
- **잉여** 쓰고 난 후 남은 것.
- **전문**(全 온전할 전, 文 글월 문) 어떤 글에서 한 부분도 빠지거나 빼지 않은 전체.
- **상해** 남의 몸에 상처를 내어 해를 끼침.
- **배상한다** 남에게 입힌 손해를 물어 준다.
- **손실** 줄거나 잃어버려서 손해를 봄.
- **대가**(代 대신할 대, 價 값 가) 노력이나 희생을 통하여 얻게 되는 결과. 또는 일정한 결과를 얻기 위하여 하는 노력이나 희생.
- **절도죄** 남의 물건을 몰래 훔친 죄.
- **강등할** 등급이나 계급 따위를 낮출.

1 **이 글의 설명 방법으로 알맞은 것은 무엇인가요? (   )**

① 역사적 자료를 부분으로 나누어 설명하고 있다.

② 예상되는 변화를 시간 순서에 따라 제시하고 있다.

③ 다른 사람이 제시한 주장과 그 근거를 반박하고 있다.

④ 문제를 살펴본 뒤 다양한 해결책을 이끌어 내고 있다.

⑤ 글쓴이가 상상한 내용을 그림 그리듯이 표현하고 있다.

2 **이 글의 내용과 일치하는 것은 무엇인가요? (   )**

① 한반도에 최초로 세워진 국가는 고조선이다.

② 청동기인들은 농사짓는 방법을 알지 못했다.

③ 고조선에서 가장 중요하게 여긴 가치는 시간이다.

④ 고조선에서는 돈을 내면 높은 신분을 가질 수 있었다.

⑤ 청동기 시대에는 부자와 가난한 사람의 차이가 없었다.

3 **㉠과 관련된 속담은 무엇인가요? (   )**

① 눈 찌를 막대   ② 눈 가리고 아웅

③ 눈은 마음의 거울   ④ 눈에는 눈 이에는 이

⑤ 눈 뜨고 코 베어 갈 세상

4 **이 글을 통해 답을 알 수 있는 질문은 무엇인가요? (   )**

① 8조법을 만든 사람은 누구인가?

② 8조법이 일부 전해지는 책은 무엇인가?

③ 8조법이 평등을 추구한 까닭은 무엇인가?

④ 8조법에 영향을 준 다른 나라의 법은 무엇인가?

⑤ 8조법이 아이들에게 적용되지 않는 까닭은 무엇인가?

구조 분석

문단 요약

5 다음 질문의 답을 찾을 수 있는 문단을 찾아 선으로 이으세요.

고조선에는 어떤 법이 있었을까?	**1** 문단
청동기 시대에 일어난 변화는 무엇일까?	**2** 문단
고조선에서 절도를 했을 때는 어떤 처벌을 받을까?	**3** 문단
고조선에서 살인을 했을 때는 어떤 처벌을 받을까?	**4** 문단
고조선에서 상해를 입혔을 때는 어떤 처벌을 받을까?	**5** 문단

핵심 내용

6 빈칸에 들어갈 알맞은 말을 이 글에서 찾아 쓰세요.

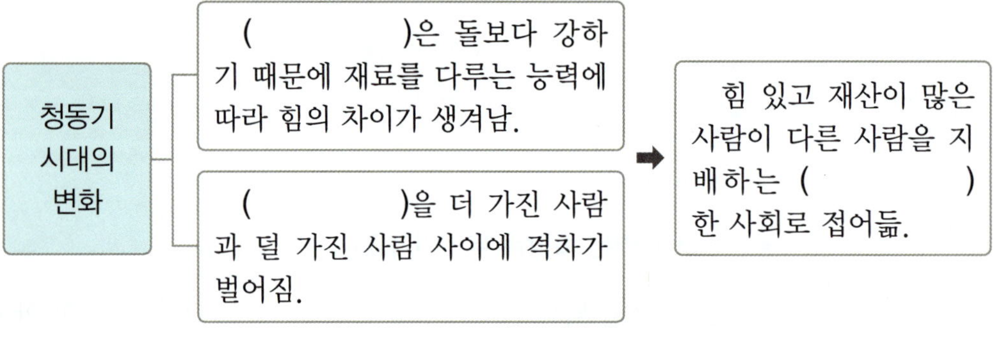

어휘

이해

7 다음 낱말의 뜻을 보기 에서 찾아 기호를 쓰세요.

보기
㉮ 등급이나 계급 따위를 낮추다.
㉯ 줄거나 잃어버려서 손해를 봄.
㉰ 남에게 입힌 상해를 물어 주다.
㉱ 남의 몸에 상처를 내어 해를 끼침.
㉲ 노력이나 희생을 통하여 얻게 되는 결과.

(1) 대가　　　(　　　　)　　　　(2) 상해　　　(　　　　)

(3) 손실　　　(　　　　)　　　　(4) 강등하다　(　　　　)

(5) 배상하다　(　　　　)

고조선

비주얼 사회 교과서 개념

청동기 시대에는 청동으로 도구를 만들어 사용했어요. 그리고 한반도와 그 주변 지역에는 **권력**을 가진 사람이 다스리는 집단들이 생겨나 힘을 키웠어요. 이 과정에서 우리 역사 최초의 국가인 고조선이 세워졌어요. 고조선 건국 이야기는 고려 시대의 역사책 『삼국유사』에 실려 전해져요.

환인의 아들 환웅은 인간을 널리 이롭게 하려고 무리 삼천 명을 데리고 땅으로 내려왔어요. 그리고 바람, 비, 구름을 다스리는 신하와 함께 인간 세상을 다스렸지요. 환웅은 사람이 되고 싶은 곰과 호랑이에게 동굴에서 쑥과 마늘을 먹으며 견디라고 했어요. 호랑이는 중간에 포기했지만, **지시**를 잘 따른 곰은 사람(웅녀)이 되었어요. 웅녀는 환웅과 결혼해 **단군왕검**을 낳았고, 단군왕검은 평양성을 수도로 정한 뒤 나라 이름을 조선이라 했어요.

핵심 용어 다음 빈칸에 들어갈 알맞은 용어를 쓰세요.

(1) ☐☐☐ **시대**

청(푸를 靑) 동(구리 銅) 기(그릇 器): 청동 그릇.
- 뜻: 무기, 생산 도구와 같은 주요 기구를 청동으로 만들어 사용하던 시대.

(2) ☐☐☐☐

단(박달나무 檀) 군(임금 君) 왕(임금 王) 검(검소할 儉): 고조선의 왕.
- 뜻: 고조선을 세운 왕이자 우리 민족의 시조.

환웅이 무리 삼천 명을 데리고 땅으로 내려옴.

곰이 동굴에서 쑥과 마늘을 먹으며 견뎌 사람이 됨.

환웅과 웅녀가 낳은 단군왕검이 고조선을 세움.

- **권력** 남을 복종시키거나 지배할 수 있는 공인된 권리와 힘.
- **지시**(指 가리킬 지, 示 보일 시) 일러서 시킴. 또는 그 내용.

백제

의자왕과 삼천 궁녀는 가짜 뉴스?

1 의자왕은 백제의 마지막 왕이자, 삼천 궁녀라는 **수식어**가 따라붙는 **방탕한** 왕으로 알려져 있다. 백제가 멸망하던 날, 의자왕을 모시던 삼천 명의 궁녀가 낙화암에서 몸을 던졌다는 이야기가 유명하기 때문이다. 의롭고 자비롭다는 이름의 의자왕은 어쩌다 이런 평가를 받게 되었으며 이것은 정말 사실일까? 5

2 처음 왕위에 올랐을 때만 해도 의자왕은 신라와 전쟁을 벌이며 영토를 확장했다. 그러나 승기를 잡은 의자왕은 점차 **향락**에 빠졌고, 백제도 몰락의 길을 걷게 되었다. 『삼국사기』에 이를 뒷받침하는 내용이 나오지만, 삼천 궁녀 이야기는 어디에도 없다. 또한 『삼국유사』는 의자왕과 후궁들이 남의 ㉠손에 죽지 않겠다며 떨어져 죽은 바위가 있다는 이야기가 잘못되었다고 기록했다. 10 게다가 당시 백제의 수도 사비의 인구 오만 명 중 젊은 여성은 많아야 만 오천 명에 **불과할** 텐데, 삼천 명의 궁녀는 **터무니없이** 많다. 백제 왕궁터에도 삼천 명의 궁녀가 생활할 공간은 없으며 낙화암은 정자 하나만 있을 정도로 좁다.

3 '삼천 궁녀'라는 표현은 조선의 한 시인이 낙화암에 대해 쓴 시에 처음으로 **언급된다**. 이후 다른 작품에서도 같은 표현이 쓰였는데, 당시 '삼천'은 특정한 15 숫자를 의미한다기보다는 수가 많음을 나타내는 비유적 표현이었다. 그리고 일제 강점기에 일본은 문인들이 만들어 낸 삼천 궁녀를 벽화로 기록했다. 이후 대중가요와 동요의 가사에까지 등장하면서 의자왕 하면 '삼천 궁녀'라는 표현을 빼놓을 수 없게 되었다. 결국 의자왕이 향락에 빠져 나라를 망하게 한 **보잘것없는** 존재라는 뜻을 담은 이 표현은 오랜 시간이 지나며 **허구**가 아닌 진 20 실로 자리 잡았다.

4 널리 알려진 이야기라고 해서 모두 진실인 것은 아니다. 자극적인 이야기에 빠져 내용을 의심하지 않고 무작정 믿는 태도도 의자왕에 대한 가짜 뉴스를 만들어 내는 데 **한몫**을 했다. 의자왕은 정치와 외교에 실패한 왕이지만, 역사적 인물을 평가할 때 과장된 표현을 사용할 필요는 없다. 그러므로 이제는 25 천 년이 넘게 의자왕을 따라다닌 **누명**을 벗겨 줄 때이다.

- **수식어** 표현을 아름답고 강렬하게 또는 명확하게 하기 위하여 꾸미는 말.
- **방탕한** 술, 도박, 여자 등에 빠져 행실이 좋지 못한.
- **향락** 놀고 즐김.
- **불과**(不 아니 불, 過 지날 과)**할** 그 수량에 지나지 아니한 상태일.
- **터무니없이** 황당하고 믿음성이 없어 전혀 근거가 없이.
- **언급된다** 어떤 문제가 말하여진다.
- **보잘것없는** 볼만한 가치가 없을 정도로 하찮은.
- **허구** 사실에 없는 일을 사실처럼 꾸며 만듦.
- **한몫** 한 사람이 맡은 역할.
- **누명** 사실이 아닌 일로 이름을 더럽히는 억울한 평판.

내용 독해

1 이 글에서 중심이 되는 말 두 가지를 고르세요. (　　,　　)

① 뉴스　　　　　　　　　　② 문인
③ 의자왕　　　　　　　　　④ 삼국유사
⑤ 삼천 궁녀

2 이 글의 내용과 일치하는 것은 무엇인가요? (　　　)

① 의자왕에게는 후궁이 한 명만 있었다.
②『삼국유사』에는 백제에 대한 기록이 없다.
③ 백제의 수도에는 여자가 남자보다 적었다.
④ 조선 시대에 삼천 궁녀 이야기를 벽화로 그렸다.
⑤ 삼천 궁녀는 후대의 문인이 만들어 낸 표현이다.

3 ㉠의 뜻으로 알맞은 것은 무엇인가요? (　　　)

① 일을 하는 사람.
② 다른 곳에서 찾아온 사람.
③ 사람의 팔목 끝에 달린 부분.
④ 자신의 세대 다음의 세대에서 태어난 자녀.
⑤ 어떤 사람의 영향력이나 권한이 미치는 범위.

4 '삼천 궁녀'라는 표현에 대해 알맞게 이해한 친구는 누구인지 쓰세요.

> 로아: 의자왕은 왕으로서 이룬 성과가 전혀 없기 때문에 객관적인 관점에서 나온 평가야.
> 영현: 향락에 빠져 나라를 제대로 살피지 않았던 의자왕의 잘못을 더욱 두드러지게 하는 표현이야.
> 규진: 실제 생각과 반대되는 표현을 써서 의자왕이 사실은 위대한 왕이라는 것을 강조한 것이구나.

(　　　　　　　　　)

구조 분석

문단 요약

5 각 문단의 중심 내용으로 알맞은 것에 ○표, 틀린 것에 ✕표를 하세요.

1문단	삼천 궁녀라는 수식어가 따라붙는 백제 의자왕	(　　　)
2문단	삼천 궁녀가 등장하는 다양한 문헌	(　　　)
3문단	문인들이 만들어 낸 '삼천 궁녀'라는 표현	(　　　)
4문단	의자왕의 누명을 벗겨 줄 필요성 제시	(　　　)

핵심 내용

6 빈칸에 들어갈 알맞은 말을 이 글에서 찾아 쓰세요.

의자왕과 삼천 궁녀	• 신라와의 전쟁에서 (　　　　)를 잡은 의자왕이 향락에 빠진 후 백제가 멸망함. • 낙화암에서 삼천 명의 궁녀가 몸을 던졌다는 이야기가 널리 알려짐.
(　　　　) 이야기가 진실이 아닌 이유	• 백제의 수도 (　　　　)의 인구수에 비해 삼천 명의 궁녀는 터무니없이 많음. • 백제 왕궁터에 삼천 명의 궁녀가 생활할 공간이 없고, 낙화암도 좁음.

어휘

적용

7 다음 문장의 빈칸에 들어갈 알맞은 낱말을 보기 에서 찾아 쓰세요.

보기

> 누명　　불과　　언급　　한몫　　허구

(1) 우리 학교 학생 수는 백 명에 (　　　　)하다.
(2) 성진이가 한 이야기는 (　　　　)(으)로 밝혀졌다.
(3) 오늘은 요리할 때 동생도 (　　　　)을/를 거들었다.
(4) 나에게 (　　　　)을/를 씌운 진짜 범인을 찾을 것이다.
(5) 선재는 유민이에게 시험에 대해 (　　　　)한 적이 없다.

백제

백제는 고구려에서 내려온 온조가 한강 **유역**에 세운 나라예요. 4세기 후반 **근초고왕**은 북쪽으로 고구려를 공격하여 황해도 일부 지역까지 영토를 크게 넓혔어요. 그러나 백제는 5세기에 고구려의 공격으로 한성을 빼앗기고, 수도를 웅진(공주)으로 옮겼어요. 성왕 때는 수도를 다시 사비(부여)로 옮기고 나라의 체제를 정비했어요.

한편, 중국, 일본과 활발히 교류하며 바다를 장악한 백제는 '**해상 왕국**'을 건설했다는 평을 얻어요. 이러한 교류 흔적은 여러 문화유산에 남아 있어요. 일본에서 발견된 칠지도라는 칼은 백제의 기술로 만든 것이에요. 또한 무령왕릉에는 중국의 영향을 받은 벽돌과 일본에서 자라는 나무로 만든 관 등이 발견되었지요. 그리고 백제의 대표적인 유물 금동 대향로는 화려하고 **섬세하게** 조각된 것이 특징이에요.

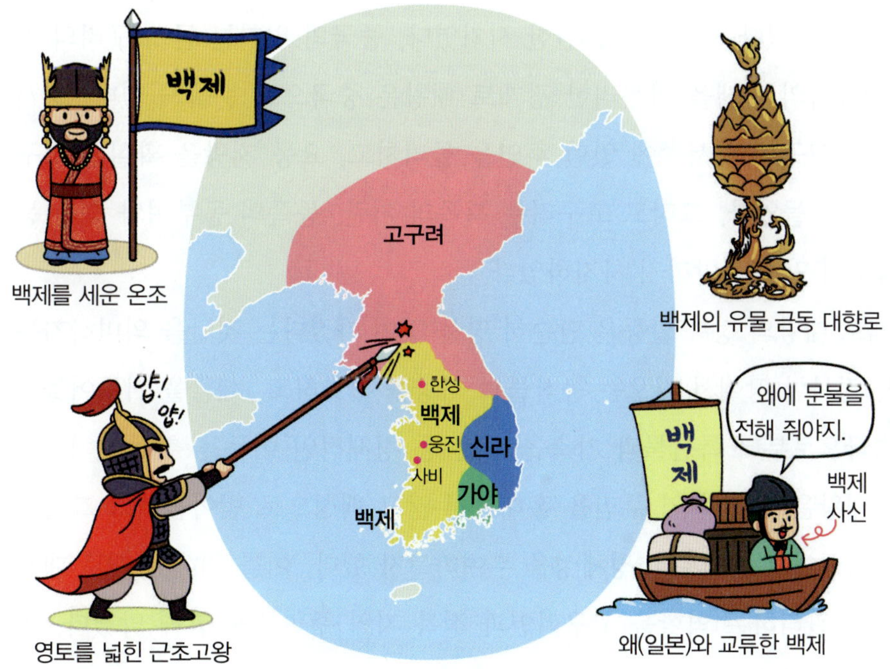

핵심 용어 다음 빈칸에 들어갈 알맞은 용어를 쓰세요.

(1) ☐☐☐ **왕**

근(가까울 近) 초(닮을 肖) 고(옛 古): 백제의 왕 이름.
- 뜻: 백제가 강력한 고대 국가의 기반을 마련하게 한 백제 제13대 왕.

(2) ☐☐ **왕국**

해(바다 海) 상(위 上): 바다 위.
- 뜻: 바다 위를 장악한 나라.

- **유역**(流 흐를 유, 域 지경 역) 강물이 흐르는 언저리.
- **섬세하게** 매우 찬찬하고 세밀하게.

고구려

위대한 ⓐ , 광개토 대왕

1 고구려의 19대 왕 광개토 대왕은 수많은 전쟁에서 승리를 거둔, 한국사에서 그 **유례**를 찾기 힘든 위대한 정복자이다. 그는 18세에 왕위에 올라 22년 동안 나라를 다스리며 고구려의 전성기를 열었다. **사후**에 그의 공덕을 기리며 '국강상광개토경평안호태왕'이라는 이름을 붙였는데, 이는 영토를 크게 **개척**하고 나라를 안정시킨 왕이라는 뜻이다. _5_

2 광개토 대왕은 왕위에 오른 뒤 백제와 **치열한** 영토 전쟁을 벌였다. 거듭된 전투 끝에 광개토 대왕은 임진강을 넘어 한강 이북의 성들을 점령했다. 백제 아신왕은 수도인 한성이 포위되자, 고구려의 신하가 되겠다는 항복의 맹세를 했다. ⓑ 백제는 고구려에 **굴복하는** 척한 뒤에 왜를 내세워 고구려와 **친선** 관계였던 신라를 공격했다. 이에 광개토 대왕은 병력을 파견하여 신 _10_ 라에서 왜를 몰아내 주었고, 기세를 몰아 가야까지 공격했다. 이를 계기로 고구려는 한반도 남쪽에 더 큰 영향력을 **행사하게** 되었다.

3 광개토 대왕의 영토 확장은 한반도 밖으로도 이어졌다. 당시 중국은 여러 나라가 만들어졌다 사라지는 혼란한 시기였다. 중국의 위기는 곧 고구려의 기회로, 백제와의 전쟁을 마무리한 광개토 대왕은 중국으로 눈을 돌렸다. 광개 _15_ 토 대왕은 고구려의 서쪽에 있던 후연을 물리치고, 요동 지방을 확실한 고구려 땅으로 만들었다. 그리고 고구려는 북쪽의 거란, 동쪽의 동부여와 숙신 등을 정복하여 만주 지방까지 차지하였다.

4 광개토 대왕의 정복 활동은 단순히 땅을 많이 가졌다는 것만을 의미하지는 않는다. 정복한 땅에서 나오는 농작물로 식량을 확보하고, 세금을 거두어들였 _20_ 으며 **속국**으로부터 특산물과 가축을 받는 등 경제적인 이득을 취했다. 또한, 광개토 대왕은 정복 지역 주민을 **홀대하지** 않고 백성으로 받아들이고 그들에게 고구려인이라는 새로운 **정체성**을 부여하고자 했다. 이를 위해 광개토 대왕은 왕릉을 관리하는 역할을 고구려인과 정복 지역 주민에게 함께 맡겼다. 이로써 광개토 대왕은 고구려가 중심이 되어 주변 국가를 통합하고 두루 살피겠 _25_ 다는 의지를 나타냈다.

- **유례** 같거나 비슷한 예.
- **사후**(死 죽을 사, 後 뒤 후) 죽고 난 이후.
- **개척하고** 새로운 영역, 운명, 진로 따위를 처음으로 열어 나가고.
- **치열한** 기세나 세력 따위가 불길같이 맹렬한.
- **굴복하는** 힘이 모자라서 복종하는.
- **친선**(親 친할 친, 善 착할 선) 서로 간에 친밀하여 사이가 좋음.
- **행사하게** 부려서 쓰게.
- **속국** 다른 나라의 지배를 받는 나라.
- **홀대하지** 소홀히 대접하지.
- **정체성**(正 바를 정, 體 몸 체, 性 성품 성) 어떤 존재의 변하지 않는 원래의 특성을 깨닫는 성질.

내용 독해

제목

1 ㉠에 들어갈 세 글자의 낱말을 이 글에서 찾아 글의 제목을 완성하세요.

위대한 (　　　　　　　　　　), 광개토 대왕

내용 이해

2 광개토 대왕에 대한 설명으로 알맞지 <u>않은</u> 것은 무엇인가요? (　　　)

① 광개토 대왕은 정복한 땅에서 경제적 이득을 얻었다.
② 광개토 대왕은 영토 확장을 위해 백제와 신라를 정복했다.
③ 광개토 대왕은 정복한 지역 주민의 통합을 위해 노력했다.
④ 광개토 대왕은 중국과의 전쟁에서 승리하고 요동 지방을 차지하였다.
⑤ 광개토 대왕의 목표는 고구려를 중심으로 주변 국가를 통합하는 것이었다.

어휘·어법

3 ㉡에 들어갈 이어 주는 말로 알맞은 것은 무엇인가요? (　　　)

① 그러나　　　　　　　　② 그래서
③ 그리고　　　　　　　　④ 그러므로
⑤ 그리하여

추론

4 이 글을 읽고 알맞게 짐작하지 <u>못한</u> 친구는 누구인지 이름을 쓰세요.

> 규서: 광개토 대왕이 스스로 긴 이름을 붙이고 대왕이라고 한 것은 중국에 고구려의 힘을 과시하려고 한 것 같아.
> 윤하: 글쎄, 나는 광개토 대왕이 죽은 뒤에도 후손들에게 좋은 평가를 받았기 때문에 긴 이름을 붙여 줬다고 생각해.
> 지민: 광개토 대왕은 세종 대왕과 함께 우리 민족의 자랑이라고 할 수 있는 위대한 왕이었어. 그래서 대왕이라고 부르는 것이지.

(　　　　　　　　　　)

구조 분석

5 다음 질문의 답을 찾을 수 있는 문단을 찾아 선으로 이으세요.

광개토 대왕의 이름은 어떤 뜻을 담고 있는가? •   • **1** 문단

광개토 대왕의 영토 확장에 담긴 의미는 무엇인가? •   • **2** 문단

광개토 대왕은 한반도 밖에서 어떻게 영토를 확장했는가? •   • **3** 문단

광개토 대왕이 한반도 남쪽에서 어떻게 영토를 확장했는가? •   • **4** 문단

6 빈칸에 들어갈 알맞은 말을 이 글에서 찾아 쓰세요.

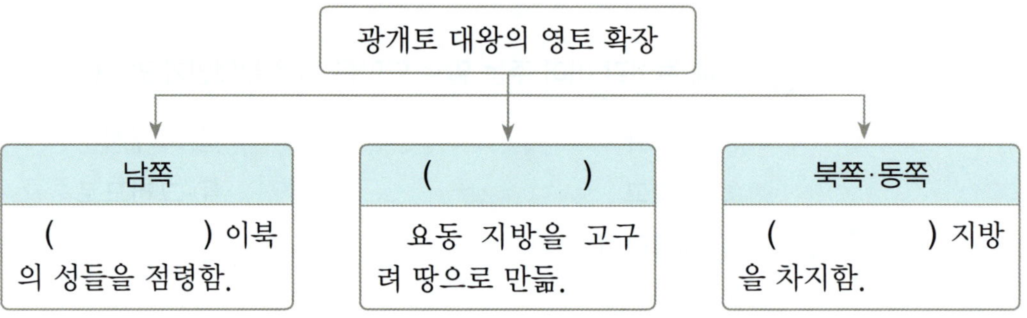

어휘

7 다음 문장의 빈칸에 들어갈 알맞은 낱말을 보기 에서 찾아 쓰세요.

보기

개척   유례   치열   홀대   정체성

(1) 차림새만 보고 손님을 (   )하면 안 된다.

(2) 수영 대회 참가자들이 (   )한 경쟁을 벌였다.

(3) 그 회사는 해외 시장을 (   )하여 판매량을 늘렸다.

(4) 효경이는 유학 중에도 한국인으로서의 (   )을/를 잃지 않았다.

(5) 이 탑은 세계적으로 (   )이/가 없는 독특한 형태를 지니고 있다.

고구려

고구려는 기원전 37년에 부여에서 내려온 주몽이 압록강 근처 졸본 지역에 세운 나라예요. 고구려는 수도를 국내성으로 옮기면서 **본격적**으로 성장했어요. 소수림왕은 불교를 받아들이고 율령을 **반포하여** 나라의 체제를 정비했어요. 19대 왕 광개토 대왕은 영토 확장에 나서 한강 이북, 요동 지역, 만주까지 고구려의 땅을 넓혔어요. 광개토 대왕의 뒤를 이은 장수왕은 수도를 평양으로 옮기고 적극적으로 남쪽으로 진출해 백제의 수도인 한강 유역을 전부 차지했어요.

고구려는 돌로 된 무덤을 많이 만들었는데, 처음에는 돌을 쌓아서 만들다가 차츰 돌로 된 방을 만드는 방식으로 바뀌었어요. 고구려인들이 무덤 벽에 그린 **고분** 벽화는 당시 신분 제도, 의식주, 문화, 과학 기술 등을 짐작하는 자료로 쓰여요.

핵심 용어 다음 빈칸에 들어갈 알맞은 용어를 쓰세요.

(1) ☐☐☐ **대왕**

광(넓을 廣) 개(열 開) 토(흙 土): 넓은 땅을 엶.
- 뜻: 고구려 제19대 왕(374~412). 이름은 담덕.

(2) ☐☐ **확장**

영(거느릴 領) 토(흙 土): 거느린 땅.
- 뜻: 국가의 땅을 늘려서 넓힘.

고구려를 세운 주몽

불교를 수용한 소수림왕

영토를 넓힌 광개토 대왕

고구려 사회를 알 수 있는 고분 벽화

- **본격적** 모습을 제대로 갖추고 적극적으로 이루어지는 것.
- **율령** 고대 국가의 법률.
- **반포하여** 세상에 널리 퍼뜨려 모두 알게 하여.
- **고분** 고대에 만들어진 무덤.

지문 분석

글자 수 1013
950 1050 1150

신라
김춘추와 토끼의 간 이야기

1 삼국의 다툼이 매우 치열했던 7세기 중반, 신라의 김춘추는 백제의 대야성 공격으로 딸과 사위를 잃는 큰 슬픔을 겪었다. 그뿐만 아니라 백제와 신라의 국경에 있던 대야성을 지키지 못한 사람이 김춘추의 **측근**이라는 점은 김춘추의 정치적 위치까지 흔들리게 했다. 이에 김춘추는 제 손으로 백제를 멸망시키고 말겠다고 다짐한다. 5

2 김춘추는 고구려에 신라와의 대립을 멈추고 백제의 공격을 받는 신라를 도와 달라고 부탁하러 갔다가 **첩자**로 오해를 받는다. 고구려의 보장왕은 죽령 이북의 땅을 돌려주면 김춘추를 보내 주겠다고 했으나, 김춘추가 이를 거절하자 그를 감옥에 가두었다. 김춘추는 보장왕의 **신임**을 받는 선도해에게 살아 돌아갈 방법을 물어보았다. 그때 선도해가 김춘추에게 들려준 것은 토끼의 간 이야기였다. 10

3 "동해 용왕의 딸이 병들자, 거북은 약으로 쓸 토끼 간을 구하러 육지로 갔습니다. 그런데 토끼를 데리고 용궁으로 가던 중 거북이 토끼에게 사실은 토끼의 간이 필요한 것이라고 이야기했지요. 그러자 토끼는 꾀를 내어 간을 꺼내 바위에 널어 두고 왔다고 말했습니다. 그 말을 믿은 거북이 간을 가지러 다시 육지로 돌아갔을 때 토끼는 거북의 어리석음을 **조롱하며** 달아났습니다." 15

4 이야기를 듣고 깨달음을 얻은 김춘추는 꾀를 써서 보장왕에게 ㉠편지를 보낸 뒤 신라로 돌아갈 수 있었다. 비록 고구려와의 협상은 **결렬되었지만**, 목숨을 걸고 **적국**에 다녀온 김춘추의 정치적 위치는 크게 상승했다. 그러나 고구려에 이어 왜마저도 백제를 공격할 군대를 보내 주지 않았다. 그러자 김춘추는 새로운 외교 전략을 세워 당으로 갔다. 김춘추는 당의 문물을 **수용하여** 당 태종의 **호감**을 샀고, 마침내 나당 연합을 **성사했다**. 20

5 이후 진덕 여왕이 죽으며 성골 혈통이 끊기자, 김춘추는 진골 출신으로서는 최초로 왕이 되었다. 왕위를 물려받으려고 교육받던 사람이 아니었던 김춘추가 왕이 될 수 있었던 것은 그의 뛰어난 외교 능력 덕이었다. 김춘추가 이룬 나당 연합은 백제를 끝내 멸망시켰고, 훗날 그의 아들 문무왕이 고구려를 멸망시키면서 삼국 통일의 **기틀**이 되었다. 25

- **측근**(側 곁 측, 近 가까울 근) 곁에서 가까이 모시는 사람.
- **첩자** 다른 나라나 단체의 비밀스러운 정보를 알아 내어 자신의 나라나 단체에 넘겨주는 일을 하는 사람.
- **신임**(信 믿을 신, 任 맡길 임) 믿고 일을 맡김. 또는 그 믿음.
- **조롱하며** 비웃거나 깔보면서 놀리며.
- **결렬되었지만** 교섭이나 회의 따위에서 의견이 합쳐지지 않아 각각 갈라서게 되었지만.
- **적국** 전쟁 상대국이나 적대 관계에 있는 나라.
- **수용**(受 받을 수, 容 얼굴 용)**하여** 어떠한 것을 받아들여.
- **호감** 좋게 여기는 감정.
- **성사했다** 일을 이루었다.
- **기틀** 어떤 일의 가장 중요한 계기나 조건.

내용 독해

설명 대상

1 이 글은 무엇에 대해 쓴 글인가요? (   )

① 성골과 진골의 차이
② 죽령 이북 땅의 중요성
③ 신라와 고구려의 관계 변화
④ 김춘추의 능력을 질투한 사람들
⑤ 김춘추가 당과 연합을 맺고 왕이 된 과정

내용 이해

2 선도해가 들려준 이야기에서 김춘추와 대응하는 인물은 누구인지 쓰세요.

(   )

추론

3 ㉠의 내용을 짐작한 것으로 가장 알맞은 것은 무엇인가요? (   )

① 신라에 두고 온 선물이 있으니 가서 가져오겠습니다.
② 내가 신라의 왕이 되면 고구려에 도움이 될 것입니다.
③ 나와 함께 신라로 가면 더 많은 것을 얻을 수 있습니다.
④ 신라 왕을 설득해서 죽령 이북의 땅을 돌려드리겠습니다.
⑤ 나를 놓아 준다면 선도해가 숨긴 비밀을 말씀드리겠습니다.

어휘·어법

4 다음 중 보기 의 규칙이 적용되는 낱말이 아닌 것은 무엇인가요? (   )

보기

　　한자음 '라, 래, 로, 뢰, 루, 르'가 단어의 첫머리에 올 적에는, 두음 법칙에 따라 '나, 내, 노, 뇌, 누, 느'로 적는다. 예를 들어 한자 '羅(그물 라)'는 두 번째 음절에 올 때 '신라(新羅)'라고 쓰지만, 첫음절에 올 때에는 '나당(羅唐) 연합'으로 쓴다.

① 낙원　　　　　　　　　② 내일
③ 냉동　　　　　　　　　④ 노인
⑤ 노트

구조 분석

문단 요약

5 다음은 어느 문단의 중심 내용인지 문단의 번호를 쓰세요.

진골 출신 최초로 왕이 된 김춘추	( )문단
백제를 멸망시키겠다고 다짐한 김춘추	( )문단
선도해가 김춘추에게 한 토끼의 간 이야기	( )문단
고구려와의 협상은 결렬됐지만 당과 연합을 맺은 김춘추	( )문단
신라를 도와 달라고 부탁하러 갔다가 고구려에 잡힌 김춘추	( )문단

핵심 내용

6 빈칸에 들어갈 알맞은 말을 이 글에서 찾아 쓰세요.

김춘추가 ( )로 가서 신라를 도와 달라고 요청함.	고구려 ( )이 죽령 이북 땅을 돌려 달라고 요구하며 김춘추를 감옥에 가둠.
신라로 돌아간 김춘추의 ( ) 위치가 상승함.	선도해가 들려준 ( )의 간 이야기를 통해 김춘추가 꾀를 냄.

어휘

이해

7 다음 낱말의 뜻을 보기 에서 찾아 기호를 쓰세요.

보기
㉮ 좋게 여기는 감정.
㉯ 곁에서 가까이 모시는 사람.
㉰ 일을 이룸. 또는 일이 이루어짐.
㉱ 어떤 일의 가장 중요한 계기나 조건.
㉲ 전쟁 상대국이나 적대 관계에 있는 나라.

(1) 기틀 ( ) (2) 성사 ( )

(3) 적국 ( ) (4) 측근 ( )

(5) 호감 ( )

신라

박혁거세가 경주 지역을 중심으로 세운 나라 신라는 처음에는 삼국 중 가장 작았어요. 신라의 **전성기**는 진흥왕 때로, 백제 연합군과 함께 고구려로부터 한강 유역을 빼앗았어요. 그리고 그 뒤 백제와 전쟁을 벌여 신라가 한강 유역을 차지했는데, 이곳이 바로 죽령 이북 땅이에요.

6세기 후반, 고구려는 중국을 통일한 수와 그 뒤에 세워진 당의 침입을 받았어요. 고구려는 중국과 전쟁하느라 한반도 남쪽을 신경 쓸 여유가 없었기 때문에 백제에게 공격받는 신라의 도움 요청을 거절했지요. 이후 신라는 당과 동맹을 맺어 백제를 멸망시키고 8년 뒤 고구려도 멸망시켰어요. 당이 약속을 깨고 한반도 전체를 차지하려 하자, 당과 신라 사이에 **나당 전쟁**이 일어났어요. 신라는 매소성과 기벌포에서 크게 승리해 당을 한반도에서 몰아내고 신라, 고구려, 백제를 하나로 모아 **삼국 통일**을 이루었어요.

핵심 용어 다음 빈칸에 들어갈 알맞은 용어를 쓰세요.

(1) ☐☐ **전쟁**

나(신라 羅) 당(당나라 唐): 신라와 당.
- 뜻: 신라 문무왕 10년(670)부터 16년(676)까지 7년간에 걸쳐, 삼국 통일을 이룩할 때 우리 영토를 차지하려 한 당의 세력을 몰아낸 전쟁.

(2) **삼국** ☐☐

통(거느릴 統) 일(하나 一): 하나로 거느림.
- 뜻: 고대 우리나라에 있었던 세 니리 신리, 백제, 고구려를 하나로 모음.

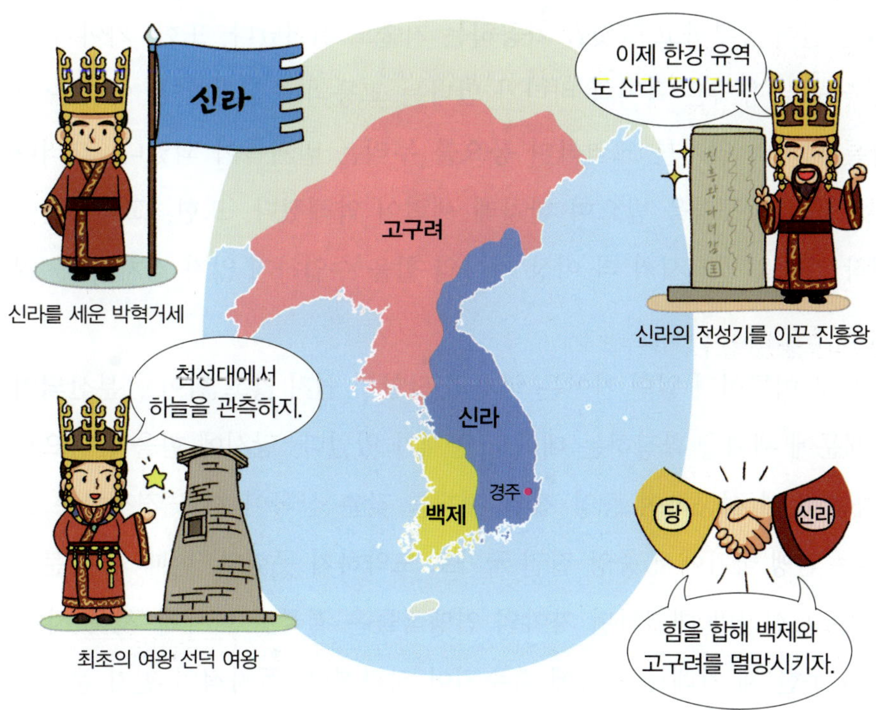

신라를 세운 박혁거세

신라의 전성기를 이끈 진흥왕

최초의 여왕 선덕 여왕

● **전성기**(全 온전할 전, 盛 성할 성, 期 기약할 기) 형세나 세력 따위가 한창 왕성한 시기.

가야

사라진 철의 나라

지문 분석

글자 수 **985**
950 1050 1150

1 "거북아, 거북아, 머리를 내밀어라. 만일 내밀지 않으면, 구워 먹으리."

낙동강 하류에는 왕도, 나라 이름도 없이 9명의 촌장이 다스리는 마을이 있었다. 어느 날, 하늘에서 목소리가 들려와 구지산 봉우리에서 흙을 파면서 노래를 부르고 춤을 추라고 했다. 사람들이 하늘의 소리를 따라 노래를 부르며 춤을 추자 하늘에서 붉은 줄이 내려왔다. 줄 끝에는 상자가 있었고, 상자 속 황금알에서 [5] 아이들이 태어났다. 사람들은 여섯 개의 알 중 가장 먼저 태어난 수로를 왕으로 모시고 나라 이름을 가락국(가야)이라고 했다. 나머지 알에서 나온 아이들도 모두 가락국의 왕이 되었다.

2 『삼국유사』에는 이와 같이 수로왕의 탄생 신화가 전해진다. 가야의 왕들은 고구려의 주몽이나 신라의 박혁거세처럼 하늘에서 내려온 신비로운 인물이 [10] 다. 신화에서 주목할 점은 상자에서 여섯 개의 알이 나와 모두 왕이 되었다는 내용이다. 여기에는 가야가 여섯 개의 **연맹**으로 이루어진 연맹 국가라는 점이 잘 드러나 있다.

3 가야는 철이 풍부하고 그것을 **가공하는** 기술도 뛰어났다. 또한, 가야가 터를 잡은 낙동강 유역은 육지와 바다가 만나는 교통의 중심지였다. 이것은 가 [15] 야가 다른 나라와 철기를 교역하며 **풍요**를 누리는 밑거름이 되었다. 그러나 가야는 고구려의 공격을 받으며 한차례 세력이 약해졌다. 또한, 교역국들이 철기 제작 기술을 발전시켜 더 이상 가야의 철을 수입하지 않자 점차 힘을 잃어갔다.

4 연맹으로 이루어져 있던 가야는 국가의 **단합**이 쉽지 않고 힘이 ㉮**분산되어** [20] 있었기 때문에 세력을 확장하는 데에도 한계가 있었다. 당시에 힘을 중앙으로 ㉯집중하는 것에 성공하여 중앙 **집권** 체제를 갖춘 삼국이 서로 경쟁하는 동안, 가야는 연맹 국가에서 중앙 집권 국가로 **도약하지** 못했다. 한때 왜에 **문물**을 전해 주고 신라와 대결하던 가야의 연맹국들은 결국 ㉠역사에 '사국 시대'를 남기지 못한 채 차례로 신라에 흡수되어 사라졌다. **독자적인** 철기 문화를 [25] 이루어 낸 철의 나라 가야는 그렇게 약 600년의 역사에 마침표를 찍었다.

- **연맹** 공동의 목적을 가진 단체나 국가가 서로 돕고 행동을 함께 할 것을 약속함. 또는 그런 조직체.
- **가공**(加 더할 가, 工 장인 공)**하는** 기술이나 힘 등을 이용해 원료나 재료를 새로운 제품으로 만드는.
- **풍요** 매우 많아서 넉넉함.
- **단합** 많은 사람이 마음과 힘을 한데 뭉침.
- **분산되어** 갈라져 흩어져.
- **집권** 권력을 한군데로 모음.
- **도약하지** 더 높은 단계로 발전하지.
- **문물**(文 글월 문, 物 만물 물) 정치, 경제, 학문, 종교, 예술과 같은 문화의 산물.
- **독자적**(獨 홀로 독, 自 스스로 자, 的 과녁 적) 다른 것과 구별되는 혼자만의 특유한 것.

내용 독해

주제

1 이 글의 중심 내용으로 알맞은 것은 무엇인가요? (   )

① 철기 시대가 끝나게 된 원인
② 청동기 시대와 철기 시대의 차이
③ 철의 나라 가야의 건국과 멸망 과정
④ 『삼국유사』에 전해지는 여러 나라의 신화
⑤ 백제, 고구려, 신라, 가야의 철기 문화 비교

내용 이해

2 이 글의 내용과 일치하는 것은 무엇인가요? (   )

① 기술이 뛰어난 가야는 철기를 수출해 풍요를 누렸다.
② 가야는 중앙 집권에 성공한 이후 눈부신 발전을 이루었다.
③ 가야는 다른 나라와 영향을 주고받지 않는 고립된 국가였다.
④ 신라의 공격으로 힘이 약해진 가야는 백제에 흡수되어 멸망했다.
⑤ 수로왕을 제외한 가야의 다른 왕들은 탄생 신화가 전해지지 않는다.

추론

3 ㉠의 원인을 알맞게 짐작한 것은 무엇인가요? (   )

① 가야가 한반도의 중심에 있었기 때문에
② 가야의 역사가 기록된 책이 없기 때문에
③ 가야가 독자적인 문화를 이루지 못했기 때문에
④ 가야가 연맹 국가에서 발전을 멈추었기 때문에
⑤ 가야가 다른 나라에 비해 역사가 짧았기 때문에

어휘·어법

4 '㉮ – ㉯'와 같은 관계로 낱말이 짝 지어진 것은 무엇인가요? (   )

① 밥 – 진지   ② 성공 – 실패
③ 여름 – 계절   ④ 동물 – 호랑이
⑤ 아버지 – 부친

구조
분석

문단 요약

5 각 문단의 중심 내용을 찾아 선으로 알맞게 이으세요.

1문단 •	• 가야의 발전과 쇠퇴
2문단 •	• 가야 수로왕의 탄생 신화
3문단 •	• 연맹 국가 가야의 멸망과 가치
4문단 •	• 수로왕 탄생 신화에 나타난 가야의 특징

핵심 내용

6 빈칸에 들어갈 알맞은 말을 이 글에서 찾아 쓰세요.

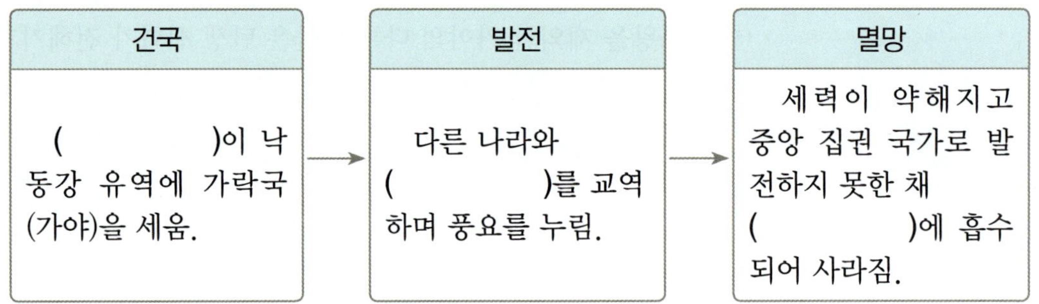

어휘

적용

7 다음 문장의 빈칸에 들어갈 알맞은 낱말을 보기 에서 찾아 쓰세요.

보기

가공   단합   독자적   문물   풍요

⑴ 우리 반은 사이가 좋아서 ( )이/가 잘 된다.

⑵ 전차, 전화, 양복 등은 서양에서 들어온 ( )이다.

⑶ 어부들이 잡은 생선을 ( )해서 통조림을 만들었다.

⑷ 그 회사는 경쟁 기업과 다른 ( )인 상품을 개발했다.

⑸ 기술의 발달은 사람들에게 물질적 ( )을/를 안겨 주었다.

비주얼 사회 교과서 개념

가야

가야는 삼국이 경쟁하던 시기에 낙동강 유역에 있던 나라예요. 가야는 여섯 개의 작은 나라가 힘을 합쳐 하나의 국가를 형성한 **연맹 국가**였어요. 가야 연맹은 김해의 금관가야, 고령의 대가야, 함안의 아라가야, 고성의 소가야, 성주의 성산가야, 상주의 고령가야로 이루어졌어요. 처음에는 금관가야가, 나중에는 대가야가 가야 연맹을 이끌었어요. 가야는 백제와 신라의 **압력**으로 세력이 약해졌으며 금관가야와 대가야가 차례로 신라에 흡수되어 멸망했어요.

가야에서는 질 좋은 철이 많이 생산되었어요. 가야는 철을 이용해 다양한 도구와 **철제** 무기를 만들었고, 이 **철기**를 중국, 왜 등과 사고팔며 활발한 **교역**을 했어요. 또한, 가야는 독특한 모양의 토기가 발달한 것으로 유명한데, 가야의 토기 제작 기술이 왜로 전해져 영향을 주었어요.

핵심 용어 다음 빈칸에 들어갈 알맞은 용어를 쓰세요.

(1) ☐☐ **국가**

연(연결할 聯) **맹**(약속 盟): 연결하기로 약속함.
- 뜻: 여러 부족이 힘을 합쳐 하나의 국가를 형성한 모습.

(2) ☐☐

철(쇠 鐵) **기**(그릇 器): 쇠 그릇.
- 뜻: 쇠로 만든 그릇이나 기구.

(3) ☐☐

교(사귈 交) **역**(바꿀 易): 사귀어 바꿈.
- 뜻: 나라와 나라 사이에서 물건을 사고팔고 하여 서로 바꿈.

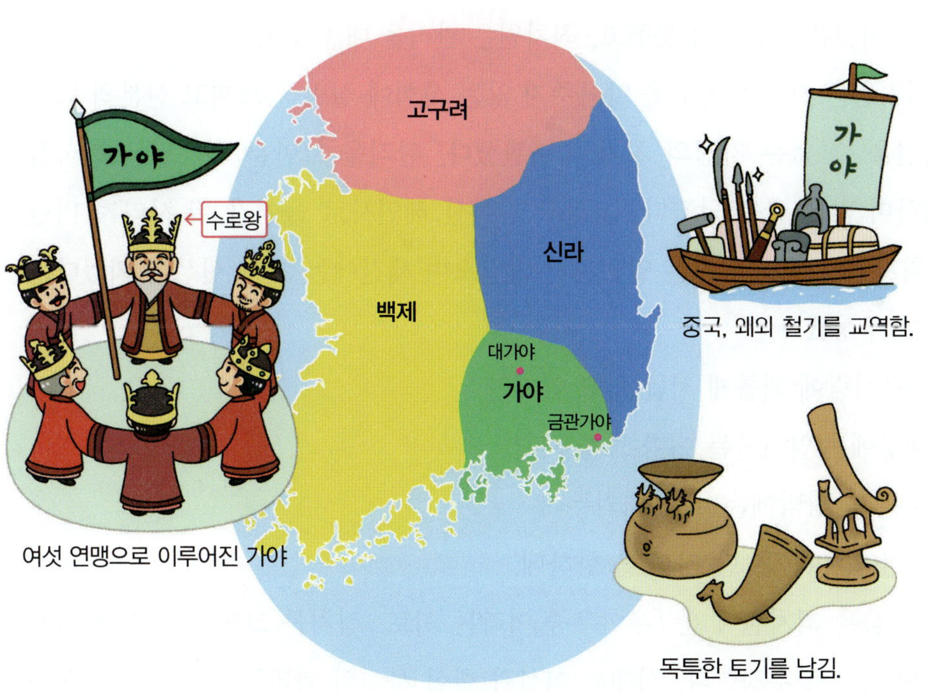

여섯 연맹으로 이루어진 가야

독특한 토기를 남김.

- **압력** 권력이나 세력에 의하여 타인을 자기 의지에 따르게 하는 힘.
- **철제** 쇠로 만듦. 또는 그런 물건.

비운의 천재, 최치원

지문 분석

글자 수 986
950 1050 1150

1　최치원은 통일신라 말, 귀족인 육두품 집안에서 태어났다. 신라에서 육두품 출신은 아무리 능력이 뛰어나도 높은 관직에 오를 수 없었고, 이들은 대개 유학과 불교를 익히러 당으로 유학을 떠났다. 당은 외국인에게 **관대한** 편이었고 외국인을 위한 시험도 따로 있었기 때문이다. 어려서부터 총명했던 최치원도 12세에 당 유학생이 되었다. 과거에 합격하지 못하면 신라로 돌아가지 않을 각오로 학업에 **정진한** 최치원은 18세에 빈공과에서 장원을 했다. 그 뒤 최치원은 당에서 난을 일으킨 황소를 꾸짖는 글을 지어 **명문**으로 이름을 떨치게 되었다.

2　최치원은 당에서의 경험을 바탕으로 **고국**을 위해 일하려고 했다. 최치원은 신라에서 주로 외교 문서를 작성하는 일을 맡았으나 이후 그는 지방으로 **좌천되고** 말았다. 육두품임에도 능력이 뛰어난 최치원을 진골들이 경계했기 때문이다. 지방 관리로 일하던 최치원은 진성 여왕에게 신라를 개혁할 방법을 정리한 글을 올렸다. 이는 어지러운 신라를 바로잡을 방법을 적은 글이었는데, 진성 여왕은 이를 받아들여 최치원에게 벼슬을 내렸다. 그러나 진골들의 반발로 이것은 실현되지 못했고, 최치원은 관직을 내놓았다.

3　최치원은 자신의 진심을 알아주지 않는 사회에 실망을 느끼고 신분의 벽을 뛰어넘을 수 없는 자신의 처지를 **비관했다**. 관직을 그만둔 최치원은 전국을 **유랑하며** 많은 글을 남겼다. 그리고 가야산 해인사로 들어간 뒤 사라져 버렸다. 최치원의 사망 시기는 알려지지 않았으며 **세간**에는 그가 신선이 되었다는 소문만 **무성했다**.

4　가을바람에 괴롭게 시를 읊고 있지만
　　세상에는 알아듣는 이가 드물구나.　　┐
　　깊은 밤 창밖에는 비가 내리는데　　　├ ㉠
　　등불 앞 마음은 만 리 밖을 향하네.　┘

　이 작품은 최치원이 쓴 「추야우중」이라는 시로, 정치를 그만둔 뒤의 심경을 나타낸 것으로 추정한다. 시에는 이상과 현실 사이의 **괴리**를 느끼고 좌절했을 최치원의 외로움과 그리움이 담겨 있다. 이 밖에도 많은 작품을 남긴 최치원은 재능을 펼치지 못한 **비운**의 천재라는 이름으로 후대에 더욱 주목받게 된다.

- **관대**(寬 너그러울 관, 大 큰 대)**한** 마음이 너그럽고 큰.
- **정진한** 힘써 나아간.
- **명문** 뛰어나게 잘 지은 글.
- **고국**(故 옛 고, 國 나라 국) 주로 남의 나라에 있는 사람이 자신의 조상 때부터 살던 나라를 이르는 말.
- **좌천되고** 현재의 직위나 지위보다 낮거나 좋지 않은 자리로 떨어지고.
- **비관했다** 인생을 어둡게만 보아 슬퍼하거나 절망스럽게 여겼다.
- **유랑하며** 일정한 거처가 없이 떠돌아다니며.
- **세간**(世 세상 세, 間 사이 간) 세상 일반.
- **무성했다** 생각이나 말, 소문 따위가 마구 뒤섞이거나 퍼져서 많았다.
- **괴리** 서로 어그러져 동떨어짐.
- **비운** 순조롭지 못하거나 슬픈 운수나 운명.

내용 독해

전개 방식

1 이 글의 설명 방법으로 알맞은 것은 무엇인가요? (   )

① 여러 인물의 업적을 비교하며 서술하고 있다.
② 글쓴이가 자기 자신의 경험을 들려주고 있다.
③ 대화와 행동을 중심으로 사건이 펼쳐지고 있다.
④ 상상으로 만들어 낸 인물의 이야기를 다루고 있다.
⑤ 역사적 인물의 일생을 시간의 흐름대로 소개하고 있다.

내용 이해

2 이 글의 내용으로 알맞지 <u>않은</u> 것은 무엇인가요? (   )

① 최치원은 왕족이 아닌 신분으로 태어났다.
② 최치원은 글을 잘 써서 당에서 인정받았다.
③ 진성 여왕은 최치원에게 내린 관직을 거두었다.
④ 가야산에 들어간 뒤 최치원은 모습을 감추었다.
⑤ 통일신라는 엄격한 신분 계급이 있는 나라였다.

추론

3 ㉠의 시에서 말하는 이의 마음을 알맞게 짐작한 것은 무엇인가요? (   )

① 자연의 힘에 대한 두려움　　　　　② 자연의 아름다움에 대한 감탄
③ 조화로운 세상을 바라보는 기쁨　　④ 세상과 단절된 사람에 대한 미안함
⑤ 세상의 인정을 받지 못하는 외로움

적용

4 이 글과 관련하여 보기 에 대해 알맞게 말한 것에 ○표 하세요.

> **보기**
>
> 　『최고운전』은 작가를 알 수 없는 조선 시대의 소설로, 최치원의 생애를 상상력으로 재구성하였다. 소설 속 치원은 부모에게 버림받은 뒤 하늘나라의 선비들과 교류하며 글을 익힌다. 그는 뛰어난 문장력으로 과거에 급제하고 난리를 진정시켜 중국 황제에게 인정받는다. 치원은 중국 신하들의 모함으로 유배되자, 도술을 부려 사람들을 놀라게 한다. 이후 신라로 돌아온 그는 가야산에 들어가 신선이 된다.

(1) 실제 최치원의 삶처럼 소설 속 인물도 글을 잘 쓰는 능력 때문에 죽음을 맞이하게 되어서 안타까워.　　　　　　　　　　　　　　　　　　　　　　　（　　　　）

(2) 실제 최치원의 삶과 달리 소설에서는 치원이 신선이 되는 행복한 결말이어서 다행이라고 생각해.　　　　　　　　　　　　　　　　　　　　　　　　（　　　　）

(3) 실제 최치원처럼 글을 잘 쓰는 능력에 도술을 부리는 능력을 더해 소설 속 치원의 뛰어난 모습을 강조한 점이 흥미로워.　　　　　　　　　　　　　　　（　　　　）

구조 분석

5 다음은 이 글에 나타난 각 문단의 중심 내용입니다. 글의 내용에 맞게 순서대로 기호를 쓰세요.

> ㉮ 최치원의 시와 후대의 평가
> ㉯ 세상을 비관하고 전국을 유랑한 최치원
> ㉰ 당에 가서 명문으로 이름을 떨친 최치원
> ㉱ 신라에 돌아와 능력을 펼치지 못한 최치원

( ) → ( ) → ( ) → ( )

6 빈칸에 들어갈 알맞은 말을 이 글에서 찾아 쓰세요.

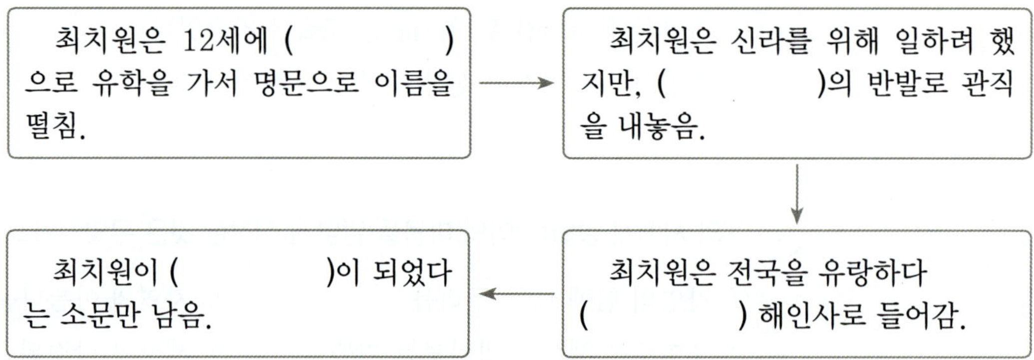

최치원은 12세에 ( )으로 유학을 가서 명문으로 이름을 떨침.

→ 최치원은 신라를 위해 일하려 했지만, ( )의 반발로 관직을 내놓음.

↓

최치원이 ( )이 되었다는 소문만 남음.

← 최치원은 전국을 유랑하다 ( ) 해인사로 들어감.

어휘

7 다음 낱말의 뜻을 찾아 선으로 알맞게 이으세요.

(1) 고국 • • ㉮ 서로 어그러져 동떨어짐.

(2) 괴리 • • ㉯ 순조롭지 못하거나 슬픈 운수나 운명.

(3) 비운 • • ㉰ 현재의 직위나 지위보다 낮거나 좋지 않은 자리로 떨어지다.

(4) 무성하다 • • ㉱ 생각이나 말, 소문 따위가 마구 뒤섞이거나 퍼져서 많다.

(5) 좌천되다 • • ㉲ 주로 남의 나라에 있는 사람이 자신의 조상 때부터 살던 나라를 이르는 말.

비주얼 사회 교과서 개념

통일신라

통일신라는 신라가 삼국을 통일한 676년 이후를 구분하여 부르는 이름이에요. 통일신라는 통일 이후 백성들의 마음을 하나로 모으기 위해 인도의 석가모니가 만든 종교인 **불교**를 활용했어요. 이전까지는 주로 왕과 귀족들이 불교를 믿었지만, 통일신라 시대에는 백성들에게까지 **전파되었지요**. 그래서 통일신라 시대에는 불교 예술이 크게 발전했어요. 이 시대의 대표적 유물에는 불국사와 성덕 대왕 신종, 석굴암 등이 있어요.

통일신라 시대에는 통일 전부터 있었던 **골품제**가 계속 유지되었어요. 골품제는 혈통에 따라 성골과 진골이라는 '골' 신분과 6두품부터 1두품까지 여섯 등급의 '두품'으로 나누는 신분 제도예요. 초기에는 성골만 왕이 될 수 있었으나 성골 **후계자**가 없자 무열왕 때부터는 진골이 왕이 돼요. 골품제는 신분에 따라 오를 수 있는 관직이 정해져 있고, 결혼이나 옷차림, 집의 규모 등까지 제한을 두는 엄격한 신분 제도였어요.

핵심 용어 다음 빈칸에 들어갈 알맞은 용어를 쓰세요.

(1) ☐☐

불(부처 佛) 교(가르칠 敎): 부처의 가르침.
- 뜻: 기원전 6세기경 인도의 석가모니가 만든 후 동양 여러 나라에 전파된 종교.

(2) ☐☐☐

골(뼈 骨) 품(물건 品) 제(법도 制): 골과 품으로 나누는 제도.
- 뜻: 신라 때에, 혈통에 따라 성골과 진골이라는 '골' 신분과 6두품부터 1두품까지 여섯 등급의 '두품'으로 나누는 신분 제도.

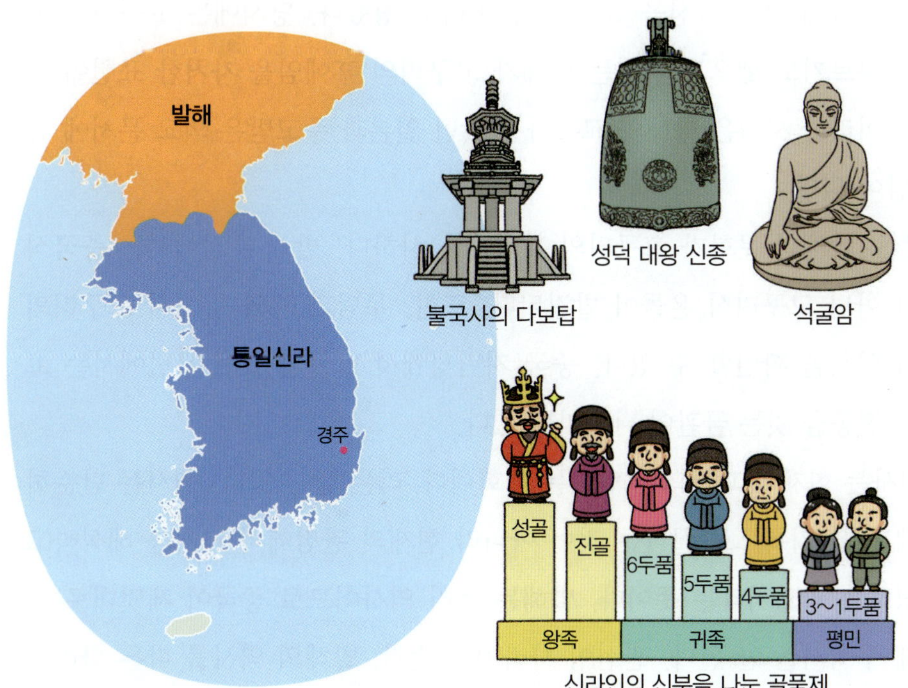

신라인의 신분을 나눈 골품제

● **전파되었지요** 전하여져 널리 퍼뜨려졌지요.
● **후계자** 어떤 일이나 사람의 뒤를 잇는 사람.

발해

ㄱ

1 '◯동북 공정'은 중국 정부가 진행한 연구 사업이다. 중국 동북 지역의 역사와 문화를 **체계적**으로 연구하기 위한 정책이라지만, **실상**은 해당 지역에서 전개된 모든 역사를 중국 것으로 만들려는 의도가 담겨 있다. 공식 연구가 종료됐음에도 중국의 역사 **왜곡**은 현재 진행형이며 그 중심에 발해가 있다. 중국의 주장은 발해가 당의 지방 정권 중 하나였다는 것이다. 그러나 고구려의 옛 땅을 차지하고 고구려의 **기상**을 이어받은 발해는 당연히 우리 역사의 일부이다.

2 첫째, 발해는 고구려 유민이 세웠다. 중국이 역사책『구당서』에 발해를 건국한 대조영이 '고구려의 **별종**'이라고 기록한 것은 그가 고구려 출신이라는 것을 뜻한다. 발해는 소수의 고구려인이 다수의 말갈인을 지배하는 구조였으며 건국 초부터 영토를 확장해 선왕 때에는 고구려의 옛 영토를 대부분 회복했다. 또한, 발해가 멸망했을 때 고구려를 **계승한** 또 다른 나라 고려가 발해 유민을 받아 주었다는 점은 세 나라의 **계통**이 같다는 것을 의미한다.

3 둘째, 발해 왕은 자신을 '고려 국왕'이라고 **칭했다**. 당시에는 고구려를 고려라고 부르기도 했으므로 이는 발해가 고구려의 후예임을 **자처한** 표현이다. 그리고 이러한 사실은 발해와 교류가 많았던 일본과 주고받은 외교 문서에 증거로 남아 있다.

4 셋째, 발해의 문화가 고구려의 것과 ◯유사하다. 발해 유적에서는 중국식 난로가 아닌 고구려식 온돌이 발견된다. 또한, 무덤과 기와 등에서 고구려의 기법과 양식을 확인할 수 있다. 중국 지린성에서 발굴된 발해 무덤에서는 고구려의 전통을 잇는 금관이 나오기도 했다.

5 '역사는 현재와 과거의 끊임없는 대화이다.'라는 말이 있다. 역사는 단순히 과거에 대한 기록으로 끝나는 것이 아니라 현재의 **관점**에서 과거를 해석하고 재구성하는 과정이라는 뜻이다. 발해는 우리 역사이므로 중국이 제멋대로 해석하게 두어서는 안 된다. 관심이 사라지는 순간, 발해의 역사를 다른 나라에 빼앗길 수도 있다는 사실을 잊지 말고 발해 역사 연구에 더욱 힘써야 한다.

- **체계적** 전체가 일정한 원리에 따라 단계적으로 잘 짜여진 것.
- **실상** 실제 모양이나 상태.
- **왜곡** 사실과 다르게 해석하거나 그릇되게 함.
- **기상**(氣 기운 기, 像 모양 상) 사람이 타고난 기개나 마음씨.
- **별종** 다른 종류.
- **계승한** 조상의 전통이나 문화유산, 업적 따위를 물려받아 이어 나간.
- **계통** 하나의 공통적인 것에서 갈려 나온 갈래.
- **칭했다** 무엇이라고 일컬었다.
- **자처한** 자기를 어떤 사람으로 여겨 그렇게 처신한.
- **관점**(觀 볼 관, 點 점 점) 사물이나 현상을 관찰할 때, 그 사람이 보고 생각하는 태도나 방향 또는 처지.

제목

1 ㉠에 들어갈 이 글의 제목으로 알맞은 것은 무엇인가요? (   )

① 중국과 발해의 공통점 　　② 대조영, 발해를 건국하다
③ 빼앗길 수 없는 발해의 역사 　　④ 고구려 문화를 계승한 고려
⑤ 중국의 잃어버린 역사를 찾아서

내용 이해

2 이 글의 내용과 일치하는 것은 무엇인가요? (   )

① 중국의 동북 공정은 현재까지 연구가 진행 중이다.
② 고려와 발해는 고구려와 같은 계통이라는 공통점이 있다.
③ 발해는 고구려의 옛 영토를 대부분 회복한 뒤 나라를 세웠다.
④ 중국 지린성에서 발굴된 발해 유적에서는 중국식 금관이 발견되었다.
⑤ 발해 왕이 자신을 고려 국왕이라고 칭했던 사실은 중국과 주고받은 외교 문서에 증
　거로 남아 있다.

추론

3 ㉡에 대해 알맞게 반응하지 <u>못한</u> 친구는 누구인지 이름을 쓰세요.

> 서윤: 중국은 발해 인구 중에 말갈인이 많았다는 점을 들어 발해가 자기들의 정권
> 　　　이라고 우기겠군.
> 주안: 동북 공정의 숨은 목적대로라면 중국은 고조선과 고구려의 역사도 넘볼 수
> 　　　있을 것 같아.
> 동규: 발해 유물에 고구려 양식이 남아 있다고 하지만 발해와 고구려의 관련성이
> 　　　나타난 문헌이 없다는 것이 중국에 유리하겠군.

(　　　　　　　　　)

어휘·어법

4 ㉢과 바꾸어 쓸 수 있는 낱말을 두 가지 고르세요. (　 , 　)

① 비견하다 　　② 비슷하다
③ 불사하다 　　④ 특별하다
⑤ 흡사하다

구조 분석

문단 요약

5 다음 빈칸에 들어갈 알맞은 말을 쓰며 이 글의 내용을 정리하세요.

문단	중심 내용
1	중국의 (　　　　　) 공정에 대한 문제 제기
2	(　　　　　) 유민이 세운 발해
3	자신을 '(　　　　　) 국왕'이라고 칭한 발해 왕
4	고구려의 문화와 유사한 발해 (　　　　)
5	발해 (　　　　)에 대한 관심의 필요성 제기

핵심 내용

6 빈칸에 들어갈 알맞은 말을 이 글에서 찾아 쓰세요.

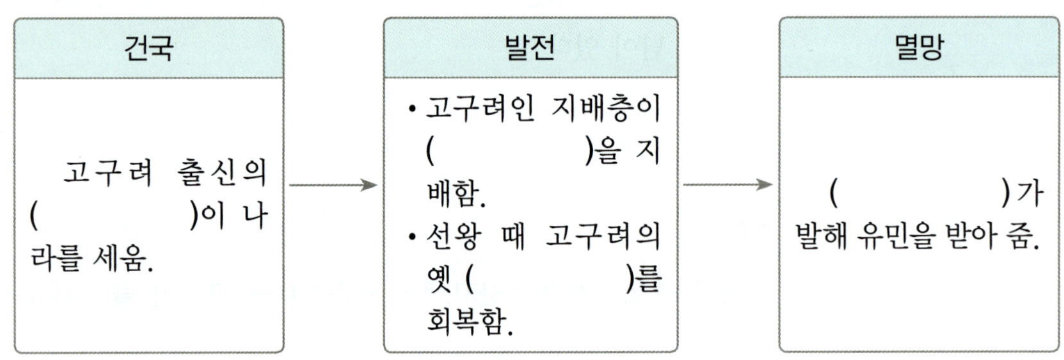

어휘

이해

7 다음 낱말의 뜻을 찾아 선으로 알맞게 이으세요.

(1) 기상 ・　　　・ ㉮ 실제 모양이나 상태.

(2) 실상 ・　　　・ ㉯ 사람이 타고난 기개나 마음씨.

(3) 체계적 ・　　　・ ㉰ 자기를 어떤 사람으로 여겨 그렇게 처신하다.

(4) 계승하다 ・　　　・ ㉱ 전체가 일정한 원리에 따라 단계적으로 잘 짜여진 것.

(5) 자처하다 ・　　　・ ㉲ 조상의 전통이나 문화유산, 업적 따위를 물려받아 이어 나가다.

발해

고구려가 멸망한 이후 당으로 끌려간 고구려 사람들은 계속해서 당에 저항했어요. 당이 혼란한 틈을 타 고구려 출신인 대조영이 고구려 유민과 말갈인을 이끌고 동모산 부근에 세운 나라가 발해예요. 고구려를 이은 나라임을 내세운 발해는 빠르게 나라를 **정비하고** 세력을 키웠어요. 그리하여 발해는 옛 고구려 땅의 대부분을 차지하고 우리 역사에서 가장 넓은 영토를 남겼어요. 당은 이러한 발해를 '바다 동쪽의 크게 **번영한** 나라'라는 뜻에서 '해동성국'이라 부르기도 하였어요.

발해는 고구려의 문화를 이어받고 당과 일본 등 주변 나라의 문화를 받아들여 독자적인 문화를 이루었어요. 발해의 수도였던 상경성과 그 주변 지역에서 발견된 불교 문화유산을 통해 발해에서 불교가 발달하였음을 짐작할 수 있어요. 또한, 발해는 당의 국자감을 받아들여 '주자감'이라는 교육 기관을 운영했어요.

핵심 용어 다음 빈칸에 들어갈 알맞은 용어를 쓰세요.

(1) ☐☐☐☐

해(바다 海) 동(동녘 東) 성(번영할 盛) 국(나라 國): 바다 동쪽의 번영한 나라.
- 뜻: 발해의 번영기에 당이 발해를 높이 평가하여 이르던 말.

(2) ☐☐☐

주(투구 胄) 자(아들 子) 감(볼 監): 교육 기관 이름.
- 뜻: 발해 때에 둔, 최고의 교육 기관.

- **정비하고** 흐트러진 체계를 정리하여 제대로 갖추고.
- **번영한** 어떤 사회나 조직이 번성하여 물질적으로 넉넉해진.

고려 멸망의 촉매, 권문세족

지문 분석

글자 수 1034
950 1050 1150

1 고려 초기에는 왕과 결혼한 호족인 문벌 귀족이 지배층을 이루었다. 고려는 문신이 중심이 되어 정치를 했는데, 고려 중기에 문신과의 차별에 반발한 무신이 난을 일으켜 세력을 잡았다. 고려 후기에는 고려와의 전쟁에서 승리한 몽골이 나라 이름을 원으로 바꾸고 고려의 정치에 간섭하기 시작했고, 이 시기에 세력을 차지한 것이 권문세족이었다. 권문세족은 원을 배경으로 하여 지 5 배층으로 등장한 권세 있는 집안을 가리킨다.

2 원의 간섭을 받는 동안 고려는 매우 힘든 시기를 보냈다. 원은 고려 왕과 신하들에게 몽골식 머리를 하도록 강요하고 고려의 영토 일부를 직접 다스리기도 했다. 고려 왕자는 원나라에 억지로 끌려가서 어린 시절을 보내야 했고, 원의 공주와 결혼해야 했다. 원은 특산물을 보내라고 요구한 것도 모자라 젊 10 은 여성을 바치게 했다.

3 이 시기에 권문세족은 다양한 방법으로 원의 **환심**을 사며 세력을 키웠다. 이들 중에는 여동생을 원 황실에 보내거나 몽골어를 잘해서 세력을 얻은 사람이 있는가 하면, 원에서 온 공주의 시중을 들거나 매를 잘 길러서 **출세한** 사람도 있었다. 권문세족은 대부분 학문적 **소양**을 갖추지 못했기 때문에 과거를 15 보지 않고도 관직에 오를 수 있는 음서 제도를 활용했다. 음서 제도는 원래 큰 공을 세운 사람의 자손에게 벼슬을 내리는 것이었는데, 권문세족은 이를 이용해서 능력에 상관없이 관직을 차지했다. 인재를 **발탁하던** 과거 제도는 권문세족이 세력을 **장악하면서 무용지물**이 되었다.

4 힘을 키운 ㉠권문세족은 농민들을 **착취하기** 시작했다. 권문세족들은 수도 20 인 개경에 살면서 지방의 땅을 소유했을 뿐만 아니라 농민들을 내쫓고 땅을 빼앗기도 했다. 『고려사』에 따르면 권문세족의 땅, 농장은 산과 강을 경계로 삼을 만큼 컸다. 그러나 그들의 **횡포**는 이것이 다가 아니었다. 권문세족은 돈을 빌려주고 비싼 이자를 받았는데, 돈을 갚지 못하면 백성을 노비로 만들어 자신들의 농장에서 일하게 했다. 권문세족은 세금을 내려고 하지 않았고, 권 25 문세족 때문에 세금을 낼 농민의 수가 줄자 고려의 **재정**은 크게 흔들렸다. 결국 권문세족은 고려 멸망의 **촉매** 역할을 했다.

- **환심** 기뻐하고 즐거워하는 마음.
- **출세**(出 날 출, 世 세상 세)**한** 사회적으로 높은 지위에 오르거나 유명하게 된.
- **소양** 평소 닦아 놓은 학문이나 지식.
- **발탁하던** 여러 사람 가운데서 쓸 사람을 뽑던.
- **장악하면서** 무엇을 마음대로 할 수 있게 휘어잡으면서.
- **무용지물**(無 없을 무, 用 쓸 용, 之 어조사 지, 物 만물 물) 쓸모없는 물건이나 사람.
- **착취하기** 자원이나 재산, 노동력 등을 정당한 대가를 주지 않고 빼앗아 이용하기.
- **횡포** 제멋대로 굴며 몹시 난폭함.
- **재정** 단체나 국가가 수입과 재산을 관리하며 사용하는 것. 또는 그 운영 상태.
- **촉매** 어떤 일을 원하는 방향으로 이끌거나 빨리 진행되도록 하는 일.

**내용
독해**

1 **이 글에서 가장 중심이 되는 말은 무엇인가요? (   )**

① 몽골

② 권문세족

③ 무용지물

④ 과거 제도

⑤ 문벌 귀족

2 **이 글에서 확인할 수 없는 것은 무엇인가요? (   )**

① 권문세족의 횡포

② 음서 제도의 의미

③ 고려 지배층의 변화

④ 고려에 대한 원의 횡포

⑤ 무신들이 원과 대립한 까닭

3 **이 글을 읽고 추론한 내용으로 알맞은 것에 ◯표 하세요.**

⑴ 고려에서 원의 영향력이 커지자, 권문세족은 힘이 점차 약해졌을 것이다. (   )

⑵ 권문세족은 과거 제도를 부활시키고 음서 제도를 축소하려고 했을 것이다.

(   )

⑶ 원에서 온 사람들에게 잘 보이려고 몽골어를 배운 권문세족도 있었을 것이다.

(   )

⑷ 권문세족은 좁은 땅에서 많은 곡식을 얻으려고 했기 때문에 백성들이 힘들었을 것

이다. (   )

4 **알맞은 한자 성어를 사용하여 ㉠에 대해 반응한 것은 무엇인가요? (   )**

① 권문세족은 결국 진퇴양난의 상황에 빠졌군.

② 늦었지만 권문세족이 개과천선했으니 정말 다행이야.

③ 사필귀정이라더니 권문세족도 결국 벌을 받는 날이 오네.

④ 가렴주구를 일삼는 권문세족 때문에 백성들의 삶이 너무 힘들었겠다.

⑤ 권문세족이 세력을 잡은 것이 고려를 살리는 전화위복의 기회가 되었구나.

구조 분석

문단 요약

5 다음 빈칸에 들어갈 알맞은 말을 쓰며 이 글의 내용을 정리하세요.

문단	중심 내용
1	고려 (　　　　　　)의 변화
2	원의 (　　　　　　)을 받은 고려
3	(　　　　　　)이 세력을 키운 방법
4	(　　　　　　)을 착취한 권문세족의 횡포

핵심 내용

6 빈칸에 들어갈 알맞은 말을 이 글에서 찾아 쓰세요.

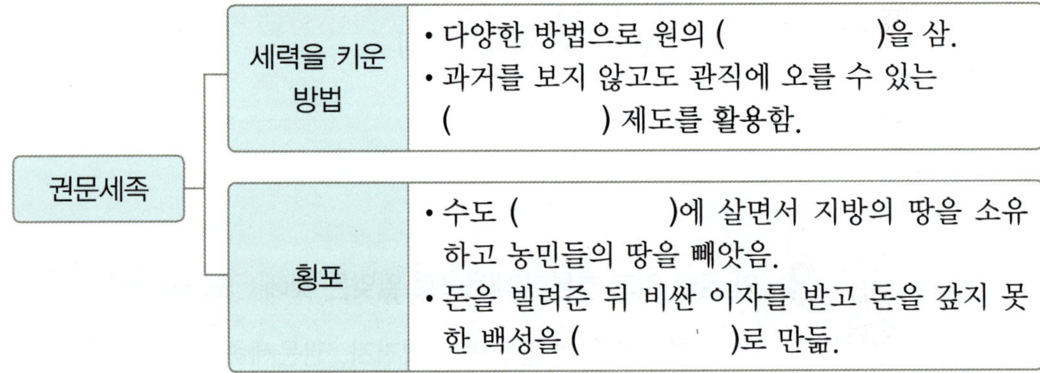

어휘

이해

7 다음 낱말의 뜻을 찾아 선으로 알맞게 이으세요.

(1) 발탁 ・　　　・ ㉮ 기뻐하고 즐거워하는 마음.

(2) 소양 ・　　　・ ㉯ 평소 닦아 놓은 학문이나 지식.

(3) 재정 ・　　　・ ㉰ 여러 사람 가운데서 쓸 사람을 뽑음.

(4) 촉매 ・　　　・ ㉱ 어떤 일을 원하는 방향으로 이끌거나 빨리 진행되도록 하는 일.

(5) 환심 ・　　　・ ㉲ 단체나 국가가 수입과 재산을 관리하며 사용하는 것. 또는 그 운영 상태.

고려

왕건은 후고구려를 세운 궁예를 대신해 왕이 되었고, 나라 이름을 고려로 고쳤어요. 후삼국을 통일한 태조 왕건은 나라를 안정시키고 거란에 멸망한 발해 유민을 받아들이며 북쪽으로 영토를 넓혔어요. 이후 광종은 억울하게 노비가 된 사람들을 원래 신분으로 되돌려주고, 과거제를 실시해 능력에 따라 관리를 뽑으며 왕권을 강화했어요. 성종은 주요 지역에 관리를 보내고 최승로의 건의에 따라 유교를 중심으로 **체제**를 정비했어요.

거란과 여진을 비롯한 **외세**의 침입이 **잦았던** 고려는 몽골의 공격에 무릎을 꿇고 말았어요. 고려는 약 80년 동안 원의 간섭을 받았는데 공민왕은 이를 벗어나고자 친원파를 제거하고 원의 간섭으로 고쳤던 제도를 원래대로 되돌렸어요. 그러나 벼슬이 높고 권세가 있는 집안인 **권문세족**의 횡포로 사회가 무너진 고려는 이후 조선을 건국하려는 새로운 세력, **신진 사대부**에 의해 멸망하게 돼요.

고려를 세운 왕건

왕을 중심으로 나라를 안정시킨 광종

유교를 중심으로 체제를 정비한 성종

원의 간섭에서 벗어나려고 한 공민왕과 그를 도운 노국대장공주

- **체제**(體 몸 체, 制 지을 제) 사회나 국가의 전체적인 양식이나 경향.
- **외세**(外 바깥 외, 勢 형세 세) 외국의 세력.
- **잦았던** 잇따라 자주 있던.

핵심 용어 다음 빈칸에 들어갈 알맞은 용어를 쓰세요.

(1) □□

왕(임금 王) **건**(세울 建): 고려 왕의 이름.
- 뜻: 고려의 제1대 왕인 '태조'의 본명.

(2) □□□□

권(권세 權) **문**(집안 門) **세**(권세 勢) **족**(무리 族): 권세가 있는 집안.
- 뜻: 벼슬이 높고 권세가 있는 집안.

(3) □□ **사대부**

신(새로울 新) **진**(나아갈 進): 새롭게 나아감.
- 뜻: 고려 후기에 등장해 조선을 건국한 사회 세력.

⑴　를 차지한 조선의 인물들

1　화폐는 그 나라의 얼굴이자 그 나라를 상징하는 물건이다. 그래서 각 나라는 화폐에 위인이나 문화유산, 건축물, 동식물 등 자기 나라의 가치관을 나타낼 수 있는 다양한 것을 담아낸다. 우리나라, 미국, 일본, 중국을 비롯한 여러 나라에서 선택한 방법은 나라를 대표하는 인물을 그려 넣는 것이다. 섬세한 초상화는 **모사하기** 어려워 **위조** 방지에 효과적이기 때문이다. 우리나라 화폐는 주화 4종과 지폐 4종이 있는데, **주화** 4종 중 100원에만 유일하게 이순신을 새기고 나머지에는 다보탑과 벼 이삭, 학을 새겼다. 우리나라의 모든 지폐에는 초상화가 들어 있으며 모두 조선 시대의 인물이 자리를 차지하고 있다는 점이 독특하다.

2　1975년에 만들어진 천 원 지폐의 주인공은 퇴계 이황이다. 중종부터 인종, 명종, 선조까지 여러 임금이 이황을 아껴 그에게 벼슬을 내리려고 했지만, 이황은 이를 **사양했다.** 이황은 관직에서 물러나 제자를 **양성하며** 학문에 집중했고, 성리학을 조선에 맞게 발전시켜 '동방의 **주자**'라고 불렸다.

3　1972년에 나온 오천 원 지폐는 학자이자 정치가인 율곡 이이를 모델로 했다. 이이도 성리학을 연구했지만, 이황과는 해석이 서로 달랐다. 또한, 정치를 멀리한 이황과 달리 이이는 강력한 개혁을 통해 나라를 바꾸고자 했다. 이이는 자신이 옳다고 믿는 일이라면 왕에게도 **고언**을 아끼지 않았다.

4　ⓛ만 원 지폐에는 우리 역사상 최고의 군주로 꼽히는 세종 대왕이 등장한다. 세종 대왕은 1960년 1000**환** 지폐에 처음 나온 이후 꾸준히 지폐에 등장했으며 만 원 지폐에는 1973년부터 쓰였다. 조선의 4대 왕인 세종 대왕은 뛰어난 인재라면 출신을 가리지 않고 뽑았을 뿐만 아니라, 과학 기술과 문화를 발전시키고 국방도 튼튼히 하였다. 무엇보다 세종 대왕의 가장 큰 업적은 백성을 위해 훈민정음을 창제한 것이다.

5　2009년에는 율곡 이이의 어머니 신사임당이 그려진 오만 원 지폐가 나왔다. **고액권**의 필요성이 커짐에 따라 새 지폐를 만들기로 했고, 양성평등 의식을 **제고하기** 위해 여성 위인을 넣기로 했다. 여러 후보가 **거론된** 가운데 대표적인 **현모양처**이자 여러 편의 그림과 시를 남긴 예술가인 신사임당이 신권의 주인공이 되었다.

- **모사하기** 어떤 그림의 본을 떠서 똑같이 그리기.
- **위조** 어떤 물건을 속일 목적으로 꾸며 진짜처럼 만듦.
- **주화** 쇠붙이를 녹여 화폐를 만듦. 또는 그 화폐.
- **사양했다** 겸손하여 받지 아니하거나 응하지 아니했다.
- **양성하며** 가르쳐서 유능한 사람들을 길러 내며.
- **주자** 송나라의 유학자 '주희'를 높여 이르는 말.
- **고언**(苦 괴로울 고, 言 말씀 언) 듣기에는 거슬리나 도움이 되는 말.
- **환** 우리나라의 옛 화폐 단위.
- **고액권** 큰 액수의 지폐.
- **제고하기** 수준이나 정도 따위를 끌어올리기.
- **거론된** 어떤 것이 이야기의 주제나 문제로 논의된.
- **현모양처** 어진 어머니이면서 착한 아내.

내용
독해

제목

1 ㉠에 두 글자의 낱말을 넣어 이 글의 제목을 완성하세요.

(   )를 차지한 조선의 인물들

내용 이해

2 이 글의 내용으로 알맞은 것은 무엇인가요? (   )

① 우리나라에서는 지폐 5종과 주화 4종이 쓰인다.
② 이황은 학문보다는 벼슬에 관심이 많은 사람이었다.
③ 오만 원권의 주인공은 오천 원권의 주인공의 어머니이다.
④ 현재 사용되는 지폐 속 인물 중 세종 대왕이 가장 늦게 등장했다.
⑤ 세종 대왕은 이황에게 벼슬을 내리려고 했지만, 이황이 거절했다.

적용

3 이 글에 대한 반응으로 알맞지 <u>않은</u> 것은 무엇인가요? (   )

① 조선 시대에 또 어떤 여성 위인이 있었는지 궁금해.
② 다른 나라의 지폐에는 누구를 그렸는지 찾아봐야겠어.
③ 이황과 이이의 성리학 해석이 어떻게 다른지 알고 싶어.
④ 100원이 아닌 다른 주화에는 무엇을 새겼는지 확인해 볼 거야.
⑤ 만약 십만 원권을 만들게 된다면 어떤 인물이 등장할지 기대되는걸.

어휘·어법

4 ㉡에 나타난 띄어쓰기 규칙으로 알맞은 것의 기호를 모두 쓰세요.

> ㉮ 의존 명사는 띄어 쓴다.
> ㉯ 단위를 나타내는 명사는 띄어 쓴다.
> ㉰ 두 말을 이어 주거나 열거할 때 쓰이는 말들은 띄어 쓴다.
> ㉱ 성과 이름은 붙여 쓰고, 이에 덧붙는 호칭어, 관직명 등은 띄어 쓴다.

(   )

구조 분석

5 다음은 이 글에 나타난 각 문단의 중심 내용입니다. 글의 내용에 맞게 순서대로 기호를 쓰세요.

> ㉮ 천 원 지폐 속 인물, 이황
> ㉯ 오천 원 지폐 속 인물, 이이
> ㉰ 만 원 지폐 속 인물, 세종 대왕
> ㉱ 오만 원 지폐 속 인물, 신사임당
> ㉲ 화폐에 초상화를 그려 넣는 까닭

(　　　) → (　　　) → (　　　) → (　　　) → (　　　)

핵심 내용

6 빈칸에 들어갈 알맞은 말을 이 글에서 찾아 쓰세요.

인물	지폐 종류	인물의 업적
이황	(　　　)원	• 제자를 양성하며 학문에 몰두함. • 성리학을 발전시켜 '동방의 (　　　)'라고 불림.
이이	5000원	• 성리학을 연구함. • 강력한 (　　　)을 통해 나라를 바꾸고자 함.
세종 대왕	10000원	• (　　　)을 가리지 않고 인재를 뽑음. • 과학 기술과 문화를 발전시키고 국방을 튼튼히 함. • (　　　)을 창제함.
신사임당	(　　　)원	• 대표적인 현모양처임. • 여러 편의 그림과 시를 남긴 예술가임.

어휘

7 다음 문장의 빈칸에 들어갈 알맞은 낱말을 보기 에서 찾아 쓰세요.

> **보기**
>
> 거론　　모사　　사양　　위조　　제고

⑴ 동전은 지폐보다 (　　　)하기 어렵다.

⑵ 그 사람은 다음 대통령 후보로 (　　　)되고 있다.

⑶ 선생님께서는 학생들이 드린 선물을 한사코 (　　　)하셨다.

⑷ 우리 회사는 생산성을 (　　　)하기 위해 새로운 기술을 도입했다.

⑸ 과거에는 존경하는 화가의 작품을 (　　　)하여 그리는 것을 자랑스럽게 생각했다.

조선

고려의 장군이었던 이성계는 위화도 **회군**으로 권력을 차지한 후 왕위에 올라요. 그러고 나서 나라 이름을 조선이라 정하고, 수도를 한양으로 옮겼어요. 태조 이성계의 아들 태종은 관직 제도를 개혁하고 **호패법**을 실시하는 등 왕권을 강화했어요. 이어 세종은 한자를 읽고 쓰는 데 어려움을 겪는 백성들을 위해 우리나라 글자인 **훈민정음**을 창제했어요. 또한 세종은 정치와 경제, 문화 등을 고루 발전시켜 전성기를 이루었어요.

조선은 공자의 가르침인 **유교**를 바탕으로 나라를 다스리려 했어요. 그래서 정치, 경제, 사회, 문화 등 다양한 분야를 다룬 법전『경국대전』을 만들고, 백성들도 유교의 가르침을 따를 수 있도록『삼강행실도』를 만들어 널리 알렸어요. 조선 전기에는 남녀의 지위가 비교적 평등했으나 유교 질서가 굳어지면서 여성에 대한 **규제**가 많아졌고 남녀 차별도 심해졌어요.

핵심 용어 다음 빈칸에 들어갈 알맞은 용어를 쓰세요.

(1) ☐☐☐☐

훈(가르칠 訓) 민(백성 民) 정(바를 正) 음(소리 音): 백성을 가르치는 바른 소리.
- 뜻: 백성을 가르치는 바른 소리라는 뜻으로, 1443년에 세종이 창제한 우리나라 글자를 이르는 말.

(2) ☐☐

유(선비 儒) 교(가르칠 敎): 선비의 가르침.
- 뜻: 공자의 사상이나 가르침을 근본으로 삼는 학문. 삼강오륜을 덕목으로 하며 사서삼경을 경전으로 함.

- **회군**(回 돌아올 회, 軍 군사 군) 군사를 돌이켜 돌아가거나 돌아옴.
- **호패법** 조선 시대에, 신분을 나타내기 위하여 16세 이상의 남자에게 호패를 가지고 다니게 하던 제도.
- **규제** 규칙이나 규정에 의하여 일정한 한도를 정하거나 정한 한도를 넘지 못하게 막음.

11

조정을 둘로 나눈 전쟁

지문 분석

글자 수 1004

950 1050 1150

■1 1592년에 발생한 임진왜란은 광해군이 세자 자리에 ㉠오르는 계기가 되었다. 일본군이 매섭게 치고 올라와 전쟁에서 불리해지자 선조는 한양을 떠나 피신하기로 결정했다. 나라를 버리고 도망친다는 비난을 피하고 나라의 미래를 **도모한다는** 것을 보여 주기 위해 선조가 선택한 방법은 세자 **책봉**이었다. 광해군은 논의가 나온 지 불과 하루 만에 선조의 뒤를 이을 세자로 **낙점되었다.** 5

■2 세자가 된 광해군은 선조와 함께 피난을 떠났다. 그러나 평양에 도착해서도 상황은 나아지지 않았고, 선조는 세자 광해군과 **조정**을 나누어 통치하겠다는 선언까지 했다. 선조 자신은 명으로 **망명할** 테니 광해군은 조선에 남아 **분조**를 이끌며 나라를 책임지라는 의미였다. 멀쩡하게 살아있는 왕을 두고 세자에게 권력을 나누어 준다는 것은 평상시의 조선이었다면 상상조차 할 수 없는 10 일이었다.

■3 선조의 명령에 따라 분조를 맡게 된 광해군은 전쟁에 시달리는 조선을 구하기 위해 노력했다. 광해군이 일본군을 피해 험한 산길을 넘나들며 여러 고을을 살핀 덕에 혼란스러웠던 조선 사회는 안정을 찾기 시작했다. 도성을 떠난 왕 때문에 불안에 떨던 백성들은 위기를 수습하는 세자의 존재를 확인한 뒤 15 에야 마음을 놓았다.

■4 명은 선조의 망명을 받아 주는 대신 조선에 지원군을 보냈다. 명의 도움으로 조선은 한양을 되찾았고, 압록강 근처까지 피난했던 선조도 한양으로 돌아왔다. 그러나 선조는 자신을 대신해 나라를 돌본 세자를 칭찬하기는커녕 세자를 **견제하고**, 추락한 자신의 권위를 걱정했다. 이에 선조는 분조를 중단하고 20 세자에게 왕위를 물려주겠다는 의지를 밝혔다. 그러나 선조의 **양위**를 찬성하는 것은 왕위를 노리는 것과 같았다. 조선은 효와 충이 중요한 사회였기 때문에 광해군과 신하들은 **한목소리**로 이를 반대했다. 선조도 이미 이것을 알고 있었고, 양위 선언은 어엿한 지도자로 인정받는 세자에게로 향한 관심을 **빼앗**기 위한 **전략**이었을 뿐 진심은 아니었다. ㉡선조는 임진왜란이 진행되었던 7 25 년 동안 무려 18번이나 이를 반복하며 광해군의 효심과 신하들의 충성심을 시험했다.

- **도모한다는** 어떤 일을 이루기 위하여 대책과 방법을 세운다.
- **책봉** 왕세자, 왕세손, 왕후, 비, 빈, 부마 등의 벼슬을 내리던 일.
- **낙점되었다** 여러 후보 가운데 마땅한 대상이 선택되었다.
- **조정** 임금이 나라의 정치를 신하들과 의논하거나 집행하는 곳. 또는 그런 기구.
- **망명할** 탄압이나 위협을 피하기 위해 몰래 자기 나라를 떠나 다른 나라로 갈.
- **분조** 임진왜란 때, 선조가 본조정과 별도로 임시로 설치한 조정.
- **견제하고** 상대방이 자유롭게 행동하거나 힘이 강해지지 못하도록 하고.
- **양위** 임금의 자리를 물려줌.
- **한목소리** 같은 견해나 사상의 표현을 비유적으로 이르는 말.
- **전략** 정치, 경제 따위의 사회적 활동을 하는 데 필요한 책략.

**내용
독해**

1 이 글에서 중심이 되는 말끼리 짝 지어진 것은 무엇인가요? (   )

① 명, 선조, 망명, 피난
② 명, 양위, 선조, 광해군
③ 광해군, 백성, 노숙, 일본
④ 임진왜란, 선조, 피난, 백성
⑤ 임진왜란, 선조, 광해군, 분조

내용 이해

2 이 글의 내용과 일치하지 <u>않는</u> 것은 무엇인가요? (   )

① 광해군이 세자가 된 결정적인 계기는 임진왜란이었다.
② 선조는 전쟁에서 불리해지자 도성을 버리고 피신했다.
③ 광해군은 여러 고을을 다니며 위기를 수습하는 데 최선을 다했다.
④ 선조는 임신왜란 때 광해군에게 나라에 대한 책임을 넘기려고 했다.
⑤ 명으로의 망명을 포기한 선조는 1년 만에 한양으로 돌아와 백성들을 살폈다.

어휘·어법

3 '오르다'가 ㉠과 같은 뜻으로 쓰인 것은 무엇인가요? (   )

① 뒷산에 올라 밤하늘을 올려다보았다.
② 우리 가족은 설레는 마음으로 여행길에 올랐다.
③ 민준이는 기차에 올라 창밖을 향해 손을 흔들었다.
④ 노벨상을 수상한 작가의 책이 베스트셀러에 올랐다.
⑤ 황희는 높은 벼슬에 오른 후에도 늘 검소하게 생활했다.

추론

4 ㉡을 읽고 알맞게 짐작한 것은 무엇인가요? (   )

① 임진왜란의 고통으로 선조는 정상적인 판단을 할 수 없었을 것이다.
② 선조를 믿었던 백성들은 반복되는 양위 선언에 배신감을 느꼈을 것이다.
③ 선조는 임금의 역할에 압박감을 느껴 스스로 왕위에서 물러나고자 했을 것이다.
④ 양위 선언을 18번이나 반복했다는 것은 그만큼 신하들의 힘이 강했다는 뜻일 것이다.
⑤ 신하들은 양위를 찬성하면 자신이 충성스럽지 않음을 드러내는 것이므로 선조를 말렸을 것이다.

구조
분석

5 각 문단의 중심 내용을 찾아 선으로 알맞게 이으세요.

1 문단	•	•	광해군의 세자 책봉에 담긴 의미
2 문단	•	•	임진왜란의 위기를 수습한 광해군
3 문단	•	•	양위 선언으로 광해군을 견제한 선조
4 문단	•	•	임진왜란의 발생과 광해군의 세자 책봉

핵심 내용

6 빈칸에 들어갈 알맞은 말을 이 글에서 찾아 쓰세요.

	선조	광해군
임진왜란이 시작되었을 때	(　　　　)을 세자로 책봉함.	세자 자리에 오름.
조정을 둘로 나눴을 때	(　　　　)으로 망명하고자 함.	(　　　　)를 맡아 전쟁에 시달리는 조선을 살핌.
한양을 되찾았을 때	분조를 중단하고 세자에게 왕위를 물려주려고 함.	선조의 양위 선언에 (　　　　)함.

어휘

이해

7 다음 낱말의 뜻을 보기 에서 찾아 기호를 쓰세요.

보기
㉮ 여러 후보 가운데 마땅한 대상이 선택되다.
㉯ 어떤 일을 이루기 위하여 대책과 방법을 세우다.
㉰ 같은 견해나 사상의 표현을 비유적으로 이르는 말.
㉱ 정치, 경제 따위의 사회적 활동을 하는 데 필요한 책략.
㉲ 탄압이나 위협을 피하기 위해 몰래 자기 나라를 떠나 다른 나라로 가다.

⑴ 전략　　(　　　)　　　⑵ 낙점되다　　(　　　)
⑶ 망명하다　(　　　)　　　⑷ 도모하다　　(　　　)
⑸ 한목소리　(　　　)

조선 사회의 변동

　　임진왜란은 일본을 통일한 도요토미 히데요시가 조선을 침략하면서 시작되었어요. 빠르게 **북진하는** 일본군을 피해 선조는 의주로 피난을 떠났어요. 조선군은 육지에서는 일본에 패했지만, 이순신이 이끄는 수군이 크게 승리했어요. 곳곳에서 의병이 일어나 일본군에 맞서 싸웠고 명의 지원으로 조선군은 남쪽으로 내려왔어요. 이후 일본이 다시 조선을 공격했으나 전쟁에 대비하고 있던 조선의 대응으로 오랜 전쟁은 끝이 났어요.

　　임진왜란 이후 명의 힘이 약해지자, 세력을 키운 후금이 명과 대립했어요. 광해군은 두 나라 사이에서 **중립**을 지켜 전쟁에 휘말리지 않으려고 했어요. 세력이 더욱 강해진 후금은 나라 이름을 청으로 바꾸고 조선에 형제 관계가 아닌 **군신** 관계를 맺자고 요구했어요. 이것을 조선이 거부해 청이 조선을 침략한 것이 **병자호란**이에요. 인조는 남한산성으로 피신했지만 결국 청에 항복하고 말았어요.

핵심 용어 다음 빈칸에 들어갈 알맞은 용어를 쓰세요.

(1) **임진** ☐ ☐

왜(왜나라 倭) **란**(어지러울 亂): 왜가 일으킨 난리.
- 뜻: 조선 선조 25년(1592)에 일본이 침입한 전쟁.

(2) **병자** ☐ ☐

호(오랑캐 胡) **란**(어지러울 亂): 오랑캐가 일으킨 난리.
- 뜻: 조선 인조 14년(1636)에 청나라가 침입한 전쟁.

- **북진**(北 북녘 북, 進 나아갈 진)**하는** 북쪽으로 진출하거나 진격하는.
- **중립**(中 가운데 중, 효 설 립) 어느 편에도 치우치지 않고 중간적인 입장에 섬. 또는 그런 입장.
- **군신**(君 임금 군, 臣 신하 신) 임금과 신하를 아울러 이르는 말.

개항 전후 조선의 모습

종교에서 저항 운동으로

1 어린 순조가 즉위한 뒤 조선에서는 왕의 **외척** 가문이 국정을 함부로 운영하는 세도 정치가 시작되었다. 세도가에 뇌물을 주고 관직을 산 사람들은 갖가지 방법으로 백성들을 **수탈했고**, 전염병과 자연재해까지 더해져 백성들의 삶은 매우 고달파졌다. 게다가 중국을 거쳐 서양 문물이 조선에 들어오고, 서양의 배가 바다에 나타나면서 조선은 나라 안팎으로 혼란스러워졌다. 5

2 이 무렵 몰락한 양반 최제우는 서학에 맞선다는 의미로 동학이라는 종교를 **창시했다.** "사람이 곧 하늘이다."라고 말하며 평등을 주장한 동학의 '㉠인내천' 사상은 수탈에 지친 백성들에게 희망이 되었다. 사람은 모두 **존엄하고** 평등한 존재라는 논리는 신분제 사회인 조선을 뒤흔든 새로운 생각이었고, 백성들은 이를 환영했다. 또한, 민간 신앙, 유교, 불교 등의 좋은 점을 받아들인 동 10 학은 거부감 없이 백성들에게 널리 전파되었다. 당시 천주교로 대표되는 서학도 평등을 주장했지만, 제사 금지와 같은 **교리** 때문에 쉽게 받아들이지 못하는 사람이 있었던 것과 반대되는 상황이었다. 이와 함께 "앞으로 새로운 세상이 올 것이다."라는 '후천개벽' 사상을 내세우며 동학은 사회 개혁의 성격을 띤 종교로 발전했다. 15

3 하지만 지배층은 신분제를 부정하는 동학이 **탐탁지** 않았다. 게다가 나라가 불안정해지자 조선이 망할 것이라는 예언까지 유행하기 시작했다. 불안해진 조정은 나라를 혼란스럽게 한다는 이유로 동학을 탄압하기 시작했다. 동학을 **불온한** 사상이라고 **단정하며** 교주인 최제우를 체포해 처형하였다. 그런데도 동학을 믿는 사람은 늘어났고, 최제우의 억울함을 벗겨 달라며 시위가 일 20 어나기도 했다.

4 이어 동학을 믿는 사람들은 탐관오리와 외국 세력에 맞서 나라와 백성을 구하자고 주장하며 점차 세력을 모았다. 지배층의 횡포에 **반감**을 품고 있던 동학 세력은 전라도 고부 지역의 군수 조병갑의 지독한 수탈에 폭발하여 **봉기**를 일으키는데, 이것을 '동학 농민 운동'이라고 한다. 두 차례에 걸쳐 일어난 25 동학 농민 운동은 일본군에 패해 실패로 끝났지만, 이후 외세에 반대하는 성격을 이어받아 항일 의병 운동과 독립운동 등 저항 운동으로 발전했다.

- **외척** 어머니 쪽의 친척.
- **수탈했고** 강제로 빼앗았고.
- **창시했다** 어떤 사상이나 학설 따위를 처음으로 시작하거나 내세웠다.
- **존엄하고** 어떤 사람이나 신분이 매우 높고 엄숙하고.
- **교리**(敎 가르칠 교, 理 다스릴 리) 종교적인 원리나 이치.
- **탐탁지** 모양이나 태도, 또는 어떤 일 따위가 마음에 들어 만족하지.
- **불온한** 말, 행동, 또는 사상 등이 통치 권력이나 체제에 반대되거나 맞지 않는.
- **단정하며** 딱 잘라서 판단하고 결정하며.
- **반감**(反 돌이킬 반, 感 느낄 감) 반대하거나 반항하는 감정.
- **봉기** 벌떼처럼 떼 지어 세차게 일어남.

**내용
독해**

1 설명 대상

이 글은 무엇에 대해 쓴 글인가요? (   )

① 동학　　　　　　　　　　② 신분제
③ 최제우의 삶　　　　　　　④ 항일 의병 운동
⑤ 조선의 민간 신앙

2 내용 이해

이 글에서 확인할 수 <u>없는</u> 것은 무엇인가요? (   )

① 서학의 사상　　　　　　　② 인내천의 뜻
③ 세도 정치의 뜻　　　　　　④ 농민군이 승리한 곳
⑤ 서양 문물이 조선에 들어온 경로

3 추론

㉠에 대해 짐작한 것으로 알맞은 것은 무엇인가요? (   )

① 양반들의 사상에서 영향을 받았다.
② 중국을 거쳐 천주교에 영향을 주었다.
③ 백성들이 동학을 반기는 계기가 되었다.
④ 혁명에는 위험이 따른다는 뜻이 포함되어 있다.
⑤ 현재의 제도가 유지되기를 바라는 마음에서 시작되었다.

4 어휘·어법

알맞은 속담을 활용하여 이 글에 대해 말한 친구는 누구인지 이름을 쓰세요.

> 지수: 믿는 도끼에 발등 찍힌다더니, 교주 최제우의 배신에 사람들은 화가 났을 것
>   같아.
> 경민: 고생 끝에 낙이 온다고, 양반들도 결국 동학의 사상을 이해하고 받아들이게
>   되었네.
> 예은: 지렁이도 밟으면 꿈틀한다고, 백성들이라고 탐관오리들의 횡포에 당하고만
>   있지는 않았구나.

(   )

구조 분석

5 다음은 어느 문단의 중심 내용인지 문단의 번호를 쓰세요.

동학을 탄압한 조정	( )문단
동학의 인내천 사상과 후천개벽 사상	( )문단
동학의 변화와 저항 운동으로의 확대	( )문단
나라 안팎으로 혼란스러운 조선의 상황	( )문단

6 빈칸에 들어갈 알맞은 말을 이 글에서 찾아 쓰세요.

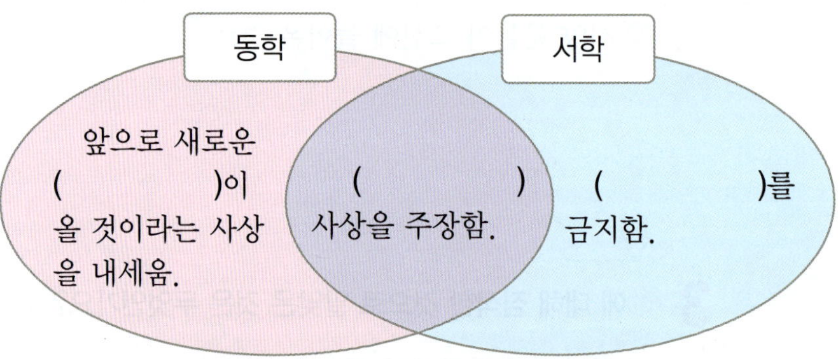

어휘

7 다음 낱말이 들어갈 문장을 찾아 선으로 알맞게 이으세요.

(1) 단정 •

• ㉮ 생명은 모두 (   )하다는 것을 기억해야 한다.

(2) 반감 •

• ㉯ 동우는 잘난 체를 해서 친구들의 (   )을/를 샀다.

(3) 불온 •

• ㉰ 나는 거짓말을 잘하는 사람을 (   )하지 않게 여긴다.

(4) 존엄 •

• ㉱ 과거에는 노래 가사가 (   )하다고 방송을 금지하기도 했다.

(5) 탐탁 •

• ㉲ 사람의 겉모습만 보고 그 사람의 성격을 (   )해서는 안 된다.

개항 전후 조선의 모습

영조와 정조가 **붕당**의 대립을 해소하려고 노력했지만, 순조가 왕이 된 뒤에는 특정 집안이 권력을 잡아 세도 정치가 시작되었어요. 이후 어린 고종이 즉위하면서 고종의 아버지인 흥선 대원군이 세도 정치를 바로잡고 왕권을 강화하기 위해 개혁 정책을 펼쳤어요. 이때, 서양의 배가 나타나 **수교**를 요구했지만, 흥선 대원군은 이를 거부하고 나라의 문을 굳게 닫았어요.

고종이 성인이 된 뒤 조선은 일본의 압박으로 강화도 조약을 맺고 **개항했어요.** 조선은 청과 일본에 사신을 보내 새로운 문물을 배워 왔는데, 다른 나라의 기술만 받아들이려는 **온건** 개화파와 서양 문물을 받아들여 나라 전체를 바꾸자는 **급진** 개화파가 대립했어요. 급진 개화파는 청을 몰아내려고 갑신정변을 일으켰지만 성공하지 못했어요. 그리고 관리들이 개혁을 논의하는 동안 백성들의 고통은 계속되었어요. 참다못한 농민들은 전봉준을 중심으로 동학 농민 운동을 일으켰지만, 결국 실패했어요.

• 조선 후기의 사회

세도 정치: 세도 가문의 횡포

수교 요구: 조선을 찾아온 서양 배

개항: 온건 개화파와 급진 개화파의 대립

농민 저항: 봉기를 일으킨 농민들

핵심 용어 다음 빈칸에 들어갈 알맞은 용어를 쓰세요.

(1) ⬜⬜ **정치**

세(권세 勢) 도(이끌 道): 권세를 이끎.
• 뜻: 특정한 집안이 권력을 잡고 나랏일을 마음대로 하는 정치.

(2) **갑신** ⬜⬜

정(정치 政) 변(변할 變): 정치가 변함.
• 뜻: 갑신년에 급진 개화파가 우정총국 개국 축하 자리에서 일으킨 정치적 변동.

(3) ⬜⬜ **농민 운동**

동(동녘 東) 학(배울 學): 동쪽의 학문.
• 뜻: 동학을 믿던 사람들과 농민들이 전봉준을 중심으로 일으킨 봉기.

• **붕당** 조선 시대에 이념과 이해에 따라 이루어진 사람의 집단을 이르던 말.
• **수교**(修 닦을 수, 交 사귈 교) 나라와 나라 사이에 교제를 맺음.
• **개항했어요** 외국과 교류를 하고 물품을 사고팔 수 있게 항구를 개방했어요.
• **온건** 생각이나 말 또는 행동이 급하거나 과격하지 않음.
• **급진**(急 급할 급, 進 나아갈 진) 목적이나 이상 따위를 급히 실현하고자 함.

광화문의 수난

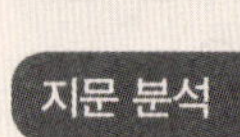

지문 분석

글자 수 1000
950 1050 1150

1 **제국주의**를 내세운 일본은 1910년 8월 29일, 대한 제국의 국권을 강제로 빼앗았다. 무단 통치를 시작한 지 6년 뒤, 일제는 조선 왕조를 상징하는 경복궁 앞뜰에 조선 총독부의 새 건물을 **건립하기로** 하였다. 일제는 경복궁 일부를 헐고 그 자리에 조선 총독부 건물을 지으면서 경복궁의 구조도 바꾸어 버렸다. 일제는 일직선이었던 광화문, 근정전, 사정전, 강녕전, 교태전의 배열을 끊음으로써 조선 왕조의 **위엄**을 무너뜨리고 자신들이 조선을 지배하고 있다는 것을 **과시하였다**. 5

2 일제는 1926년 10월로 예정된 조선 총독부 건물의 **완공**에 맞추어 자신의 앞길을 막는 광화문을 철거하려 했다. 그러나 1921년 5월, 이 사실을 폭로하는 기사가 발표되자, 조선인뿐만 아니라 일본인도 철거를 비판하는 등 반대 10 **여론**이 거셌다. 1926년 7월 22일, 광화문을 철거하는 대신 경복궁의 동쪽 문인 건춘문 옆으로 광화문을 이전하는 작업이 시작되었다. 1395년 조선 태조 때 만들어져 궁궐을 지키던 광화문은 완전히 사라지는 것은 **면했지만**, 본래의 자리를 잃고 남산에 있는 일본 **신사**를 바라보게 되는 **수모**를 겪었다.

3 광화문의 **수난**은 광복을 맞이한 후에도 끝나지 않았다. 경복궁 동쪽에 남 15 아 있던 광화문은 6·25 전쟁 때 폭격을 맞아 나무로 만든 윗부분은 없어지고 돌로 쌓은 아랫부분만 남게 되었다. ㉠1968년에 광화문을 다시 경복궁 앞으로 옮겼지만, 중앙청으로 이름만 바뀐 조선 총독부 건물 때문에 광화문을 원래 위치보다 살짝 비틀어서 지었다. 게다가 파괴된 부분을 나무가 아닌 철근 콘크리트로 재건축해 본래의 모습을 완전히 되찾지 못했다. 20

4 조선 총독부 건물은 1990년대까지도 용도를 바꿔 가며 그 자리를 차지하고 있었다. 어두운 과거를 남길 것인지 없앨 것인지를 두고 오랜 기간 의견이 대립했기 때문이다. 결국 광복 50주년을 기념해 조선 총독부 건물 폭파와 경복궁의 복원이 추진되었다. 2006년에 시작된 광화문 복원 작업은 2010년에 마무리되어 원래의 위치와 형태로 돌아간 광화문을 볼 수 있게 되었다. 25

- **제국주의** 우월한 군사력과 경제력으로 다른 나라나 민족을 정벌하여 대국가를 건설하려는 침략주의적 경향.
- **건립하기로** 건물, 기념비, 동상, 탑 따위를 만들어 세우기로.
- **위엄** 존경할 만한 위세가 있어 점잖고 엄숙함. 또는 그런 태도나 기세.
- **과시하였다** 자랑하여 보였다.
- **완공**(完 완전할 완, 工 장인 공) 공사를 완성함.
- **여론** 한 사회의 사람들이 공통적으로 가지고 있는 의견.
- **면했지만** 어떤 일을 당하지 않게 되었지만.
- **신사** 일본에서 왕실의 조상이나 고유의 신앙 대상인 신 또는 국가에 공로가 큰 사람을 신으로 모신 사당.
- **수모** 모욕을 받음.
- **수난** 견디기 어려운 일을 당함.

내용 독해

전개 방식

1 이 글의 설명 방법으로 알맞은 것은 무엇인가요? (   )

① 문제의 원인을 다양하게 분석하였다.
② 대상을 그림 그리듯 자세히 표현하였다.
③ 여러 사람의 의견을 종합하여 제시하였다.
④ 앞으로 전개될 수 있는 상황을 예상하였다.
⑤ 시간의 흐름에 따른 변화 과정을 설명하였다.

내용 이해

2 이 글에서 가장 먼저 일어난 사건은 무엇인가요? (   )

① 조선 총독부 건물이 완공되었다.
② 광화문이 건춘문 옆으로 이전되었다.
③ 일제가 대한 제국의 국권을 빼앗았다.
④ 일제의 광화문 철거 계획이 폭로되었다.
⑤ 조선 총독부 건물이 중앙청으로 사용되었다.

추론

3 이 글을 통해 답을 알 수 있는 질문이 <u>아닌</u> 것은 무엇인가요? (   )

① 광화문의 윗부분이 파괴된 것은 언제일까?
② 광화문 철거 계획이 알려진 계기는 무엇일까?
③ 일본인들이 광화문 철거 계획을 반대한 까닭은 무엇일까?
④ 조선 총독부 건물을 1990년대까지 철거하지 않은 까닭은 무엇일까?
⑤ 조선 총독부 건물은 광복 후 대한민국에서 어떤 용도로 사용되었을까?

어휘·어법

4 ㉠에 어울리는 한자 성어에 ○표 하세요.

(1) 고진감래: 고생 끝에 즐거움이 옴.　　　　　　　　　　　　　　　　　　(   )
(2) 다다익선: 많으면 많을수록 더욱 좋음.　　　　　　　　　　　　　　　　(   )
(3) 설상가상: 난처한 일이나 불행한 일이 잇따라 일어남.　　　　　　　　(   )
(4) 낭중지추: 재능이 뛰어난 사람은 숨어 있어도 저절로 사람들에게 알려짐. (   )

구조 분석

5 각 문단의 중심 내용으로 알맞은 것에 ○표, 틀린 것에 ✕표를 하세요.

1 문단	일제의 조선 총독부 건물 건립	(	)
2 문단	반대 여론을 무시하고 철거된 광화문	(	)
3 문단	광복 이후 완전히 복원된 광화문	(	)
4 문단	원래 위치와 형태로 돌아간 광화문	(	)

6 빈칸에 들어갈 알맞은 말을 이 글에서 찾아 쓰세요.

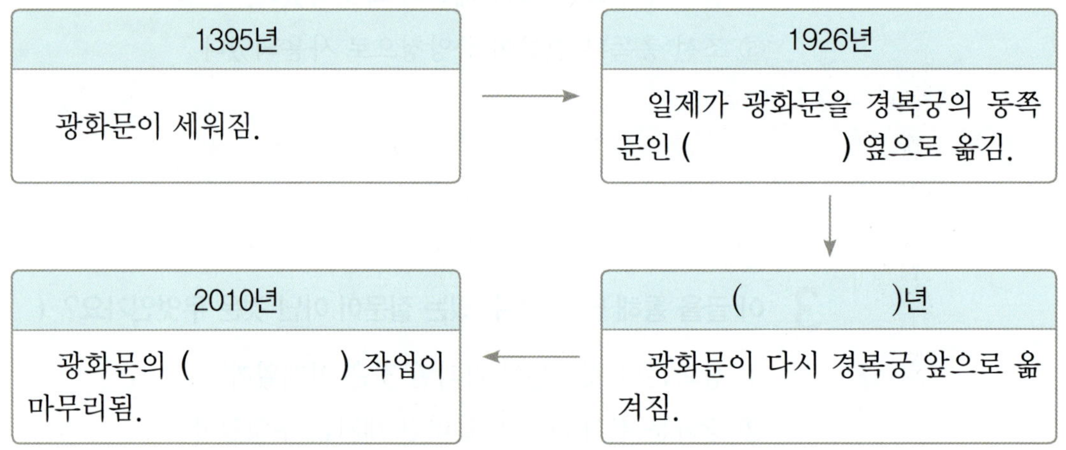

어휘

7 다음 문장에 들어갈 알맞은 낱말에 ○표 하세요.

⑴ 왕은 (위엄, 낭만) 있는 목소리로 명령을 내렸다.

⑵ 세수만 하고 바로 나온 덕에 지각을 (면했다, 향했다).

⑶ 2년의 공사 기간을 거쳐 수영장이 (완공, 착공)되었다.

⑷ 주민들의 (여론, 추론)에 따라 도서관을 세우기로 결정하였다.

⑸ 민수는 자신의 힘을 (과시, 무시)하려고 무거운 상자를 번쩍 들었다.

일제의 침략과 식민 통치

러일전쟁에서 승리한 일제는 강제로 을사늑약을 맺어 대한 제국의 외교권을 빼앗았어요. 고종은 네덜란드 헤이그에 특사를 파견해 을사늑약이 무효임을 알리고자 했지만, 일제의 방해로 실패했어요. 일제는 이것을 **구실**로 고종을 **퇴위**시켰고, 대한 제국의 군대도 **해산했어요**. 사람들은 항일 의병 운동과 애국 **계몽** 운동, **의거** 활동을 펼치며 일제의 국권 피탈에 저항했어요.

이와 같은 노력에도 불구하고 1910년, 일제는 '한일 병합 조약'을 체결하여 대한 제국의 국권을 빼앗았어요. 이후 일제 강점기가 시작되었고, 일제는 군대의 경찰인 헌병을 배치하여 강력한 무단 통치를 실시했어요. 또한, 식민 통치에 필요한 비용을 마련하려고 **물자**를 수탈해서 많은 사람이 고통받았어요.

핵심 용어 다음 빈칸에 들어갈 알맞은 용어를 쓰세요.

(1) ☐☐ **피탈**

국(나라 國) 권(권력 權): 나라의 권력.
• 뜻: 국가의 권력을 억지로 빼앗음.

(2) ☐☐ **통치**

무(굳셀 武) 단(다스릴 斷): 굳세게 다스림.
• 뜻: 군대나 경찰 따위의 무력으로 행하는 정치.

1897년 대한 제국이 선포됨.

1905년 을사늑약이 체결됨.

1910년 한일 병합 조약이 체결됨.

- **구실** 핑계를 삼을 만한 재료.
- **퇴위** 임금이 자리에서 물러남.
- **해산했어요** 모였던 사람이 흩어졌어요. 또는 흩어지게 했어요.
- **계몽** 지식이 없는 사람들을 가르쳐서 올바른 지식을 가지게 함.
- **의거** 정의를 위하여 개인이나 집단이 의로운 일을 도모함.
- **물자** 어떤 활동에 필요한 여러 가지 물건이나 재료.

독립운동을 한 어린 영웅들

지문 분석

글자 수 994
950 1050 1150

1 일제의 **강압적** 식민 통치에 고통받으면서 한국인들의 독립에 대한 **열망**은 점점 커졌다. [㉠] 제1차 세계 대전에서 패배한 국가의 식민지들이 독립하게 된 상황은 한국인들에게 우리도 일제의 **억압**에서 벗어날 수 있다는 희망을 불러일으켰다. 이에 따라 1919년 2월 8일, 일본 도쿄에서 한국 유학생들이 독립 선언을 외쳤고, 국내에서도 만세 **시위**를 하려는 움직임이 시작되었다. 5

2 같은 해 3월 1일에는 33명의 민족 대표가 서울의 태화관에서 독립 의지를 세계에 알리기 위한 독립 선언식을 올렸다. 학생들과 시민들은 탑골 공원에 모여 독립 선언서를 낭독한 뒤 태극기를 흔들며 만세 시위를 벌였다. 이 시위는 전국으로 퍼져 몇 달 동안 이어졌고, 일제는 평화 시위를 경찰과 군대를 이끌고 폭력적으로 진압했다. 10

3 일제는 독립운동가들을 체포해 서대문 형무소에 **수감했다**. 당시 서대문 형무소 수감자 가운데 나이가 확인된 사람은 765명이었는데, 그중 112명이 10대 수감자였다. 서대문 형무소에 수감된 10대 독립운동가 중 대표적인 인물이 바로 유관순이다. 이화 학당에 다니던 유관순은 3·1 운동으로 조선 총독부가 **휴교령**을 내리자, 고향인 천안으로 가서 만세 운동을 벌였다. 유관순은 15 고문을 받다가 17세에 서대문 형무소에서 **순국했다**.

4 독립운동에 참여한 사람 중에는 초등학생 또래의 인물도 있다. 한이순은 천안에서 민옥금, 황금순과 함께 만세 운동을 계획하다가 체포되었다. ㉡이때 한이순은 겨우 12살이었지만 일제는 한이순의 나이를 17살로 늘려 1년간 감옥에 가두었다. 지금까지 알려진 **애국지사** 중 가장 나이가 어린 사람은 1930 20 년대에 활동한 백운호이다. 백운호는 8세에 독수리소년단을 **결성해** 독립을 요구하는 벽보를 붙이고 일제에 대항하는 우편물을 보내는 등의 활동을 하였다.

5 이처럼 나이가 어려도 일제로부터 나라를 되찾고자 하는 마음은 어른과 다르지 않았다. 수많은 어린 영웅들은 더 나은 미래를 위해 각자의 위치에서 독립운동을 했다. 그리고 간절히 바라던 민족의 독립은 이들의 노력을 통해 이 25 루어졌다.

- **강압적** 강제로 누르는 방식으로 하는 것.
- **열망** 열렬하게 바람.
- **억압** 자기의 뜻대로 자유로이 행동하지 못하도록 억지로 억누름.
- **시위** 많은 사람이 자신들의 뜻을 주장하며 집회나 행진을 하여 힘을 나타내는 일.
- **수감했다** 사람을 교도소에 가두어 넣었다.
- **휴교령** 학교의 모든 기능을 정지시키는 명령.
- **순국했다** 나라를 위해 목숨을 바쳤다.
- **애국지사** 나라를 위해 자신의 몸과 마음을 다 바쳐 이바지하는 사람.
- **결성해** 조직이나 단체 따위를 짜서 만들어.

내용 독해

1 이 글의 특징으로 알맞은 것은 무엇인가요? (　　　)

① 독립운동가 유관순의 일생을 기록한 글이다.
② 독립운동가 후손에게 상을 주자고 주장하는 글이다.
③ 3·1 운동 때 일어난 사건들을 있는 그대로 전달한 글이다.
④ 서대문 형무소 수감자들을 조사한 내용을 보고하는 글이다.
⑤ 어린 나이에도 독립운동에 참여한 인물들을 소개하는 글이다.

내용 이해

2 이 글을 통해 알 수 있는 내용이 <u>아닌</u> 것은 무엇인가요? (　　　)

① 학생들의 독립운동은 3·1 운동 이후에도 계속 이어졌다.
② 민족 대표와 시민들은 서로 다른 공간에서 독립 선언을 했다.
③ 유관순이 고향으로 내려가게 된 것은 학교가 문을 닫았기 때문이다.
④ 일제의 식민 통치로 인한 고통이 독립에 대한 의지를 강하게 만들었다.
⑤ 독립 선언식은 한국인에게 독립의 필요성을 가르쳐 주기 위해 계획되었다.

어휘·어법

3 ㉠에 들어갈 이어 주는 말로 알맞은 것은 무엇인가요? (　　　)

① 또한　　　　　　　　　　② 역시
③ 한편　　　　　　　　　　④ 하지만
⑤ 그러므로

적용

4 ㉡에 대한 생각을 알맞게 말한 친구는 누구인지 이름을 쓰세요.

> 유미: 한이순이 너무 어리니 나이를 먹을 때까지 기다렸다가 천천히 처벌을 내린
> 　　　것 같아.
> 서윤: 어린 학생에게 어른과 같은 처벌을 내린다는 비난을 피하기 위한 비겁한 짓
> 　　　이라고 생각해.
> 진수: 비록 나이가 어려도 독립운동에 참여한 사람은 어른으로 대접해 주는 것 같
> 　　　아서 뿌듯하게 느껴져.

(　　　　　　　　　)

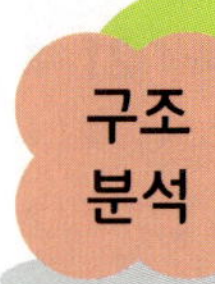

구조
분석

5 다음 빈칸에 들어갈 알맞은 말을 쓰며 이 글의 내용을 정리하세요.

문단	중심 내용
1	(　　　　　) 시위가 일어나게 된 배경
2	만세 시위의 시작과 (　　　　)의 탄압
3	서대문 형무소에 수감된 10대 독립운동가 (　　　　)
4	(　　　　) 또래의 독립운동가 한이순과 백운호
5	(　　　　)를 되찾기 위한 어린 영웅들의 노력

6 빈칸에 들어갈 알맞은 말을 이 글에서 찾아 쓰세요.

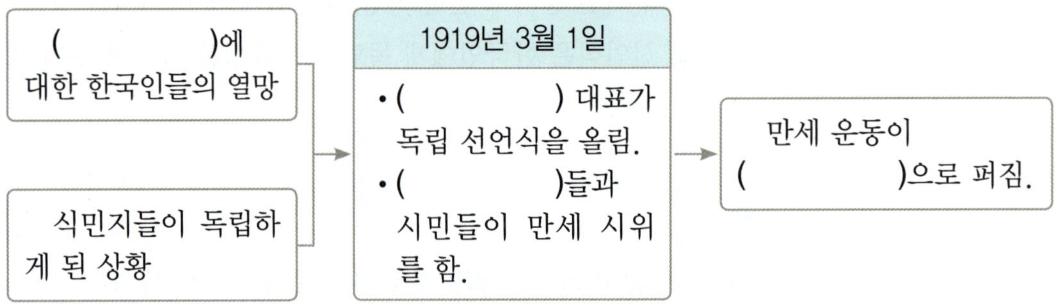

어휘

7 다음 낱말이 들어갈 문장을 찾아 선으로 알맞게 이으세요.

(1) 결성 ・ ・㉮ 친구들과 테니스 동아리를 (　　　)했다.

(2) 시위 ・ ・㉯ (　　　)하는 사람들이 광장에 가득 찼다.

(3) 순국 ・ ・㉰ 나라를 위해 (　　　)하신 분들을 추모하자.

(4) 열망 ・ ・㉱ (　　　)인 방법으로는 문제를 해결할 수 없다.

(5) 강압적 ・ ・㉲ 그 선수는 우승에 대한 (　　　)이/가 가득해 보였다.

3·1 운동과 대한민국 임시 정부

일제의 **가혹한** 식민 통치와 제1차 세계 대전 후 세계의 변화는 우리 민족이 독립의 의지를 불태우는 계기가 되었어요. 1919년 3월 1일, 학생들과 시민들이 태극기를 흔들고 독립 만세를 외치며 만세 시위를 벌였어요. 전국으로 확산된 만세 시위는 만주와 연해주, 미국 등에서도 전개됐어요. 그러자 일제는 만세를 부르거나 태극기를 흔들며 행진하는 사람들을 강력하게 탄압했으며 제암리 등에서 주민들을 **학살**하기도 했어요.

1919년 9월, **3·1 운동** 전후로 국내외에 만들어진 여러 **임시 정부**를 통합하여 중국 상하이에 대한민국 임시 정부를 **수립했어요.** 대한민국 임시 정부는 3·1 운동의 정신을 바탕으로 주권이 국민에게 있음을 밝혔어요. 대한민국 임시 정부는 국내외의 독립운동을 지도하는 한편, 외교 활동을 벌여 국제 사회에 한국 독립의 필요성을 알렸어요. 또한 임시 정부는 상하이에서 충칭으로 이동한 뒤 한국광복군을 **창설해** 일제에 맞섰어요.

핵심 용어 다음 빈칸에 들어갈 알맞은 용어를 쓰세요.

(1) 3·1 ☐ ☐

운(옮길 運) 동(움직일 動): 움직임.
- 뜻: 1919년, 기미년 3월 1일에 한국이 일본의 강제적인 식민지 정책으로부터 자주독립할 목적으로 일으킨 민족 독립운동.

(2) ☐ ☐ 정부

임(임할 臨) 시(때 時): 잠깐 정함.
- 뜻: 1919년 4월에 중국 상하이에서 이승만, 김구 등을 중심으로 대한민국의 광복을 위하여 임시로 조직한 정부.

- **가혹한** 몹시 모질고 혹독한.
- **학살** 가혹하게 마구 죽임.
- **수립했어요** 국가나 정부, 제도, 계획 따위를 이룩하여 세웠어요.
- **창설해** 기관이나 단체 등을 처음으로 만들거나 세워.

다시 찾은 빛, 그러나 분단

지문 분석

글자 수 1005
950 1050 1150

1 1945년 8월 15일, 우리 민족은 그토록 **염원하던** 광복을 맞이했으나 그 기쁨을 다 누리기도 전에 한반도는 둘로 나뉘었다. 남아 있는 일본군을 몰아낸다는 이유로 38도선 남쪽에는 미군이, 북쪽에는 소련군이 **주둔했기** 때문이다. 이들은 한반도에 각자의 나라에 유리한 정부를 세우려고 했다.

2 모스크바에서 열린 회의 결과에 따라 미국과 소련이 한반도의 **신탁 통치**와 임시 정부 수립을 의논하는 회담을 열었다. 그러나 이 회담은 모두 **결렬되었고**, 한반도 문제를 넘겨받은 유엔(국제 연합)은 남북한 총선거를 제안했다. 그러나 북한과 소련은 유엔의 위원단이 38도선 이북에 들어오는 것을 거부했고, 남한만의 단독 선거가 결정되었다. 한반도의 분단 위기에 김구는 **성명**을 발표했다.

3 "삼천만 자매형제여! 한국이 있어야 한국 사람이 있고, 한국 사람이 있어야 민주주의도 공산주의도 또 무슨 단체도 있을 수 있는 것이다. 그러면 우리의 자주독립적 통일 정부를 수립하려 하는 이때에 어찌 개인이나 자기 집단의 **사리사욕**을 탐하여 국가 민족의 **백년대계**를 그르칠 자가 있겠는가? …… 내 하나의 소원은 삼천만 동포와 손을 잡고 통일된 조국을 이루기 위해 함께 **분투하는** 것뿐이다. ⓐ이 몸을 조국이 필요로 한다면 당장에라도 제단에 바치겠다. 나는 통일된 조국을 건설하려다가 38선을 베고 쓰러질지언정 단독 정부를 세우는 데에는 협력하지 아니하겠다."

4 김구는 통일 정부 수립을 논의할 남북 협상을 제안하고 북한의 정치가들과 협의하기 위해 38도선을 넘어갔다. 그러나 이미 미국과 소련을 중심으로 세력이 나뉜 상황에서 그것을 극복하기는 어려웠다. 결국 김구의 노력은 성과를 이루지 못했다.

5 남한은 1948년 5월 10일에 국회 의원을 뽑는 선거를 실시했다. 이 선거로 뽑힌 국회 의원들이 나라 이름을 '대한민국'이라 정하고 이승만을 첫 번째 대통령으로 뽑았다. 1948년 8월 15일 대한민국 정부가 수립되었고, 같은 해 북한에서도 조선 민주주의 인민 공화국이라는 이름의 **정권**이 세워졌다. 이로써 한반도의 분단은 돌이킬 수 없게 되었다.

5

10

15

20

25

- **염원하던** 마음에 간절히 생각하고 기원하던.
- **주둔했기** 군대가 임무 수행을 위하여 일정한 곳에 얼마 동안 머물렀기.
- **신탁 통치** 스스로 통치할 능력이 없는 지역을 일정 기간 위임받아 통치하는 것.
- **결렬되었고** 교섭이나 회의 따위에서 의견이 합쳐지지 않아 각각 갈라서게 되었고.
- **성명**(聲 소리 성, 明 밝을 명) 어떤 일에 대한 자기의 입장이나 견해 또는 방침 따위를 공개적으로 발표함. 또는 그 입장이나 견해.
- **사리사욕** 개인적인 이익과 욕심.
- **백년대계** 먼 앞날까지 미리 내다보고 세우는 크고 중요한 계획.
- **분투하는** 있는 힘을 다하여 싸우거나 노력하는.
- **정권** 정치를 담당하는 권력.

내용 독해

1 글쓴이가 이 글을 쓴 목적은 무엇인가요? (   )

① 일제가 우리 민족을 수탈한 과거를 비판하기 위해

② 한반도를 둘러싼 미국과 소련의 대립을 비판하기 위해

③ 우리 민족이 느낀 광복의 기쁨과 감격을 표현하기 위해

④ 광복에서 분단으로 이어진 한반도 상황을 설명하기 위해

⑤ 분단의 현실에서 우리 민족이 나아갈 방향을 제시하기 위해

내용 이해

2 이 글을 통해 알 수 있는 내용은 무엇인가요? (   )

① 1948년 5월 10일을 남한의 선거일로 정한 까닭

② 북한과 소련이 유엔에서 보낸 위원단을 막은 까닭

③ 미국과 소련이 임시 정부 구성에 합의를 못한 까닭

④ 사람들이 미국과 소련의 신탁 통치를 찬성했던 까닭

⑤ 미군과 소련군이 남한과 북한에 각각 주둔하게 된 까닭

어휘·어법

3 알맞은 한자 성어를 사용하여 ㉠에 대해 말한 친구는 누구인지 이름을 쓰세요.

> 지원: 통일 정부를 수립하기 위한 살신성인의 자세가 돋보여.
> 예희: 미국과 소련의 위협을 받는 절체절명의 상황이 드러나 있어.
> 성훈: 광복을 맞이하는 데 도움을 준 미국에 결초보은하려는 것이구나.

(   )

추론

4 이 글을 통해 추론할 수 있는 내용이 <u>아닌</u> 것은 무엇인가요? (   )

① 38도선은 한반도를 남쪽과 북쪽으로 나누는 선이다.

② 미국과 소련은 임시 정부 구성을 위한 회담을 하였다.

③ 북한과 소련은 총선거가 남한에 유리하다고 생각했다.

④ 남한의 첫 번째 대통령은 국민이 아닌 국회 의원이 뽑았다.

⑤ 김구는 민족을 통일하는 것보다 이념을 따르는 것을 중요시했다.

구조 분석

문단 요약

5 각 문단의 중심 내용을 찾아 선으로 알맞게 이으세요.

1 문단 ·	· 통일 정부 수립의 실패
2 문단 ·	· 유엔의 남한 단독 선거 결정
3 문단 ·	· 각각의 정부가 수립된 남한과 북한
4 문단 ·	· 광복 이후 한반도에 주둔한 미군과 소련군
5 문단 ·	· 남한의 단독 선거를 반대하는 김구의 성명

핵심 내용

6 빈칸에 들어갈 알맞은 말을 이 글에서 찾아 쓰세요.

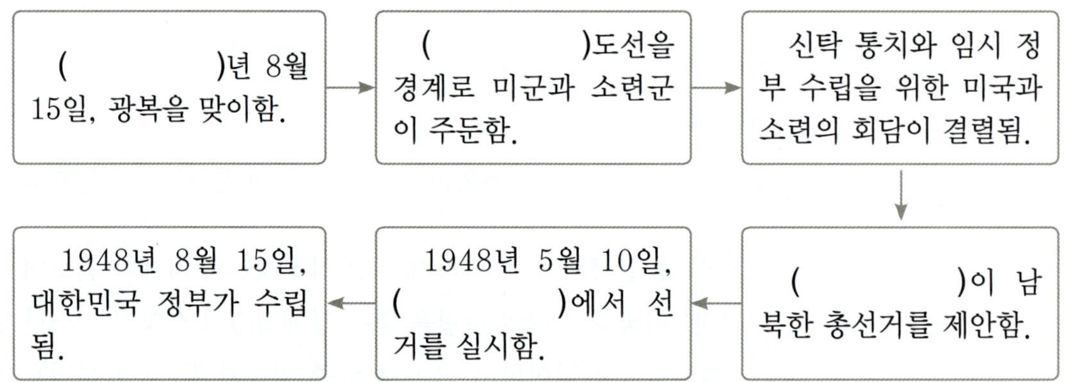

어휘

적용

7 다음 문장에 들어갈 알맞은 낱말에 ○표 하세요.

⑴ 통일은 할머니의 오랜 (염려, 염원)이다.

⑵ 우리 팀은 승리를 위해 끝까지 (분투, 주둔)했다.

⑶ 두 회사의 생각이 달라 거래가 (결정, 결렬)되었다.

⑷ 교육 정책은 나라의 미래를 결정하는 (백년대계, 백년고락)이다.

⑸ 주민들이 쓰레기 매립장 건설에 반대하는 (변명, 성명)을 냈다.

8·15 광복과 대한민국 정부 수립

정답과 해설 22 쪽

일제로부터 주권을 되찾고 **광복**을 맞이한 뒤 많은 사람이 우리의 힘으로 정부를 수립하려고 노력했어요. 그러나 우리의 의지와 달리 **삼팔선**(38도선)을 경계로 남한과 북한에 미군과 소련군이 주둔했고, 모스크바에서 미국, 영국, 소련이 한국의 독립 문제를 논의하는 회의를 열었어요. 이 회의로 한국의 임시 민주 정부 수립과 신탁 통치 실시가 결정됐지만, 국내에서는 **찬반** 시위가 일어났어요.

미국과 소련이 입장 차이를 좁히지 못하자, 한반도 문제는 결국 유엔으로 넘어갔어요. 그러나 북한과 소련이 남북한 총선거를 반대해 남한에서만 선거가 이루어졌어요. 1948년, 유엔의 감시 아래 국회 의원을 뽑는 5·10 총선거가 진행되었고, 이때 뽑힌 국회 의원들이 **제헌 국회**를 구성했어요. 7월 17일에 제헌 국회는 헌법을 만들어 발표하고, 이승만을 **초대** 대통령으로 선출해 8월 15일에 대한민국 정부 수립을 선포했어요.

핵심 용어 다음 빈칸에 들어갈 알맞은 용어를 쓰세요.

(1) ☐☐

광(빛 光) **복**(돌아올 復): 빛이 돌아옴.
- 뜻: 1945년 8월 15일에 우리나라가 일제로부터 주권을 도로 찾은 일.

(2) ☐☐☐

삼(셋 三) **팔**(여덟 八) **선**(선 線): 38도선.
- 뜻: 위도가 38도가 되는 선. 특히 한반도의 중앙부를 가로지르고 있는 북위 38도선을 이름.

- **찬반** 찬성과 반대를 아울러 이르는 말.
- **제헌 국회** 우리나라의 초대 국회를 이르는 말.
- **초대**(初 처음 초, 代 대신할 대) 차례로 이어 나가는 자리나 지위에서 그 첫 번째에 해당하는 차례. 또는 그런 사람.

6·25 전쟁

6·25 전쟁과 이산가족

1 ㉠6·25 전쟁은 우리 현대사의 가장 큰 아픔이자, 아직 그 상처가 아물지 않은 사건이다. 이 전쟁은 1950년 6월 25일 새벽, 북한의 갑작스러운 침입으로 시작되었다. 남한과 북한이 각각 정부를 수립한 이후에도 38도선 부근에서 남북의 충돌이 있었지만, 남한은 북한의 기습을 전혀 예상하지 못했다. 소련의 무기를 지원받은 북한의 공격으로 남한 국군은 3일 만에 서울을 빼앗기고 〔5〕 낙동강 아래까지 후퇴했다.

2 이에 미국은 유엔과 함께 연합군을 **파견해** 남한을 도왔다. 국군과 연합군은 인천 상륙 작전으로 서울을 되찾았으나 중국군의 참전으로 서울을 다시 빼앗겼다. 전쟁은 3년 넘게 지속되었고, 1953년 7월이 되어서야 **정전** 협정이 **체결되었다**. 미국과 소련이 **임의**로 그은 38도선은 휴전선이 되었으며 **동족상잔**의 **비극** 〔10〕 을 겪은 후에도 한반도는 통일을 이루지 못한 채, 다시 둘로 나누어졌다.

3 6·25 전쟁은 남북 모두에 큰 피해를 남겼다. 3백만 명이 넘는 민간인과 군인이 다치거나 죽었고, 피란길에 가족을 잃어버려 이산가족이 된 사람도 많았다. 여러 문화재와 시설이 파괴되었고, 사람들은 삶의 터전을 잃었다. 무엇보다 가장 큰 문제는 남과 북이 **적대적** 관계가 되어 버렸다는 것이다. 〔15〕

4 시간이 흘러 전쟁이 남긴 물질적인 피해는 대부분 복구되었지만, 이산가족 문제는 아직 해결되지 못했다. 남북의 이산가족은 1985년 서울과 평양을 오가는 고향 방문단이 결성되면서 처음으로 **재회했다**. 남북이 분단된 지 32년 만의 일이었다. 이후에도 몇 차례의 이산가족 **상봉**이 진행되었지만, 이는 남북이 화해의 분위기를 만들 때에만 가능했다. 또한, 가족의 생사를 확인한 이 〔20〕 산가족은 추첨을 해서 당첨된 소수에 불과했다.

5 여전히 남북이 화해하지 못한 지금, 이산가족 문제는 시간과의 싸움이 되어 버렸다. 이산가족들은 점차 나이가 들고 **거동**이 불편해졌으며 가족을 만나기 전에 이미 사망한 사람도 많다. ㉡지금도 많은 이산가족이 서로를 그리워하며 세상을 떠나고 있지만, 이산가족 상봉이 중단된 상황이다. 〔25〕

- **파견해** 일정한 임무를 주어 사람을 보내.
- **정전** 교전 중에 있는 양방이 합의에 따라 일시적으로 전투를 중단하는 일.
- **체결되었다** 계약이나 조약 따위가 공식적으로 맺어졌다.
- **임의** 일정한 기준이나 원칙 없이 하고 싶은 대로 함.
- **동족상잔** 같은 민족끼리 서로 싸우고 죽임.
- **비극** 인생의 슬프고 애달픈 일을 당하여 불행한 경우를 이르는 말.
- **적대적** 적으로 대하거나 적과 같이 대하는 것.
- **재회했다** 다시 만났다.
- **상봉** 서로 만남.
- **거동** 몸을 움직임. 또는 그런 짓이나 태도.

내용
독해

1 이 글에서 중심이 되는 말을 두 가지 고르세요. (　　,　　)

① 통일 ② 연합군
③ 휴전선 ④ 이산가족
⑤ 6·25 전쟁

내용 이해

2 다음 중 세 번째로 일어난 사건은 무엇인가요? (　　　)

① 휴전선 설치 ② 중국군의 참전
③ 정전 협정 체결 ④ 북한군의 남한 침입
⑤ 인천 상륙 작전 개시

내용 이해

3 ㉠의 결과로 알맞은 것은 무엇인가요? (　　　)

① 남북의 적대적 관계가 해결되었다.
② 수많은 민간인과 군인이 목숨을 잃었다.
③ 이산가족들이 다시 만날 수 있게 되었다.
④ 남한과 북한에 각각의 정부가 수립되었다.
⑤ 많은 사람이 전쟁을 피해 고향으로 돌아갔다.

적용

4 ㉡에 대한 생각을 알맞게 말하지 **못한** 친구는 누구인지 이름을 쓰세요.

> 세진: 벌써 분단이 된 지 70년이 넘었으니 이산가족의 아픔을 지닌 분들이 오래 사
> 시기만을 바라야 할 것 같아 걱정이야.
> 형우: 남한과 북한으로 갈라진 이산가족은 통일이 되기 전에는 만나기 어려운데 점
> 점 희망을 잃게 되는 것 같아서 안타까워.
> 하음: 서로를 그리워하는 이산가족들이 새로운 세상을 찾아 멀리 떠나고 있다니 정
> 말 다행이야. 분단이 없는 세상이 왔으면 좋겠어.

(　　　　　　　　)

구조 분석

5 다음 빈칸에 들어갈 알맞은 말을 쓰며 이 글의 내용을 정리하세요.

문단	중심 내용
1	북한의 갑작스러운 (　　　　　)으로 시작된 6·25 전쟁
2	(　　　　　) 전쟁의 전개 과정
3	6·25 전쟁이 남긴 (　　　　)
4	(　　　　　) 상봉 시작과 그 한계
5	(　　　　)과의 싸움이 된 이산가족 문제

6 빈칸에 들어갈 알맞은 말을 이 글에서 찾아 쓰세요.

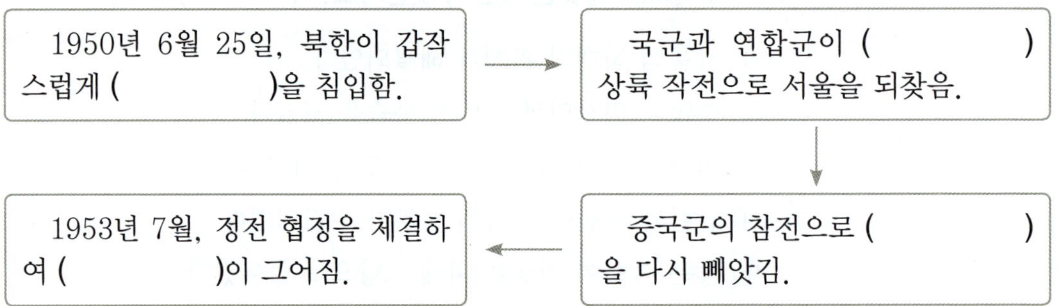

어휘

7 다음 문장에 들어갈 알맞은 낱말에 ○표 하세요.

⑴ 영화에서 두 주인공이 십 년 만에 (재활, 재회)하였다.

⑵ 국방부는 의료진을 소말리아로 (파면, 파견)하기로 결정했다.

⑶ 지진으로 많은 사람이 죽거나 다치는 (비극, 비밀)이 일어났다.

⑷ 체험 학습 장소는 학년과 관계없이 (주의, 임의)로 선택할 수 있다.

⑸ 미나와 현수는 말 한마디조차 나누지 않는 (적극적, 적대적) 관계이다.

6·25 전쟁

1950년 6월 25일 일요일 새벽에 북한군이 남한을 무력으로 통일하고자 시작한 전쟁이 6·25 전쟁이에요. 북한군은 소련의 지원을 받아 무서운 기세로 내려왔고, 전쟁을 **대비하지** 못한 남한의 국군은 낙동강 이남까지 후퇴했어요. 이승만 대통령이 미국에 도움을 요청한 결과, 국군과 국제 연합군은 인천 상륙 작전으로 **전세**를 역전했어요. 그러나 중국군이 **개입하자** 국군과 연합군은 다시 후퇴했어요. 그렇게 38도선 부근에서 밀고 밀리는 전투를 벌이던 중 소련이 전쟁을 멈출 것을 제안했어요. 그리고 1953년 7월 27일, 마침내 정전 협정이 맺어져서 **휴전선**이 그어졌어요. 인명 피해, 국토의 **황폐화**, **이산가족** 등 많은 문제를 남긴 채, 우리 민족은 70년이 넘는 세월 동안 전쟁을 멈춘 상태로 살고 있어요.

핵심 용어 다음 빈칸에 들어갈 알맞은 용어를 쓰세요.

(1) 6·25 □□

전(싸울 戰) 쟁(다툴 爭): 싸우고 다툼.
- 뜻: 1950년 6월 25일 새벽에 북한군이 북위 38도선 이남으로 기습적으로 침공함으로써 일어난 전쟁.

(2) □□□

휴(쉴 休) 전(싸울 戰) 선(선 線): 전쟁을 쉬는 선.
- 뜻: 1953년 7월 27일, 6·25 전쟁의 휴전에 따라서 한반도의 가운데를 가로질러 실징된 군사 경계선.

(3) □□ **가족**

이(떨어질 離) 산(헤어질 散): 떨어져 헤어짐.
- 뜻: 남북 분단 따위의 사정으로 이리저리 흩어져서 서로 소식을 모르는 가족.

- **대비하지** 앞으로 일어날지도 모르는 어떠한 일에 대응하기 위하여 미리 준비하지.
- **전세** 전쟁, 경기 따위가 되어 가는 형편.
- **개입하자** 자신과 직접적인 관계가 없는 일에 끼어들자.
- **황폐화** 집, 토지, 삼림 따위를 거두지 않고 그냥 두어 거칠고 못 쓰게 됨. 또는 그렇게 만듦.

일반사회

학습할 내용

	사회 교과서 개념	지문명	사회 교과서 핵심 용어
01	우리나라의 국경일	국경일은 모두 공휴일인가?	국경일, 제헌절
02	우리나라의 종교	종교의 자유가 보장된 우리나라	종교, 종교의 자유
03	은행	사라지는 은행 점포	예금, 대출, 이자
04	세금	세금을 내지 않으면?	직접세, 간접세
05	법과 헌법	헌법 소원을 남용하는 사람들	헌법, 기본권
06	인권	편견에 맞선 어기의 성장 일기	인권, 세계 인권 선언
07	국제기구	유네스코 세계 문화유산이 된다는 것	국제기구, 비정부 기구

국경일은 모두 공휴일인가?

지문 분석

글자 수 1044
950 1050 1150

1 아이도 어른도 모두 손꼽아 기다리는 날이 있다. 바로 **공휴일**이다. 공휴일은 일하거나 공부하러 가지 않고 마음껏 쉴 수 있는 날이기 때문이다. 우리나라의 공휴일에는 일요일, 국경일 중 일부, 1월 1일, 설날과 설날 전날, 설날 다음 날, 부처님오신날, 어린이날, 현충일, 추석과 추석 전날, 추석 다음 날, 성탄절이 있다. 그리고 선거일과 정부에서 **수시**로 지정하는 날도 공휴일에 포함된다. 5

2 이 가운데 국경일은 나라의 **경사**를 기념하기 위해 법으로 정하여 축하하는 날을 뜻한다. 삼일절, 제헌절, 광복절, 개천절, 한글날은 우리나라의 5대 국경일로, 1949년 10월 1일에 법으로 지정되었다. 국경일은 대부분 공휴일이며 이날에는 각종 기념식과 행사가 열린다. 그리고 가정에서는 국기를 **게양하며** 10 국경일의 의미를 되새긴다.

3 국경일은 법이 바뀔 때마다 공휴일에서 제외되거나 다시 지정되었다. 한글날은 1990년에 기념일로 바뀌면서 공휴일에서 **빠졌다가** 2005년에 다시 국경일로 **격상된** 뒤 2012년에 공휴일로 재지정되었다. 그리고 현재 유일하게 공휴일이 아닌 국경일은 제헌절이다. 제헌절은 2007년까지는 공휴일이었지 15 만, 2008년부터 공휴일에서 **배제되었다.** 일주일에 6일을 일하던 우리나라에서 주 5일제 근무가 시작되자, 일하는 시간이 부족해져 경제에 악영향을 줄 것이라는 **우려**가 나왔기 때문이다.

4 그런데 그 결과, 제헌절에 대한 국민의 **인식**이 바뀌게 되었다. 공휴일이 아닌 제헌절이 다른 국경일보다 덜 중요하다고 여기거나 제헌절이 국경일이라 20 는 사실을 잊고 달력에 표시된 여러 기념일 중 하나라고 생각하는 사람이 늘어났다. 게다가 제헌절에는 국기 게양을 잊는 가정도 다른 국경일보다 더 많다. 이에 제헌절을 다시 공휴일로 지정해야 한다는 목소리가 꾸준히 나오고 있다.

5 1948년 7월 17일, 국회에서 대한민국의 첫 헌법을 만들어 발표했다. 대한민국 민주주의의 기틀이 마련된 날인 제헌절은 공휴일 **여부**와 상관없이 우리 25 가 반드시 기억해야 하는 중요한 날이다. 그러므로 제헌절이 쉬는 날인지 아닌지에만 관심을 가지기 전에 제헌절의 의미를 되새기며 축하하는 마음을 가져야 할 것이다.

- **공휴일**(公 공변될 공, 休 쉴 휴, 日 날 일) 국가나 사회에서 정하여 다 함께 쉬는 날.
- **수시** 일정하게 정하여 놓은 때 없이 그때그때의 상황에 따름.
- **경사** 축하할 만한 기쁜 일.
- **게양하며** 깃발을 높이 달며.
- **격상된** 자격이나 등급. 지위 따위의 격이 높아진.
- **배제되었다** 받아들여지지 않고 물리쳐져 제외되었다.
- **우려** 근심하거나 걱정함.
- **인식** 무엇을 분명히 알고 이해함.
- **여부**(與 더불 여, 否 아닐 부) 그러함과 그러지 아니함.

내용 독해

1 글쓴이가 이 글을 쓴 목적은 무엇인가요? (   )

① 공휴일을 잊어버리지 않도록 하기 위해
② 공휴일을 모두 국경일로 지정하기 위해
③ 공휴일에도 쉬지 못하는 국민을 위로하기 위해
④ 국경일에 반드시 국기를 게양하는 법을 만들자고 주장하기 위해
⑤ 국경일 중 유일하게 공휴일이 아닌 제헌절에 대해 설명하기 위해

내용 이해

2 국기는 게양하지만 공휴일이 아닌 날은 언제인가요? (   )

① 삼일절　　　　　　　② 제헌절
③ 광복절　　　　　　　④ 한글날
⑤ 개천절

추론

3 이 글을 통해 답을 알 수 있는 질문이 아닌 것은 무엇인가요? (   )

① 제헌절에 대한 인식은 어떻게 바뀌었을까?
② 학생들이 가장 좋아하는 공휴일은 언제일까?
③ 한글날이 국경일에서 제외된 때는 언제일까?
④ 대한민국의 첫 헌법이 발표된 날은 언제일까?
⑤ 지금과 같은 5대 국경일을 지정한 것은 언제일까?

적용

4 이 글을 읽고 공휴일에 대해 알맞게 말한 친구는 누구인지 이름을 쓰세요.

> 주호: 새해 첫날은 설날과 같은 날이니까 실제로는 공휴일에서 제외되어야 할 것 같아.
>
> 민영: 추석 때는 공휴일이 3일씩이나 되는구나. 우리 민족의 큰 명절 중 하나여서 그런가 봐.
>
> 예나: 국경일까지 모두 합해도 공휴일이 1년에 20일도 안 되네. 조금 더 많았으면 좋을 텐데 아쉬워.

(   )

구조 분석

5 다음은 이 글에 나타난 각 문단의 중심 내용입니다. 글의 내용에 맞게 순서대로 기호를 쓰세요.

> ㉮ 우리나라 공휴일의 종류
> ㉯ 우리나라 5대 국경일의 종류
> ㉰ 제헌절을 대하는 올바른 태도
> ㉱ 국민의 인식이 바뀌게 된 제헌절
> ㉲ 국경일 중 유일하게 공휴일이 아닌 제헌절

( ) → ( ) → ( ) → ( ) → ( )

6 빈칸에 들어갈 알맞은 말을 이 글에서 찾아 쓰세요.

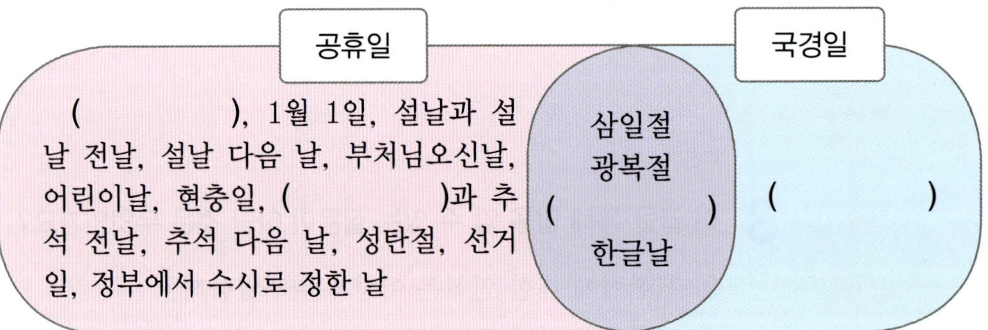

어휘

7 다음 낱말이 들어갈 문장을 찾아 선으로 알맞게 이으세요.

(1) 게양 •　　　• ㉮ 잘못된 ( )을/를 바로잡아야 한다.

(2) 경사 •　　　• ㉯ 학교 앞에 ( )된 태극기가 보였다.

(3) 인식 •　　　• ㉰ 기간을 정하지 않고 ( ) 접수를 받는다.

(4) 수시 •　　　• ㉱ 폭력적인 장면은 아이들의 정서를 해칠 ( )이/가 있다.

(5) 우려 •　　　• ㉲ 언니가 대학에 합격하자 어른들께서는 ( )이/가 났다고 기뻐하셨다.

우리나라의 국경일

나라의 경사를 기념하기 위하여 국가에서 법으로 정한 **경축일**을 **국경일**이라고 해요. 삼일절은 3월 1일로, 1919년 3월 1일에 일제로부터 국권을 회복하기 위해 독립 만세를 외치며 저항했던 날을 **기리기** 위해 **제정되었어요**. **제헌절**은 7월 17일로, 1948년 7월 17일에 대한민국 헌법이 만들어진 것을 기념하는 날에요. 8월 15일 광복절은 제2차 세계 대전에서 일본이 패배한 뒤 우리나라가 일본의 지배로부터 벗어난 날을 기리기 위해 제정되었어요. 10월 3일 개천절은 단군이 고조선을 건국하여 **한민족**의 첫 국가가 탄생한 것을 기념하는 날이에요. 한글날은 10월 9일로, 한글(훈민정음)을 **창제해서** 세상에 펴낸 것을 기념하고 한글의 우수성을 알리기 위한 날이에요.

독립 만세를 외친 삼일절
(3월 1일)

헌법이 제정된 제헌절
(7월 17일)

국권을 되찾은 광복절
(8월 15일)

단군이 고조선을 건국한 개천절
(10월 3일)

세종 대왕이 훈민정음을 펴낸 한글날
(10월 9일)

핵심 용어 다음 빈칸에 들어갈 알맞은 용어를 쓰세요.

(1) ☐☐**일**

국(나라 國) 경(경사 慶): 나라의 경사.
- 뜻: 나라의 경사를 기념하기 위하여, 국가에서 법으로 정하여 축하하는 날. 우리나라에는 삼일절, 제헌절, 광복절, 개천절, 한글날이 있음.

(2) ☐☐☐

제(만들 制) 헌(법 憲) 절(기념일 節): 법을 만든 기념일.
- 뜻: 우리나라의 헌법을 제정한 것을 기념하는 국경일. 7월 17일임.

- **경축일** 경사스러운 일을 기뻐하고 즐거워하는 날.
- **기리기** 뛰어난 업적이나 바람직한 정신, 위대한 사람 따위를 칭찬하고 기억하기.
- **제정되었어요** 제도나 법률 등을 만들어서 정하게 되었어요.
- **한민족** 한반도와 그에 딸린 섬에서 예로부터 살아온, 우리나라의 중심이 되는 민족.
- **창제해서** 전에 없던 것을 처음으로 만들거나 제정해서.

종교의 자유가 보장된 우리나라

지문 분석

글자 수 **1004**
950 1050 1150

1 우리나라는 종교의 자유가 **보장된** 나라이다. 헌법 제20조 제1항에도 '모든 국민은 ㉠종교의 자유를 가진다.'라고 **명시되어** 있다. 이때 종교의 자유는, 자신이 원하는 종교를 가질 자유와 종교를 가지지 않을 자유를 모두 가리킨다.

2 세계에는 **특정** 종교를 **국교**로 정하고 국민 대다수가 그 종교를 믿는 나라도 있다. 이러한 나라는 풍습이나 문화에 종교가 큰 영향을 주기도 하고, 종교가 없는 사람을 부정적으로 보는 **경향**도 있다. 그러나 우리나라는 헌법 제20조 제2항에 '국교는 인정되지 아니하며, 종교와 정치는 분리된다.'라는 조항을 두어, 보다 자유로운 종교 선택권을 보장한다.

3 이처럼 종교의 자유를 법으로 보장하는 것은 과거에 종교로 인한 갈등이 많았기 때문이다. 유럽에서는 국교가 아닌 다른 종교를 믿는 것이 **허용되지** 않았고, 그것을 어기면 큰 처벌을 받았다. 또한, 종교가 다른 사람들끼리 서로 전쟁을 벌이는 경우도 많았다. 이에 우리나라를 포함한 여러 나라가 헌법에 종교와 정치를 분리하고 특정 종교에 대한 **특혜**나 차별을 금지하는 내용을 정해 놓았다.

4 2015년, 통계청에서 조사한 우리나라의 종교 인구를 살펴보면 우리나라 국민의 56.1%는 종교가 없다. 이것은 조선의 통치 이념이었던 유교의 영향이라고 볼 수 있다. 죽음 이후의 세계를 이야기하는 여러 종교와 달리, 유교에서는 살아서의 **자아실현**을 중시하며 신이나 귀신을 섬기는 것을 어리석다고 여기기 때문이다.

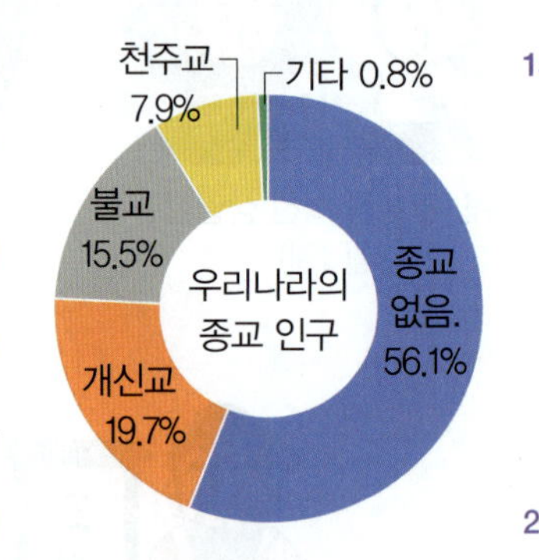

5 또한 종교가 있는 국민 중에서도 각 종교를 믿는 사람의 비율이 ㉡큰 차이 없이 서로 비슷하다. 이렇게 여러 종교가 **공존하는데도** 종교 간의 대립이 없는 것은 이 종교들이 우리나라에 **정착한** 시기가 서로 달라서이다. 불교는 삼국 시대에 들어와 우리나라의 주요 종교로 자리 잡았고, 천주교와 개신교 등 기독교는 조선 후기에 들어와 빠르게 퍼졌다. 유교는 현재까지도 우리나라 사람들의 가치관에 많은 영향을 주지만, 종교라는 인식은 적다. 이러한 특징 때문에 우리나라에서는 종교적 갈등이나 대립이 심하지 않으며 평화롭게 종교의 자유를 누릴 수 있다.

- **보장된** 어떤 일이 어려움 없이 이루어지도록 조건을 마련하여 보호된.
- **명시**(明 밝을 명, 示 보일 시)**되어** 분명하게 드러나 보여.
- **특정** 특별히 지정함.
- **국교**(國 나라 국, 敎 가르칠 교) 국가에서 법으로 정해 온 국민이 믿게 하는 종교.
- **경향** 현상이나 사상, 행동 따위가 어떤 방향으로 기울어짐.
- **허용되지** 허락되어 너그럽게 받아들여지지.
- **특혜** 특별한 은혜나 혜택.
- **자아실현** 개인의 능력과 기술, 잠재력을 최대한 이루는 것.
- **공존하는데도** 두 가지 이상의 사물이나 현상이 함께 존재하는데도.
- **정착한** 새로운 문화 현상, 학설 등이 당연한 것으로 사회에 받아들여진

내용 독해

글의 특징

1 이 글의 특징으로 알맞은 것은 무엇인가요? (   )

① 우리나라에 종교가 들어온 경로를 분석하는 글이다.

② 법으로 보장된 우리나라 종교의 자유를 설명하는 글이다.

③ 세계 여러 나라의 종교 실태를 조사하여 보고하는 글이다.

④ 우리나라에서 국교가 어떻게 변화했는지 설명하는 글이다.

⑤ 종교를 강요하는 사람을 처벌해야 한다고 주장하는 글이다.

내용 이해

2 ㉠에 해당하는 것을 두 가지 고르세요. (,   )

① 국교를 지정할 자유

② 종교를 가지지 않을 자유

③ 다른 사람의 종교를 빼앗을 자유

④ 다른 사람에게 종교를 강요할 자유

⑤ 자신이 원하는 종교를 선택할 자유

추론

3 이 글을 통해 추론할 수 있는 내용은 무엇인가요? (   )

① 중국은 정해진 국교가 있다.

② 대한민국 국민의 절반 이상은 종교가 있다.

③ 종교가 다르면 사회적 갈등이 일어날 수도 있다.

④ 어느 나라나 사람들이 믿는 종교의 비율은 비슷하다.

⑤ 개신교에서는 죽음 이후의 세계를 중요하게 생각하지 않는다.

어휘·어법

4 ㉡에 어울리는 한자 성어는 무엇인가요? (   )

① 대동소이: 큰 차이 없이 거의 같음.

② 유야무야: 있는 듯 없는 듯 흐지부지함.

③ 일희일비: 한편으로는 기뻐하고 한편으로는 슬퍼함.

④ 조삼모사: 간사한 꾀로 남을 속여 희롱함을 이르는 말.

⑤ 표리부동: 겉으로 드러나는 언행과 속으로 가지는 생각이 다름.

구조 분석

5 각 문단의 중심 내용으로 알맞은 것에 ○표, 틀린 것에 ✕표를 하세요.

1문단	국교가 정해져 있는 우리나라	( )
2문단	다른 나라와 우리나라의 종교적 차이	( )
3문단	종교의 자유를 법으로 보장하는 까닭	( )
4문단	우리나라에서 발생한 종교적 갈등	( )
5문단	여러 종교를 믿는 사람의 비율이 비슷한 우리나라	( )

6 빈칸에 들어갈 알맞은 말을 이 글에서 찾아 쓰세요.

| 헌법 제20조 제1항 | 모든 ( )은 종교의 자유를 가진다. |
| 헌법 제20조 제2항 | ( )는 인정되지 아니하며, 종교와 ( )는 분리된다. |

어휘

7 다음 문장에 들어갈 알맞은 낱말에 ○표 하세요.

(1) 이곳에서는 주차가 (고용, 허용)되지 않는다.

(2) (특가, 특정) 지역에 호우 주의보가 발령되었다.

(3) 점검을 통과한 놀이기구는 안전이 (보장, 보류)된다.

(4) 시험에서는 누구에게도 (특징, 특혜)을/를 주어서는 안 된다.

(5) 시장에서 판매되는 식품에는 소비 기한을 (명시, 암시)해야 한다.

우리나라의 종교

　　종교란 신이나 자연과 같이 절대적인 힘을 통하여 고민을 해결하고 삶의 근본적인 목적을 찾으려는 문화예요. 우리나라는 종교를 자유롭게 믿을 수 있는 권리인 **종교의 자유**를 헌법으로 보장해요.

　　우리나라의 종교에는 과거부터 전해지던 **민속 신앙**과 외국에서 들어온 불교, 기독교 등이 있어요. 조상들은 자연이나 신에게 복을 빌거나 제사를 지내곤 했는데 이를 민속 신앙이라고 해요. 부처의 가르침을 전하는 불교는 삼국 시대에 우리나라에 처음 들어와 고려 시대와 조선 시대 초기에 큰 영향을 주었어요. 조선 후기에는 서양 **문물**과 함께 예수의 교훈을 가르치는 기독교가 전해졌어요. 개신교와 천주교는 기독교의 여러 **종파** 중 하나예요. 국제 교류가 활발해지면서 불교, 기독교와 함께 세계 3대 종교인 **이슬람교**도 우리나라에 전파되었어요.

• 우리나라의 종교

- **민속 신앙**　민간에 전해 내려오는 신앙.
- **문물**　문화의 산물. 곧 정치, 경제, 종교, 예술, 법률 따위의 문화에 관한 모든 것을 통틀어 이르는 말이다.
- **종파**　같은 종교의 갈린 갈래.
- **이슬람교**　610년에 아라비아의 예언자 마호메트가 창시한 세계 3대 종교의 하나.

다음 빈칸에 들어갈 알맞은 용어를 쓰세요.

(1) ☐☐

종(근본 宗) 교(가르칠 敎): 근본을 가르침.
- 뜻: 신이나 자연과 같이 절대적인 힘을 통하여 고민을 해결하고 삶의 근본적인 목적을 찾으려는 문화.

(2) **종교의** ☐☐

자(스스로 自) 유(행할 由): 스스로 행함.
- 뜻: 법률이 허용하는 범위 안에서 제한이나 간섭을 받지 않고 종교를 믿을 수 있는 자유.

사라지는 은행 점포

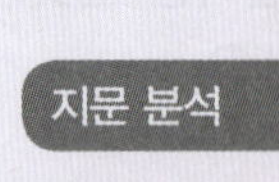

지문 분석

글자 수 1047
950 1050 1150

1 최근 몇 년 사이 은행 점포 수가 크게 줄었다. 특히, 코로나19 유행 이후 비대면 거래가 늘어나면서 은행 점포의 **통폐합** 움직임은 더욱 빨라졌다. 우리 나라뿐만 아니라 미국, 유럽, 호주 등 여러 나라에서 이러한 경향이 계속되고 있다. 이는 인구 감소에 따른 수익 하락, **금융** 위기 이후 은행 간 **합병** 확대, 디지털 **채널** 수요 ㉠증가 등 여러 요인의 영향을 받은 결과이다. 5

2 은행들은 고객이 불편을 겪지 않도록 다양한 대안을 제시하고 있다. 먼저, 고령층이 많거나 인구가 적은 지역에서는 은행 간 '공동 점포'가 설치되었다. 영국의 한 소도시에서 은행이 **철수해** 주민들이 불편을 겪자, '뱅크 허브'라는 장소가 만들어졌다. 이곳에서는 우체국 지점 안에 창구를 마련한 뒤 요일별로 다른 은행의 직원이 돌아가며 근무한다. 독일과 일본에서는 주로 지방 은행들 10 이 지점을 함께 세우고 있으며 우리나라에서도 양주, 영주, 용인, 부산에서 공 동 점포가 운영되고 있다.

3 다른 대안은 버스나 트럭을 은행처럼 개조한 '움직이는 지점'이다. 국토가 넓은 미국과 산악 지대가 많은 스위스에서 이 방법이 활용된다. 이동식 지점 은 자연재해로 기존 지점이 폐쇄될 때 해당 지역으로 출동해서 금융 서비스를 15 제공하기도 한다. 또한, 은행의 상징으로 장식한 차량이 여러 지역을 이동하 기 때문에 광고 효과를 **덤**으로 누릴 수 있다.

4 점포를 없애는 대신 무인 서비스를 ㉡확대하는 곳도 있다. 미국의 한 은행 은 직원과 화상으로 대화할 수 있는 '대화형 자동화 기기'를 **도입했다**. 기존 자 동화 기기의 기능이 현금 입출금 정도에 **국한된** 것과 달리, 이 기기는 예금, 20 대출 등 직원이 하는 업무의 대부분을 해결할 수 있다. 우리나라는 2023년에 등장한 금융 **특화** 편의점에 이 기기가 설치되어 편의점에서 은행 업무를 볼 수 있게 되었다.

5 그러나 ㉢대면 서비스를 원하는 사람이 여전히 많아서 은행들이 점포 수를 큰 폭으로 줄이기는 어렵다. 또한, 디지털 기술을 활용하기 어려운 계층을 위 25 해서라도 은행 점포가 완전히 사라질 가능성은 **희박하다**. 그러므로 은행의 점 포 수 축소는 디지털 시대에 대한 맞춘 은행의 진화 과정으로 보아야 할 것이다.

- **통폐합** 같거나 비슷한 여러 조직이나 기업, 기구 따위를 없애거나 합쳐서 하나로 만듦.
- **금융** 경제에서 자금의 수요 와 공급을 조절하고 관리하 는 활동.
- **합병** 둘 이상의 기구나 단체, 나라 따위가 하나로 합쳐짐.
- **채널** 어떠한 일을 이루는 방 법이나 정보가 전달되는 경로.
- **철수해** 진출하였던 곳에서 시설이나 장비 따위를 거두 어 가지고 물러나.
- **덤** 제 값어치 외에 거저로 조금 더 얹어 주는 일.
- **도입했다** 기술, 방법, 물자 따위를 끌어 들였다.
- **국한된** 범위가 일정한 부분 에 한정된.
- **특화** 특정 산업이나 상품이 상대적으로 큰 비중을 차지 함. 또는 그런 상태.
- **희박하다** 어떤 일이 이루어 질 가능성이 적다.

내용 독해

1 이 글의 설명 방법으로 알맞은 것은 무엇인가요? (   )

① 질문을 활용하여 현상에 대한 흥미를 유발했다.
② 현상을 익숙한 것에 빗대어 내용을 쉽게 설명했다.
③ 현상에 대한 여러 이론을 서로 비교하며 소개했다.
④ 현상을 기준에 따라 나누어 각각의 특징을 설명했다.
⑤ 문제가 되는 현상을 제시하고 그것의 대안을 소개했다.

2 이 글의 내용과 일치하는 것은 무엇인가요? (   )

① '뱅크 허브'는 독일 은행의 공동 점포이다.
② 모든 은행이 업무를 비대면으로 전환하였다.
③ 대면 서비스를 원하는 고객이 거의 사라졌다.
④ 스위스는 산이 많아 움직이는 지점이 출동하기 어렵다.
⑤ 대화형 자동화 기기는 기존 자동화 기기보다 기능이 뛰어나다.

3 이 글의 이해를 돕기 위해 활용하면 좋은 자료로 알맞은 것은 무엇인가요? (   )

① 금리 인하에 대한 시민의 인터뷰
② 현재 자동화 기기의 사용 설명서
③ 미국과 스위스의 지형을 비교한 사진
④ 차량을 개조하는 데 드는 비용을 비교한 표
⑤ 주요 나라의 은행 점포 수 변화를 나타낸 그래프

4 ㉠~㉢과 뜻이 반대되는 낱말을 글에서 찾아 쓰세요.

(1) ㉠ 증가 ↔ (   )
(2) ㉡ 확대 ↔ (   )
(3) ㉢ 대면 ↔ (   )

구조 분석

문단 요약

5 각 문단의 중심 내용을 찾아 선으로 알맞게 이으세요.

1문단 •	• 은행의 점포 수 축소에 대한 미래 예측
2문단 •	• 은행들의 점포 수 축소 상황과 그 원인
3문단 •	• 은행 점포 수 축소의 대안으로 제시된 공동 점포
4문단 •	• 은행 점포 수 축소의 대안으로 제시된 움직이는 지점
5문단 •	• 은행 점포 수 축소의 대안으로 제시된 무인 금융 서비스

핵심 내용

6 빈칸에 들어갈 알맞은 말을 이 글에서 찾아 쓰세요.

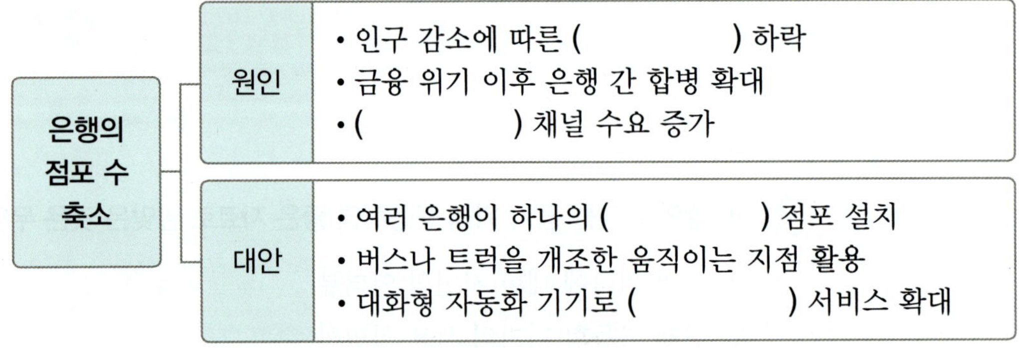

어휘

적용

7 다음 문장의 빈칸에 들어갈 알맞은 낱말을 보기 에서 찾아 쓰세요.

보기

덤　국한　도입　철수　희박

⑴ 오늘은 오로라를 볼 가능성이 매우 (　　　　)하다.

⑵ 신권에는 여러 가지 위조 방지 기술을 (　　　　)하였다.

⑶ 이 호텔에 묵으면 (　　　　)(으)로 온천을 이용할 수 있다.

⑷ 빗방울이 굵어지자 우리는 촬영을 포기하고 (　　　　)했다.

⑸ 그곳에 들어갈 수 있는 것은 지역 주민들로 (　　　　)되었다.

은행

비주얼 사회 교과서 개념

은행은 돈을 맡기는 **예금**과 돈을 빌리는 **대출** 업무를 하는 금융 기관이에요. 은행에 돈을 맡기면 은행에서 우리의 돈을 사용하는 대가로 주는 돈을 **이자**라고 하고 우리가 맡기거나 빌린 원래의 돈을 원금이라고 해요. 예금의 종류에는 필요할 때 언제든지 맡기고 찾을 수 있는 보통 예금, **목돈**을 한꺼번에 맡기고 정해진 기간이 지난 후에 받는 정기 예금, 기간을 정해 놓고 일정한 금액을 넣는 정기 적금이 있어요. 은행은 돈을 많이 저축한 사람에게 이자를 더 주고, 적게 저축한 사람에게는 이자를 덜 줘요.

은행에서 회사에 대출을 해 주면 회사는 그 **자금**으로 회사를 운영하면서 일자리를 늘리고 경제가 활발해지게 해요. 은행은 우리가 저축한 돈을 **투자하여** 돈을 불린 다음 이자를 주는 것이에요. 예금을 하면 은행이 우리에게 이자를 주고, 대출을 받으면 빌린 돈과 함께 은행에 이자를 내야 해요.

핵심 용어 다음 빈칸에 들어갈 알맞은 용어를 쓰세요.

(1) ☐☐

예(맡길 預) 금(돈 金): 돈을 맡김.
- 뜻: 은행이나 우체국 따위에 돈을 맡기는 일. 또는 그 돈.

(2) ☐☐

대(빌릴 貸) 출(날 出): 빌려서 나감.
- 뜻: 돈이나 물건 따위를 빌려주거나 빌림.

(3) ☐☐

이(이로울 利) 자(아들 子): 이로운 것.
- 뜻: 남에게 돈을 빌려 쓴 대가로 치르는 일정한 비율의 돈.

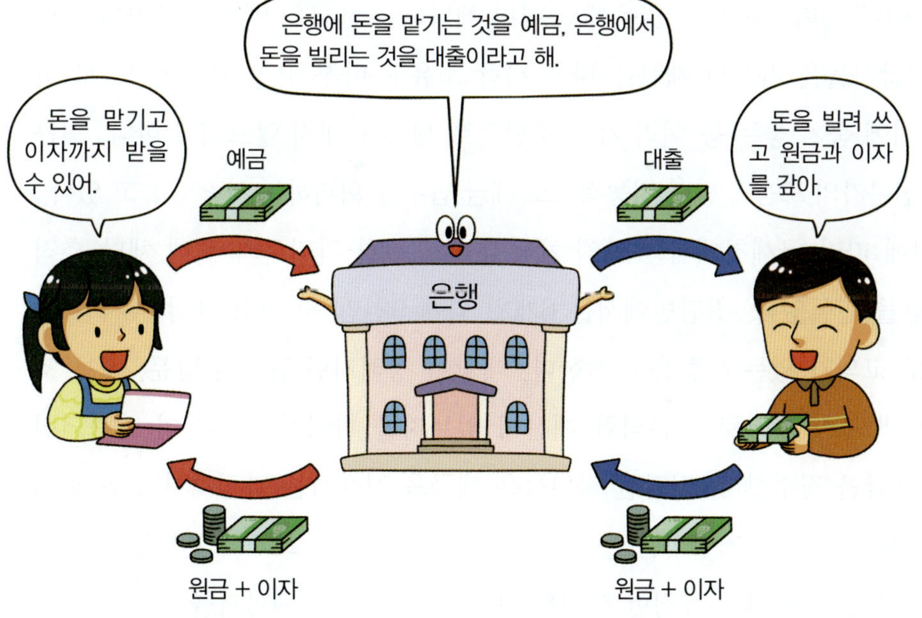

- **목돈** 한몫이 될 만한, 비교적 많은 돈.
- **자금** 사업을 경영하는 데에 쓰는 돈.
- **투자하여** 이익을 얻기 위하여 어떤 일이나 사업에 돈을 대거나 시간이나 정성을 쏟아.

세금을 내지 않으면?

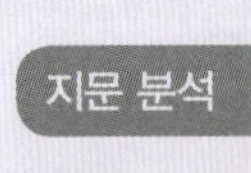

지문 분석

글자 수 1006
950 1050 1150

1 우리나라 국민은 모두 세금을 납부할 **의무**가 있다. 이에 대한 근거는 '모든 국민은 법률이 정하는 바에 의하여 납세의 의무를 진다.'라는 내용의 헌법 제38조에서 찾을 수 있다. 우리가 낸 세금은 국가를 유지하고 국민 생활의 발전을 위해 쓰이기 때문에 세금을 성실하게 내야 나라가 안정적으로 운영되고 우리가 여러 가지 공공 서비스를 이용할 수 있다. 5

2 세금은 크게 국가에 내는 '국세'와 지방 자치 단체에 내는 '지방세'로 나눌 수 있다. 국세는 다시 나라 안에서의 거래에 대한 세금인 '내국세'와 나라와 나라 사이의 거래에 대한 세금인 '관세'로 나뉜다. 세금을 **징수하는** 기관도 서로 다른데, 내국세는 국세청이, 관세는 관세청이 거두어들인다.

3 세금을 내지 않으면 어떻게 될까? 세금 납부는 국민의 의무이기 때문에 이 10 것을 하지 않으면 여러 가지 처벌을 받는다. 정해진 날짜에 세금을 내지 않으면 원래 내야 했던 세금에 그 세금의 일부를 더해 돈을 추가로 내야 한다. 또한 **체납한** 금액이 많으면 그 사람의 이름을 공개하고, **징역**을 살게 하거나 벌금을 내게 할 수도 있다.

4 그러나 이러한 처벌이 있음에도 매년 체납되는 세금의 액수는 증가하고 있 15 다. 체납자들은 자신의 재산을 다른 사람 소유로 바꾸어 놓거나 현금으로 바꾸어 집에 숨겨 놓는 등 여러 가지 방법으로 세금을 내지 않으려고 한다. 최근에는 전문가의 도움을 받아 **지능적**으로 세금 납부를 **회피하는** 사람도 늘고 있다.

5 이에 따라 국세청에서는 고액 체납자들을 특별 관리하기 위해 체납 추적 **전담반**을 만들었다. 전담반에서는 6개월 넘게 5천만 원 이상 체납한 사람 중 20 에서도 **고의**가 있는 사람을 추적한다. 대상이 정해지면 **잠복**과 **탐문**, 정보 조회, 자택 조사 등으로 ㉠**은닉한** 재산이 있는지를 파악하고 재산이 발견되면 즉시 세금을 징수한다. 전담반 직원들은 세금을 징수하는 과정에서 소송에 휘말리거나 체납자가 저항하는 등 어려움을 겪기도 한다. 그러나 전담반은 국가 재정을 튼튼하게 하고 공정한 사회를 만들기 위해 고액 체납자를 끝까지 추적 25 하여 세금을 징수하고 있다.

- **의무** 법으로 정해져 강제성이 있는, 반드시 해야 하는 일.
- **징수하는** 나라, 공공 단체, 지주 등이 돈, 곡식, 물품 따위를 거두어들이는.
- **체납한** 세금 따위를 기한까지 내지 못하고 밀린.
- **징역** 죄인을 교도소에 가두어 노동을 시키는 형벌.
- **지능적**(知 알 지, 能 능할 능, 的 과녁 적) 사물이나 상황을 이해하고 대처하는 지적인 적응 능력이 있는 것.
- **회피하는** 꾀를 부려 마땅히 져야 할 책임을 지지 아니하는.
- **전담반** 전문적으로 맡거나 혼자서 담당하는 집단.
- **고의** 일부러 하는 생각이나 태도.
- **잠복** 드러나지 않게 숨음.
- **탐문** 알려지지 않은 사실이나 소식 따위를 알아내기 위하여 더듬어 찾아 물음.
- **은닉한** 남의 물건이나 범죄인을 감춘.

내용 독해

1 이 글에서 가장 중심이 되는 말은 무엇인가요? (　　　)

① 고액　　　　　　　　　　② 세금
③ 의무　　　　　　　　　　④ 처벌
⑤ 헌법

내용 이해

2 이 글을 통해 알 수 있는 내용이 <u>아닌</u> 것은 무엇인가요? (　　　)

① 세금을 내는 방법
② 국세와 지방세의 차이
③ 고액 체납자에 대한 처벌
④ 우리가 세금을 내야 하는 근거
⑤ 체납자들이 세금을 회피하는 방법

어휘·어법

3 ㉠과 바꾸어 쓸 수 있는 말을 두 가지 고르세요. (　　　, 　　　)

① 많은　　　　　　　　　　② 숨긴
③ 빼앗은　　　　　　　　　④ 소중한
⑤ 감추어 둔

적용

4 '체납 추적 전담반'에 대해 알맞게 말한 친구는 누구인지 이름을 쓰세요.

> 민서: 국세청에서 특정 업무를 전문적으로 맡고 있는 부서야.
> 예린: 금액이 많지 않아도 세금을 자주 체납한 사람을 주로 추적하지.
> 주호: 국세청의 보호를 받기 때문에 소송에 걸리는 일은 거의 없다고 해.
> 현수: 체납자의 재산을 추적하는 일만 담당하고 직접 세금을 거두어들이지는 않아.

(　　　　　　　　　)

구조
분석

문단 요약

5 다음은 어느 문단의 중심 내용인지 문단의 번호를 쓰세요.

세금의 종류	( )문단
체납자가 증가하는 최근	( )문단
우리나라 국민의 납세 의무	( )문단
국세청의 체납 추적 전담반	( )문단
세금을 내지 않았을 때의 처벌	( )문단

핵심 내용

6 빈칸에 들어갈 알맞은 말을 이 글에서 찾아 쓰세요.

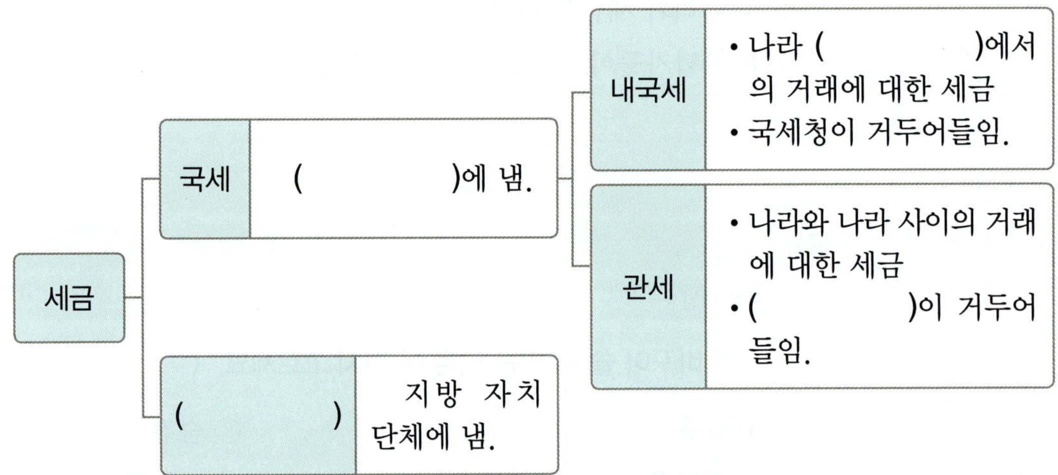

어휘

이해

7 다음 낱말의 뜻을 보기 에서 찾아 기호를 쓰세요.

보기

㉮ 드러나지 않게 숨음.

㉯ 일부러 하는 생각이나 태도.

㉰ 죄인을 교도소에 가두어 노동을 시키는 형벌.

㉱ 법으로 정해져 강제성이 있는, 반드시 해야 하는 일.

㉲ 사물이나 상황을 이해하고 대처하는 지적인 적응 능력이 있는 것.

(1) 고의　　(　　)　　　(2) 의무　　(　　)

(3) 잠복　　(　　)　　　(4) 징역　　(　　)

(5) 지능적　(　　)

세금

정답과 해설 **27** 쪽

국민이 내야 하는 세금은 여러 가지가 있지만 그중에서도 나라에 내는 세금인 국세의 비중이 가장 커요. 국세는 납부하는 **주체**가 누구인가에 따라 **직접세**와 **간접세**로 나뉘어요. 직접세는 세금을 납부하는 사람과 그 세금을 **부담하는** 사람이 일치하는 세금이고, 간접세는 세금을 납부하는 사람과 부담하는 사람이 일치하지 않는 세금이에요.

직접세에는 벌어들인 **소득**에 따라 내는 소득세, 회사가 내는 법인세, 재산을 물려줄 때 내는 상속세와 증여세 등이 있어요. 직접세는 벌어들인 돈에 **비례해서** 세금을 납부하기 때문에 사람마다 세금을 내는 비율이 달라요.

간접세에는 물건을 사고팔 때 내는 부가 가치세, 술에 포함된 주세, **사치품**을 살 때 내는 개별 소비세 등이 있어요. 간접세는 소비자가 물건값에 포함해서 내지만 제조사가 가지고 있다가 국가에 납부해요. 그래서 소비자는 자신이 세금을 낸다는 것을 깨닫지 못하기도 해요.

핵심 용어 다음 빈칸에 들어갈 알맞은 용어를 쓰세요.

(1) ☐☐ 세

직(바로 直) **접**(접할 接): 바로 접함.
- 뜻: 국가가 세금을 내야 하는 사람들에게 직접 거두어들이는 세금.

(2) ☐☐ 세

간(사이 間) **접**(접할 接): 사이를 두고 접함.
- 뜻: 일부 상품의 소비나 유통에 세금을 매겨 상품을 구입하거나 사용하는 사람이 내는 세금.

- **주체**(主 주인 주, 體 몸 체) 사물의 작용이나 어떤 행동의 주가 되는 것.
- **부담하는** 어떠한 의무나 책임을 지는.
- **소득** 일정 기간 동안의 근로 사업이나 자산의 운영 따위에서 얻는 수입.
- **비례해서** 한쪽의 양이나 수가 증가하는 만큼 그와 관련 있는 다른 쪽도 증가해서.
- **사치품** 분수에 지나치거나 생활의 필요 정도에 넘치는 물품.

㉠ 을 남용하는 사람들

지문 분석

글자 수 1018
950 1050 1150

1 모든 법률의 기본이 되는 법인 헌법과 관련된 분쟁은 헌법재판소에서 다룬다. 헌법은 국민의 기본권을 보장하므로 헌법 **소원**을 심판하는 것도 헌법재판소의 일 중 하나이다. '헌법 소원'은 국가가 국민의 기본권을 **침해했을** 때 헌법재판소에 이를 회복시켜 달라고 요청하는 제도이다. 다른 법률에 규정된 절차를 모두 거친 뒤에도 피해를 **구제받지** 못했을 때 선택하는 최후의 수단이 바로 헌법 소원이다. 5

2 국민이 심판을 **청구하면** 먼저 지정 재판부에서 청구 요건을 ㉮충족하는지 심사한다. 요건에 맞지 않는 사건은 '각하 결정'을 하고, 나머지는 전원 재판부에서 위법 여부를 가린다. 심판을 청구한 사건이 법에 어긋나지 않으면 '기각 결정'을, 법에 어긋나면 '인용 결정'을 내린다. 10

3 그런데 몇몇이 이를 ㉯**남용하여** 다른 국민의 헌법 재판 청구권이 침해되는 문제가 발생했다. 2019년부터 2023년까지 5년 동안 **제기된** 헌법 소원 14028건 중 3812건은 단 3명이 낸 것이다. 이들은 한 해 평균 762건, 하루 평균 2건의 헌법 소원을 제기했다. 그리고 같은 기간 헌법재판소에서 사건을 ㉰처리하는 데 걸리는 기간은 1년 5개월에서 2년 3개월로 길어졌으며 **미제** 사건도 15 1.5배 가까이 증가했다. 헌법 소원을 반복적으로 제기한 소수 때문에 헌법재판소의 심판을 받아야 할 사람들이 제때 판결을 받지 못하는 상황이 되었다. 헌법재판소는 변호사를 **선임할** 경제력이 없는 사람에게 **국선** 대리인을 선임해 주는데, 헌법 소원을 남용한 사람 중 한 명은 국선 대리인 신청까지 ㉱점령하고 있다. 20

4 헌법재판소에는 헌법 소원을 원래 용도와 다른 목적으로 이용할 때 사용을 정지하거나 사용자 등록을 ㉲**말소할** 수 있는 규정이 있다. 그러나 이는 온라인 접수에만 해당하며 우편이나 방문 접수는 막을 수 없다. 또한, **특정인**의 청구를 금지하는 것은 기본권을 침해하는 것이기 때문에 한 명이 같은 사건을 여러 번 접수해도 절차대로 심사하는 수밖에 없다. 이에 사건 접수 단계에서 25 부터 적극적인 상담을 하거나 불필요한 헌법 소원 청구를 방지하는 제도를 마련할 필요성이 제기되고 있다.

- **소원** 하소연하여 바로잡아 주기를 바람.
- **침해했을** 침범하여 해를 끼쳤을.
- **구제받지** 자연적인 재해나 사회적인 피해를 당하여 어려운 처지에 있는 사람이 도움을 받지.
- **청구하면** 상대편에 대하여 일정한 행위를 요구하면.
- **남용하여** 일정한 기준이나 한도를 넘어서 함부로 써.
- **제기된** 소송이 일어난.
- **미제** 일이 아직 끝나지 아니함.
- **선임할** 여러 사람 가운데서 어떤 직무나 임무를 맡을 사람을 골라낼.
- **국선** 나라에서 뽑음.
- **말소할** 기록되어 있는 사실 따위를 지워서 아주 없애 버릴.
- **특정인** 특별히 지정한 사람.

내용 독해

1 ㉠에 네 글자의 낱말을 넣어 이 글의 제목을 완성하세요.

( )을 남용하는 사람들

내용 이해

2 이 글의 내용과 일치하는 것은 무엇인가요? (   )

① 경제적 능력이 없으면 헌법 소원을 제기할 수 없다.
② 헌법 소원은 피해를 구제받을 수 있는 마지막 수단이다.
③ 헌법 소원은 잘 알려지지 않아서 신청하는 사람이 적다.
④ 헌법재판소의 미제 사건은 2023년보다 2019년이 더 많다.
⑤ 헌법재판소에는 같은 사건을 여러 번 접수하는 것을 막는 규정이 있다.

추론

3 '헌법'과 '법률'의 관계를 추론한 것으로 알맞은 것에 ○표 하세요.

(1) 헌법과 법률은 서로 동등하다. (   )
(2) 헌법은 법률의 바탕이 되는 법이다. (   )
(3) 헌법과 법률은 서로 반대되는 내용이다. (   )
(4) 헌법과 법률은 보호하는 대상이 서로 다르다. (   )

어휘·어법

4 ㉮~㉺와 바꾸어 쓸 수 있는 말이 알맞게 짝 지어지지 **않은** 것은 무엇인가요? (   )

① ㉮ – 만족하는지
② ㉯ – 함부로 써
③ ㉰ – 제작하는
④ ㉱ – 차지하고
⑤ ㉲ – 없앨

구조
분석

문단 요약

5 다음 질문의 답을 찾을 수 있는 문단을 찾아 선으로 이으세요.

헌법 소원의 뜻과 의의는 무엇인가?	•		•	**1** 문단
헌법 소원은 어떤 절차로 이루어지는가?	•		•	**2** 문단
헌법 소원 남용 방지를 위한 대책은 무엇인가?	•		•	**3** 문단
헌법 소원 남용은 국민에게 어떤 피해를 주는가?	•		•	**4** 문단

핵심 내용

6 빈칸에 들어갈 알맞은 말을 이 글에서 찾아 쓰세요.

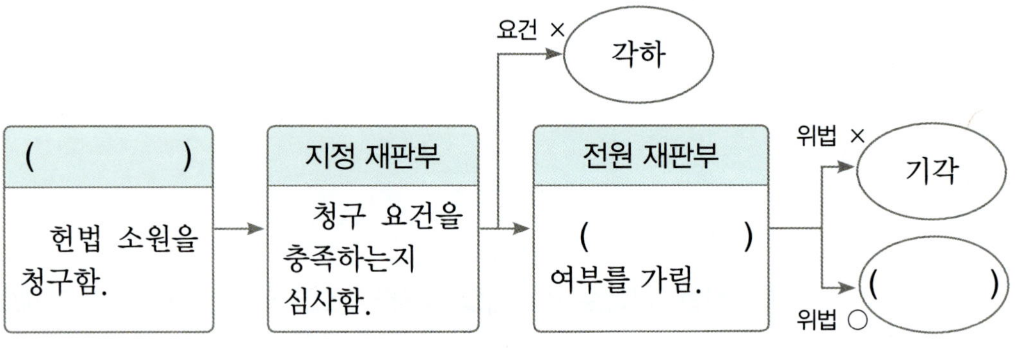

어휘

이해

7 다음 낱말의 뜻을 보기 에서 찾아 기호를 쓰세요.

보기
㉮ 소송이 일어나다.
㉯ 침범하여 해를 끼치다.
㉰ 일정한 기준이나 한도를 넘어서 함부로 쓰다.
㉱ 여러 사람 가운데서 어떤 직무나 임무를 맡을 사람을 골라내다.
㉲ 자연적인 재해나 사회적인 피해를 당하여 어려운 처지에 있는 사람이 도움을 받다.

(1) 구제받다 (   ) (2) 남용하다 (   )
(3) 선임하다 (   ) (4) 제기되다 (   )
(5) 침해하다 (   )

법과 헌법

헌법은 최고 법으로, '법 중의 법', '최고의 법'이라고도 해요. 헌법의 주요 내용은 국민의 **기본권** 보장, 국가의 운영 원칙, 권력 **분립** 등이고, 이것이 민주주의 **실현**의 기본 뿌리가 돼요.

헌법에 보장된 국민의 기본적인 권리에는 평등권, 자유권, 사회권, 참정권, 청구권이 있어요. 평등권은 모든 국민이 법 앞에 평등하며, 성별이나 종교, 신분 등에 따라 차별받지 않을 권리를 말해요. 자유권은 개인이 자유롭게 생각하고 행동할 수 있는 권리로, 신체의 자유부터 주거지를 옮기거나 직업을 선택하는 것 등에 대한 자유를 보장해요. 교육받을 권리, 근로할 권리, 쾌적한 환경에서 살 권리 등이 포함된 사회권은 인간다운 생활을 할 수 있게 요구하는 권리예요. 참정권은 국민이 정치에 참여할 수 있는 권리로, 선거에 **출마하거나** 투표로 선거에 나온 사람을 뽑을 수 있는 권리이지요. 마지막으로 청구권은 기본권이 침해되었을 때, 국가 기관에 문제를 제기하거나 재판을 청구하여 구제받을 권리를 말해요.

핵심 용어 다음 빈칸에 들어갈 알맞은 용어를 쓰세요.

(1) ☐☐

헌(법 憲) 법(법 法): 법.
- 뜻: 국가를 통치하는 기본 원리이며 국민의 기본권을 보장하고, 다른 것으로 대체할 수 없는 최고 법규.

(2) ☐☐ 권

기(터 基) 본(근본 本): 터와 근본.
- 뜻: 인간이 태어날 때부터 가지고 있는 기본적인 권리. 평등권, 자유권, 사회권, 참정권, 청구권 따위가 있음.

- **분립**(分 나눌 분, 立 설 립) 갈라져서 따로 섬. 또는 따로 나누어서 세움.
- **실현**(實 열매 실, 現 나타날 현) 꿈, 기대 따위를 실제로 이룸.
- **출마**(出 날 출, 馬 말 마)**하거나** 선거에 나가거나.

인권

편견에 맞선 어기의 성장 일기

1 지난 주말에 친구들과 함께 「원더」라는 영화를 보았다. 수업 시간에 인권에 대해 배울 때 선생님께서 추천해 주신 영화였기 때문이다. 선생님께서는 영화를 보며 인권을 존중해야 하는 까닭을 생각해 보라고 하셨다. 영화는 세상의 **편견**에 맞서는 '어기'라는 소년에 대한 이야기였다.

2 주인공 '어기'는 **선천적** ㉮**안면** 장애를 안고 태어났다. 어기는 27번의 수술 끝에 정상적인 생활을 할 수 있게 되었지만, 평범하지 않은 외모를 가리려고 헬멧을 쓰고 다닌다. 어기는 **홈스쿨링**을 하다가 10살에 처음으로 학교에 간다. 그러나 따가운 시선으로 쳐다보거나 어기를 괴롭히는 아이들 때문에 어기의 학교생활은 **순탄하지** 않았다. 그럼에도 어기는 자신이 가장 잘하는 과목인 과학을 통해 친구를 사귀고 학교생활에 적응한다.

3 그러던 중 가면으로 ㉯얼굴을 가릴 수 있는 **핼러윈**이 되자, 어기는 누구보다 신나게 학교에 간다. 그러나 어기가 있다는 것을 모르고 어기에 대한 험담을 한 잭 때문에 어기는 상처를 받는다. 이후 잘못을 깨달은 잭이 ㉠어기를 괴물이라고 하는 줄리안에게 주먹을 휘두르고, 둘은 화해하게 된다. 결말에서는 어기의 **내면**을 알아보는 친구가 많아지고 어기도 더 이상 헬멧에 숨지 않는 등 편견을 딛고 성장한 어기의 모습을 보여 준다.

4 나는 이 영화에서 "어기의 외모는 바꿀 수 없어요. 그러니 우리의 시선을 바꿔야죠."라는 대사가 가장 기억에 남는다. 왜냐하면 잘못된 것은 장애가 아닌 편견이라는 것을 깨닫게 했기 때문이다. 인권은 성별, 피부색, 나이, 종교, 장애 유무 등에 상관없이 누구나 누려야 할 기본적인 권리인데, 외모 때문에 어기의 인권을 무시한 영화 속 인물들에게 화가 났다. 모든 사람의 인권은 보장받아야 한다는 것과, 다른 사람이 함부로 침해할 수 없는 인권의 중요성을 그들에게 알려 주고 싶었다.

5 영화를 보는 내내 사람들의 시선 때문에 **위축되어** 있는 어기의 모습이 안타까웠다. 영화를 다 본 뒤에는 주위에 편견으로 힘들어하는 친구가 있는지 생각해 보았다. 그리고 그 친구가 평범한 생활을 할 수 있도록 도와주겠다고 다짐했다.

5
10
15
20
25

- **편견** 공정하지 못하고 한쪽으로 치우친 생각.
- **선천적**(先 먼저 선, 天 하늘 천, 的 과녁 적) 태어날 때부터 지니고 있는.
- **안면** 눈, 코, 입이 있는 머리의 앞면.
- **홈스쿨링** 학교에 가는 대신에 집에서 교육받는 것.
- **순탄하지** 삶 따위가 아무 탈 없이 순조롭지.
- **핼러윈** 10월 31일에 아이들이 괴상한 복장을 하고 이웃집을 돌아다니며 음식을 얻어먹는 축제.
- **내면**(內 안 내, 面 낯 면) 밖으로 드러나지 아니하는 사람의 속마음.
- **위축되어** 어떤 힘에 눌려 졸아들고 기를 펴지 못하게 되어.

**내용
독해**

1 이 글의 주제로 가장 알맞은 것은 무엇인가요? (   )

① 인권 보호 활동의 효과

② 장애를 극복하기 위한 노력

③ 영화가 사람들에게 미치는 영향

④ 인권 보호를 위한 제도가 필요한 까닭

⑤ 영화를 보고 느낀 인권의 의미와 중요성

추론

2 이 글을 통해 답을 알 수 <u>없는</u> 질문은 무엇인가요? (   )

① 글쓴이는 왜 영화를 보았는가?

② 영화의 배경이 된 실제 사건은 무엇인가?

③ 글쓴이가 인상 깊게 본 장면은 무엇인가?

④ 글쓴이는 영화를 보고 어떤 생각을 했는가?

⑤ 영화에서 주인공과 갈등이 있는 인물은 누구인가?

어휘·어법

3 ㉮와 ㉯의 관계를 알맞게 설명한 것은 무엇인가요? (   )

① ㉮는 ㉯를 포함하는 말이다.

② ㉮는 고유어이고, ㉯는 한자어이다.

③ ㉯가 ㉮의 부분에 해당하는 관계이다.

④ ㉯를 ㉮로 바꾸어 써도 의미가 통한다.

⑤ ㉮와 ㉯는 서로 의미가 반대되는 말이다.

적용

4 ㉠에서 위반한 세계 인권 선언의 조항은 무엇인지 쓰세요.

세계 인권 선언

제4조 어느 누구도 노예 상태로 남의 지배를 받아서는 안 된다.

제7조 모든 사람은 법 앞에서 평등하며, 차별 없이 법의 보호를 받을 권리를 가진다.

제12조 어느 누구도 개인의 사생활, 가족 등에 대해 간섭을 받거나 그의 이름과 명
　　 예에 대한 비난을 받지 않는다.

제15조 모든 사람은 국민이 되는 자격을 요구할 권리가 있다.

제(　　　　　　　)조

구조 분석

문단 요약

5 각 문단의 중심 내용을 알맞게 선으로 이으세요.

1문단 •	• 선생님의 추천으로 본 영화 「원더」
2문단 •	• 편견을 딛고 성장한 영화 속 주인공
3문단 •	• 글쓴이가 영화를 본 뒤 기억에 남는 대사와 그 까닭
4문단 •	• 장애 때문에 학교생활에 어려움을 겪은 영화 속 주인공
5문단 •	• 편견으로 힘들어하는 친구를 도와주겠다는 글쓴이의 다짐

핵심 내용

6 빈칸에 들어갈 알맞은 말을 이 글에서 찾아 쓰세요.

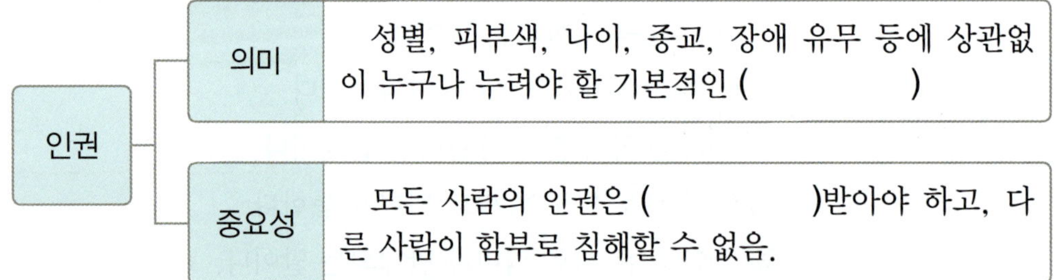

| 인권 | 의미 | 성별, 피부색, 나이, 종교, 장애 유무 등에 상관없이 누구나 누려야 할 기본적인 (   ) |
| | 중요성 | 모든 사람의 인권은 (   )받아야 하고, 다른 사람이 함부로 침해할 수 없음. |

어휘

적용

7 다음 문장에 들어갈 알맞은 낱말에 ◯표 하세요.

⑴ 내 동생은 (낙천적, 선천적)으로 몸이 약하다.

⑵ 다문화 가족에 대한 (편견, 편식)을 버려야 한다.

⑶ 복면으로 (안면, 안색)을 가린 강도들이 은행에 들이닥쳤다.

⑷ 준비를 철저히 해 놓아서 일이 (순탄, 감탄)하게 진행되었다.

⑸ 선수들이 분위기에 (단축, 위축)되어서 정상적인 경기를 펼치지 못했다.

인권

인권은 태어날 때부터 모든 사람에게 평등하게 보장되는 것으로, 인간다운 삶을 살아가기 위해 당연히 누려야 할 기본적인 권리예요. 그래서 인권은 인종, 국적, 성별, 종교, 언어, 나이, 신체적 특징 등과 관계없이 누구나 **동등하게** 누려야 하는 것이지요.

그런데 두 번의 세계 대전을 겪는 동안 많은 사람이 희생되고, 그 과정에서 인권 침해가 일어났어요. 1948년 12월 국제 연합은 이러한 비극이 반복되는 것을 막기 위해 **세계 인권 선언**을 **채택하였어요**. 세계 인권 선언은 법적인 **구속력**은 없지만, 이를 바탕으로 많은 국제 **규약**이 만들어지고 여러 국가의 헌법에 반영되는 등 **관습법**처럼 자리 잡았어요.

핵심 용어 다음 빈칸에 들어갈 알맞은 용어를 쓰세요.

(1) ☐☐

인(사람 人) 권(권리 權): 사람의 권리.
- 뜻: 인간으로서 당연히 가지는 기본적 권리.

(2) **세계 인권** ☐☐

선(널리 펼 宣) 언(말씀 言): 널리 펴서 말함.
- 뜻: 1948년 12월 10일 파리에서 열린 제3회 국제 연합 총회에서 채택된 인권에 관한 문서.

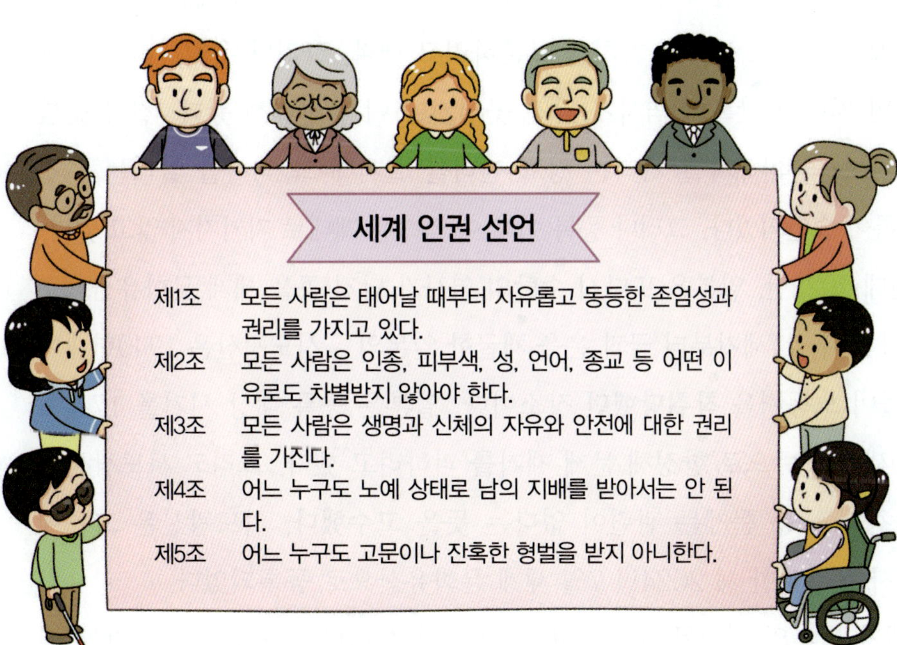

- **동등하게** 등급이나 정도가 같게.
- **채택하였어요** 작품, 의견, 제도 따위를 골라서 다루거나 뽑아 썼어요.
- **구속력** 어떤 행위를 하지 못 하게 하는 강한 힘이나 효력.
- **규약** 조직체 안에서 서로 지키도록 협의하여 정하여 놓은 규칙.
- **관습법** 사회생활에서 습관이나 관행이 굳어져서 법의 효력을 갖게 된 것.

국제기구

유네스코 세계 문화유산이 된다는 것

지문 분석

글자 수 **1052**
950　1050　1150

1 유네스코는 전 세계의 교육, 과학, 문화 보급과 교류를 위해 설립된 국제 기구이다. 유네스코는 세계 **유산**을 지정하는 곳으로 잘 알려져 있다. 구체적으로 유네스코는 세계 유산을 문화유산, 자연유산, 복합 유산으로 구분해 등록하고, 인류의 공동 재산으로 관리한다.

2 유네스코 세계 문화유산으로 등록되면 전 세계적으로 가치를 인정받는다. 5
이 유산이 특정 국가나 민족을 넘어 전 인류의 역사적, 문화적 발전에 **기여했다고** 보는 것이다. 또한, 세계 문화유산으로 등록되면 파괴나 훼손되지 않도록 보호받을 수 있으며, 복원 작업도 지원받을 수 있다. 이는 후대에서도 유산의 가치와 의미를 알 수 있도록 보존하기 위함이다.

3 2015년 세계 문화유산으로 등록된 일본의 하시마섬은 섬 모양이 군함을 10
닮아 ㉠군함도라고 불린다. 이곳에는 일제 강점기에 한국인들과 중국인들이 끌려가 석탄을 캤던 탄광이 있다. 일본은 20세기 초반 일본 경제를 이끈 군함도를 세계 유산으로 등록해 가치를 보존하려고 했다. 그러나 우리나라 입장에서는 식민 지배의 **참혹한** 역사가 담긴 곳이기에 이를 반대해 왔다. 결국 군함도는 강제 **노역** 피해자를 기리는 정보 센터를 설치해 그 역사를 알리는 조건 15
으로 등록이 **승인되었다.** 그러나 등록 이후 이 약속은 제대로 지켜지지 않고 있다.

4 그런데 2022년, 일본은 또다시 **수탈**의 역사가 담긴 곳을 세계 문화유산으로 등록하려 했다. 17세기부터 금과 은을 **채굴한** 일본의 ㉡사도광산은 1940년대에 한국인들이 노동력을 **착취당했던** 장소이다. 일본은 등록 대상 시기를 17세기에서 20세기 초반으로 **한정해** 문제 제기를 피하려고 했다. 그리고 사도광산의 20
가치와 강제 노동 문제는 관련이 없다는 뜻을 **고수했다.** 사도광산은 그곳에 담긴 역사를 무시한 채 2024년 7월 세계 문화유산으로 등록되었다.

5 20세기 일본의 역사를 이야기할 때 일본이 우리나라를 수탈한 과거는 빼놓을 수 없다. 그러므로 군함도와 사도광산 같은 일본의 근대 유산이 진정한 세계 문화유산으로 기억되려면 역사의 밝은 면만 보이려고 해서는 안 된다. 25
어두운 과거도 역사의 일부이기에 그것을 인정해야 진짜 의미 있는 세계 문화 유산이 될 것이다.

- **유산** 앞 세대가 물려준 사물 또는 문화.
- **기여했다고** 도움이 되도록 이바지했다고.
- **참혹한** 비참하고 끔찍한.
- **노역** 몹시 괴롭고 힘들게 일하는 노동.
- **승인되었다** 어떤 사실이 마땅하다고 받아들여졌다.
- **수탈** 강제로 빼앗음.
- **채굴한** 땅을 파고 땅속에 묻혀 있는 광물을 캐낸.
- **착취당했던** 일한 성과를 강제로 빼앗겼던.
- **한정해** 수량이나 범위 따위를 제한하여 정해.
- **고수했다** 차지한 물건이나 형세 따위를 굳게 지켰다.

내용 독해

1 글쓴이가 이 글을 쓴 목적은 무엇인가요? (   )

① 세계 문화유산이 등록되는 과정을 설명하려고
② 우리나라와 일본의 문화유산을 비교해 보려고
③ 우리나라 문화유산에 대한 자부심을 심어 주려고
④ 일본의 세계 문화유산 등록의 문제점을 지적하려고
⑤ 문화유산과 자연유산을 구별하는 방법을 가르쳐 주려고

내용 이해

2 ㉠과 ㉡에 대한 설명으로 알맞지 <u>않은</u> 것은 무엇인가요? (   )

① ㉠과 ㉡은 모두 채굴을 하던 곳이다.
② ㉠은 ㉡과 달리 석탄을 캐던 광산이 있다.
③ ㉠은 ㉡보다 먼저 세계 문화유산으로 등록되었다.
④ ㉠과 ㉡은 강제 노역 문제와 관련이 있는 장소이다.
⑤ ㉡은 ㉠과 달리 일본인들이 강제로 노동을 한 곳이다.

추론

3 이 글을 읽고 추론한 내용으로 알맞은 것에 ○표 하세요.

(1) 일본의 근대 유산은 가치가 없다.   (   )
(2) 일본은 식민지 주민을 수탈한 역사를 반성한다.   (   )
(3) 일본은 근대 유산에 담긴 어두운 과거를 숨기고 싶어 한다. (   )
(4) 일본은 세계 유산 등록으로 문화유산 복원 비용을 지원받고자 한다. (   )

적용

4 이 글을 읽고 알맞게 말한 친구는 누구인지 이름을 쓰세요.

> 서진: 군함도는 군함을 닮은 섬의 모양이 아름다워서 세계 자연유산으로 등록된 것이군.
>
> 민지: 아니야, 그 섬에 있던 탄광의 역사적 가치를 보존하겠다고 세계 문화유산으로 등록한 것이야.
>
> 채연: 아, 그래서 군함도에서 벌어진 모든 사건과 상황을 빠짐없이 재현해 놓았다는 것이구나.

(   )

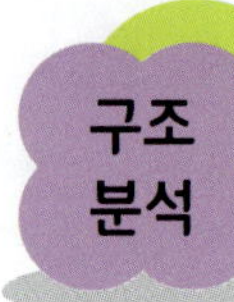

구조 분석

5 다음 빈칸에 들어갈 알맞은 말을 쓰며 이 글의 내용을 정리하세요.

문단	중심 내용
1	(　　　　　)에서 하는 일
2	유네스코 세계 문화유산 (　　　　)의 의의
3	세계 문화유산으로 등록된 (　　　　)의 문제점
4	세계 문화유산으로 등록된 (　　　　)의 문제점
5	세계 문화유산 등록의 바람직한 방향

6 빈칸에 들어갈 알맞은 말을 이 글에서 찾아 쓰세요.

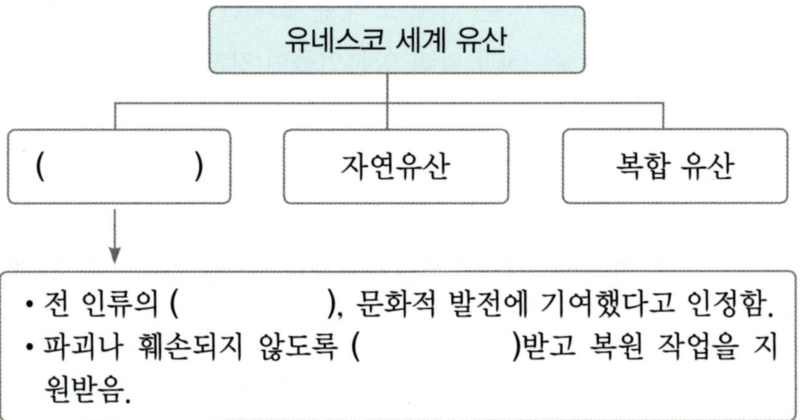

어휘

7 다음 낱말의 뜻을 찾아 선으로 알맞게 이으세요.

(1) 기여 • • ㉮ 도움이 되도록 이바지함.

(2) 노역 • • ㉯ 몹시 괴롭고 힘들게 하는 노동.

(3) 승인 • • ㉰ 앞 세대가 물려준 사물 또는 문화.

(4) 유산 • • ㉱ 어떤 사실을 마땅하다고 받아들임.

(5) 채굴 • • ㉲ 땅을 파고 땅속에 묻혀 있는 광물을 캐냄.

국제기구

정답과 해설 **30** 쪽

국제기구는 국제적인 목적이나 활동을 위해 두 나라 이상의 회원국으로 구성된 조직이에요. 국제기구에서는 세계 각지에서 일어나는 문제들을 서로 힘을 모아 함께 해결해요.

가장 대표적인 국제기구는 국제 연합(UN)이에요. 국제 연합은 국가 간의 평화와 안전을 유지하고, **우호** 관계를 **증진하기** 위해 만든 국제 평화 기구예요. 유럽 연합(EU)은 유럽 국가들이 정치와 경제 분야에서 통합을 이루기 위해 만들었어요. 유럽 연합에 가입한 나라들은 '유로'라는 화폐를 함께 사용하며 서로의 국경을 자유롭게 넘나들어요. 유네스코(UNESCO)는 인류가 보존해야 할 문화, 자연, 기록물 등을 유산으로 지정하여 보호하는 **비정부 기구**예요. 세계 보건 기구(WHO)는 **보건**과 **위생** 분야에서 협력하기 위해 만들어졌어요.

• 여러 가지 국제기구

평화를 유지하는 국제 연합

유럽을 하나로 모으는 유럽 연합

전 세계의 유산을 보호하는 유네스코

인류의 건강을 지키는 세계 보건 기구

● **우호** 개인끼리나 나라끼리 서로 사이가 좋음.
● **증진하기** 기운이나 세력 따위를 점점 더 늘려 가고 나아가게 하기.
● **보건** 건강을 온전하게 잘 지킴.
● **위생** 건강에 유익하도록 조건을 갖추거나 대책을 세우는 일.

핵심 용어 다음 빈칸에 들어갈 알맞은 용어를 쓰세요.

(1) ☐☐ **기구**

국(나라 國) **제**(사귈 際): 나라가 사귐.
• 뜻: 어떤 국제적인 목적이나 활동을 위해서 두 나라 이상의 회원국으로 구성된 조직체.

(2) ☐☐☐ **기구**

비(아닐 非) **정**(정치 政), **부**(마을 府): 정부가 아님.
• 뜻: 정부 간의 협정에 의하지 아니하고 민간의 국제 협력으로 설립된 조직.

초고필로 중학교 성적이 바뀐다!

초등 고학년을 위한 중학교 필수 영역 초고필

국어

비문학 독해 1·2 / 문학 독해 1·2 / 국어 어휘 / 국어 문법

수학

유리수의 사칙연산 / 방정식 / 도형의 각도

한국사

한국사 1권 / 한국사 2권

사회 교과 연계 비문학 독해 특화 훈련서

빠작

초등 비문학 독해

통합사회

5학년

정답과 해설

- **글의 종류** 설명문
- **글의 특징** 한반도가 토끼 모양인가 호랑이 모양인가에 대한 논란이 지니는 의미를 알려 주며 중요한 것은 우리의 생각이라는 것을 설명하는 글입니다.
- **주제** 한반도의 모양에 대한 논란의 의미

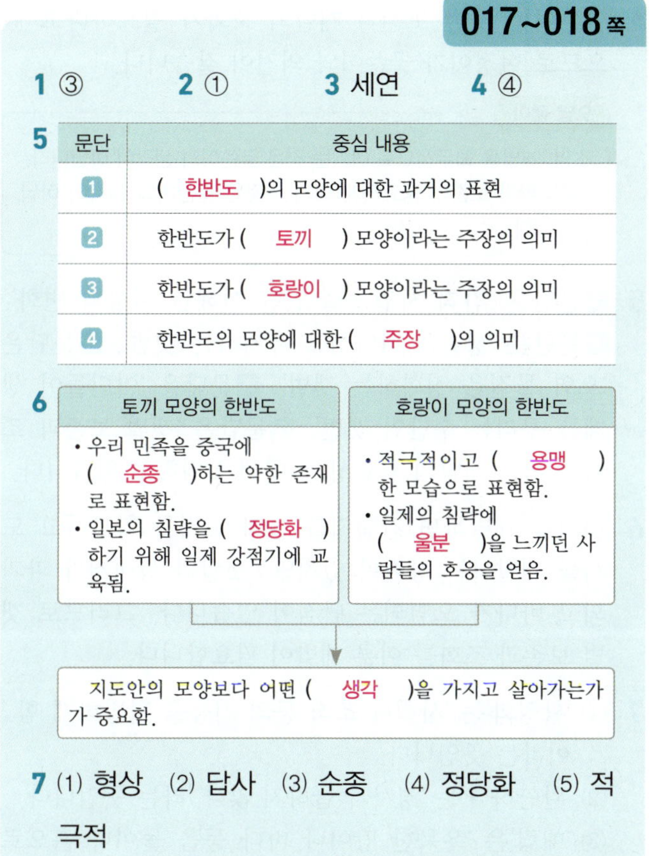

017~018쪽

1 ③ **2** ① **3** 세연 **4** ④

5

문단	중심 내용
1	(한반도)의 모양에 대한 과거의 표현
2	한반도가 (토끼) 모양이라는 주장의 의미
3	한반도가 (호랑이) 모양이라는 주장의 의미
4	한반도의 모양에 대한 (주장)의 의미

6

토끼 모양의 한반도	호랑이 모양의 한반도
• 우리 민족을 중국에 (순종)하는 약한 존재로 표현함. • 일본의 침략을 (정당화)하기 위해 일제 강점기에 교육됨.	• 적극적이고 (용맹)한 모습으로 표현함. • 일제의 침략에 (울분)을 느끼던 사람들의 호응을 얻음.

지도안의 모양보다 어떤 (생각)을 가지고 살아가는가가 중요함.

7 (1) 형상 (2) 답사 (3) 순종 (4) 정당화 (5) 적극적

1 이 글은 한반도의 모양에 대한 서로 다른 주장을 소개하고 각각의 주장에 담겨 있는 의미에 대해 설명하고 있습니다.

2 **2**문단에서 한반도의 토끼 모양 주장은 일제 강점기에 교육되어 오랜 세월 우리 민족의 머릿속에 남아 있게 되었다고 했습니다.

3 중국을 향해 허리를 굽히는 노인의 모습이라는 표현은 조선이 중국을 섬겨야 한다는 주장을 뒷받침하는 것입니다. 당시 조선과 중국의 관계를 보았을 때, 우리나라가 역사도 길고 경험이 풍부하다는 해석은 적절하지 않습니다.

4 '힘'은 하나의 낱말이 여러 가지 뜻을 가지고 있는 다의어입니다. ⓛ의 '힘'은 '개인이나 단체를 통제하고 강제적으로 따르게 할 수 있는 세력이나 권력.'이라는 뜻으로 쓰였으며 이와 같은 뜻으로 '힘'이 쓰인 문장은 ④입니다.

5 **1**문단은 '한반도의 모양에 대한 과거의 표현', **2**문단은 '한반도가 토끼 모양이라는 주장의 의미', **3**문단은 '한반도가 호랑이 모양이라는 주장의 의미', **4**문단은 '한반도의 모양에 대한 주장의 의미'에 대해 설명하고 있습니다.

6 토끼 모양의 한반도는 우리 민족을 중국에 순종하는 약한 존재로 표현한 것으로, 일본의 침략을 정당화하기 위해 일제 강점기에 교육되었습니다. 호랑이 모양의 한반도는 적극적이고 용맹한 모습으로 표현해 일제의 침략에 울분을 느끼던 사람들의 호응을 얻었습니다. 그리고 글쓴이는 지도 안의 모양보다 어떤 생각을 가지고 살아가는가가 중요하다고 했습니다.

7 (1) '형상'은 '사물의 생긴 모양이나 상태.'라는 뜻입니다.
(2) '답사'는 '현장에 가서 직접 보고 조사함.'이라는 뜻입니다.
(3) '순종'은 '순순히 따름.'이라는 뜻입니다.
(4) '정당화'는 '사리에 맞지 않는 것을 맞는 것처럼 만듦.'이라는 뜻입니다.
(5) '적극적'은 '대상에 대한 태도가 긍정적이고 능동적인 것.'이라는 뜻입니다.

비주얼 사회 교과서 개념 **019쪽**

(1) 국토 (2) 한반도

(1) '국토'는 '나라의 땅.'이라는 뜻입니다.
(2) '아시아 대륙의 동북쪽 끝에 있는 반도.'는 '한반도'입니다.

- **글의 종류** 논설문
- **글의 특징** 간척지 개발로 서해안의 지형이 변하게 된 상황을 이야기하며, 갯벌의 가치를 알리고 갯벌 보존과 개발의 조화가 필요함을 주장하는 글입니다.
- **주제** 갯벌의 가치 인식과 갯벌 보존과 조화를 이룬 개발의 필요성

021~022 쪽

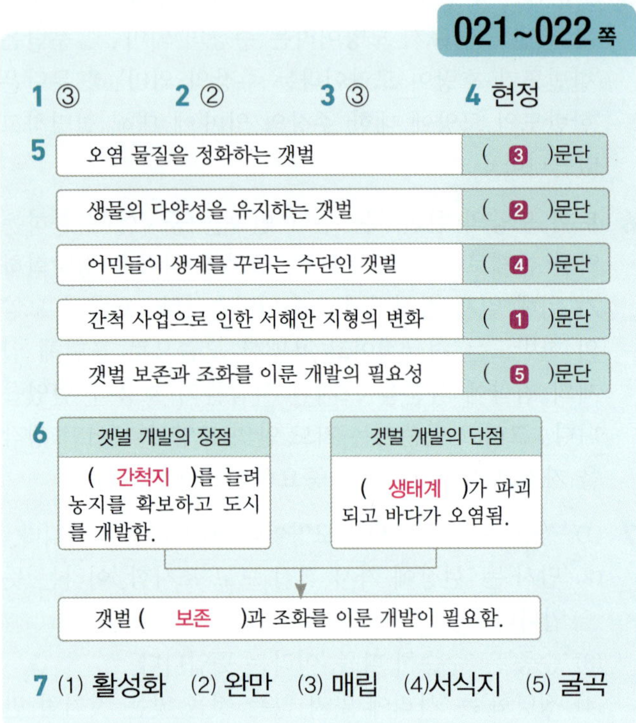

1 5문단의 '지금 당장 간척지 개발을 중단할 수는 없지만, 미래를 생각한다면 환경의 가치와 개발 이익 모두를 고려하는 균형 잡힌 접근이 필요하다.'라는 문장에서 갯벌 보존과 조화를 이룬 개발이 필요하다는 글쓴이의 주장을 파악할 수 있습니다.

2 3문단의 내용으로 갯벌은 수질 정화에 도움이 된다는 것을 알 수 있습니다.

오답 풀이

① 4문단에서 갯벌은 어민들이 생계를 꾸리는 수단이라고 하였으므로 갯벌은 어민들의 생계유지에 도움이 됩니다.
③ 2문단에서 갯벌은 하천으로부터 흘러 내려온 퇴적물들이 바닷가에 쌓여 형성된 것이라고 했습니다.
④ 2~4문단의 내용을 보면 갯벌은 간척지를 늘리는 것 외에도 다양한 의미가 있다는 것을 알 수 있습니다.
⑤ 2문단의 내용으로 갯벌의 생물들 때문에 생태계가 유지된다는 것을 알 수 있습니다.

3 해안선이 짧아지게 된 것은 간척 사업을 통해 갯벌과 바다를 육지로 만들었기 때문입니다. 따라서 간척 사업의 결과로 해안선이 짧아지면서 국토의 면적은 늘어났습니다.

오답 풀이

①, ② 간척 사업은 갯벌과 바다를 육지로 만드는 일이므로, 지형을 그대로 유지할 수 없고, 지도가 달라집니다.
④ 서해안에서 간척 사업이 활발하게 이루어졌기 때문에 약 100년 사이에 해안선 길이가 40%가량 짧아진 것으로 볼 수 있습니다.
⑤ 두 점을 선으로 이을 때 굴곡이 약해지면 길이는 짧아집니다. 그래서 구불구불하고 복잡하던 서해안의 해안선이 간척 사업으로 완만해지면서 해안선의 길이가 짧아진 것입니다.

4 글쓴이는 갯벌 보존과 개발의 조화가 필요하다고 했으므로 현정이가 글쓴이와 의견이 같습니다.

오답 풀이

소영: 개발을 최우선으로 여기는 것은 글쓴이의 생각이 아닙니다.
동건: 환경 보존만 중요하게 여기는 것은 글쓴이의 생각이 아닙니다.

5 1문단은 '간척 사업으로 인한 서해안 지형의 변화', 2문단은 '생물의 다양성을 유지하는 갯벌', 3문단은 '오염 물질을 정화하는 갯벌', 4문단은 '어민들이 생계를 꾸리는 수단인 갯벌', 5문단은 '갯벌 보존과 조화를 이룬 개발의 필요성'에 대해 설명하고 있습니다.

6 갯벌을 개발하면 간척지를 늘려 농지를 확보하고 도시를 개발하는 장점이 있지만, 갯벌의 생태계가 파괴되고 바다가 오염되는 단점이 있습니다. 그러므로 갯벌 보존과 조화를 이룬 개발이 필요합니다.

7 (1) '활성화'는 '사회나 조직 등의 기능을 활발하게 함.'이라는 뜻입니다.
(2) '완만하다'는 '경사가 급하지 않다.'라는 뜻입니다.
(3) '매립'은 '우묵한 땅이나 바다 등을 돌이나 흙으로 채움.'이라는 뜻입니다.
(4) '서식지'는 '생물이 일정한 곳에 자리를 잡고 사는 곳.'이라는 뜻입니다.
(5) '굴곡'은 '이리저리 굽어 꺾여 있음. 또는 그런 굽이.'라는 뜻입니다.

비주얼 사회 교과서 개념　**023 쪽**

(1) 산지　　(2) 하천　　(3) 해안

(1) '들이 적고 산이 많은 지대.'는 '산지'의 뜻입니다.
(2) '강과 시내를 아울러 이르는 말.'은 '하천'입니다.
(3) '바다와 육지가 맞닿은 부분.'을 '해안'이라고 합니다.

- **글의 종류** 설명문
- **글의 특징** 이 글은 독도의 영유권이 대한민국에 있다는 것을 증명하는 기록들을 소개하고 있습니다.
- **주제** 독도가 기록된 문헌들

025~026 쪽

1 ④　　　**2** ④　　　**3** ⑤　　　**4** 성진

5
㉮ 조선 시대 문헌에 기록된 독도
㉯ 1900년 이후 칙령에 기록된 독도
㉰ 고려 시대 문헌에 최초로 기록된 독도
㉱ 일본의 독도 영유권 주장을 반박하는 노래

(㉱) → (㉰) → (㉮) → (㉯)

6

(삼국사기)	울릉도와 우산도 두 섬이 우산국이라는 나라를 형성하고 있다는 기록이 있음.
세종실록지리지	(동해)에 무릉과 우산의 두 섬이 있다고 기술하고 있음.
신증동국여지승람	(우산도), 울릉도가 울진현 동쪽 바다 한가운데 있다는 기록이 있음.
(성호사설)	안용복이 일본으로 건너가 독도를 조선의 땅으로 회복하였다는 내용이 나옴.
대한 제국 칙령	강원도 울진현에 속해 있던 울릉도와 독도를 묶어 독립된 군으로 승격한다고 발표함.

7 (1) 명백　(2) 눈독　(3) 기술　(4) 문헌　(5) 편찬

1 이 글은 일본의 독도 영유권 주장을 반박하며 독도가 대한민국 땅임을 증명하는 여러 가지 기록을 소개한 글입니다.

① 안용복의 업적을 소개하기는 했지만, 그의 일생을 주로 소개한 글은 아닙니다.
② 독도의 자원 개발과 관련된 내용은 글에 제시되지 않았습니다.
③ 독도를 여행한 내용은 글에 제시되지 않았습니다.
⑤ 일본의 독도 영유권 주장에 대해 문제를 제기하는 글이며 일본이 독도 영유권을 포기했다는 내용은 글에 나타나 있지 않습니다.

2 ❷문단에서 6세기 초 신라 지증왕이 우산국을 정복하였다는 내용을 확인할 수 있습니다. 그러나 우산국이 토산물 바치기를 거부하고 전쟁을 치렀다는 내용은 확인할 수 없으므로 ②는 적절하지 않습니다. ①은 ❹문단에서, ②는 ❸문단에서, ③과 ⑤는 ❷문단에서 확인할 수 있습니다.

3 ㉠은 '일정한 횟수나 시간, 공간을 거쳐 이어지다.'라는 뜻으로 '걸치다'가 쓰였으며 이와 같은 뜻으로 쓰인 것은 ⑤입니다.

① '지는 해나 달이 산이나 고개 따위에 얹히다.'라는 뜻으로 쓰였습니다.
② '가로질러 걸리다.'라는 뜻으로 쓰였습니다.
③ '어떤 물체를 다른 물체에 얹어 놓다.'라는 뜻으로 쓰였습니다.
④ '옷이나 착용구 또는 이불 따위를 아무렇게나 입거나 덮다.'라는 뜻으로 쓰였습니다.

4 일본은 조선 시대에 안용복이 일본으로부터 독도가 조선 땅이라는 것을 인정하는 문서를 받아냈음에도 독도를 주인 없는 땅이라고 했습니다. 그러므로 일본의 독도 편입은 과거의 기록들을 무시한 일방적인 주장이라고 할 수 있습니다.

은지: 일본은 러일전쟁을 시작한 뒤에 독도에 눈독을 들였습니다.
로운: 고종 황제의 칙령과 일본의 독도 편입은 관련이 없습니다.

5 ❶문단은 '일본의 독도 영유권 주장을 반박하는 노래', ❷문단은 '고려 시대 문헌에 최초로 기록된 독도', ❸문단은 '조선 시대 문헌에 기록된 독도', ❹문단은 '1900년 이후 칙령에 기록된 독도'에 대해 설명하고 있습니다.

6 ❷～❹문단을 보면 『삼국사기』, 『세종실록지리지』, 『신증동국여지승람』, 『성호사설』, 대한 제국 칙령 등에 독도에 대해 기록된 내용을 알 수 있습니다.

7 (1) '의심할 바 없이 아주 뚜렷함.'이라는 뜻의 '명백'이 들어가야 합니다.
(2) '욕심을 내어 눈여겨보는 기운.'이라는 뜻의 '눈독'이 들어가야 합니다.
(3) '대상이나 과정의 내용과 특징을 있는 그대로 열거하거나 기록하여 서술함.'이라는 뜻의 '기술'이 들어가야 합니다.
(4) '옛날의 제도나 문물을 아는 데 증거가 되는 자료나 기록.'이라는 뜻의 '문헌'이 들어가야 합니다.
(5) '여러 가지 자료를 모아 체계적으로 정리하여 책을 만듦.'이라는 뜻의 '편찬'이 들어가야 합니다.

비주얼 사회 교과서 개념　　　**027 쪽**

(1) 독도　　(2) 천연

(1) '경상북도 울릉군에 속하는 화산섬.'은 '독도'입니다.
(2) '천연기념물이나 명승 따위를 보호하기 위하여 그 주변에 지정한 구역.'을 '천연 보호 구역'이라고 합니다.

사계절의 균형이 무너진다면

- **글의 종류** 설명문
- **글의 특징** 중위도에 있어 사계절이 뚜렷했던 우리나라의 기후가 변화하고 있으며 생태계 변화에 대응하기 위해 지정한 국가 기후 변화 생물지표종에 대해 설명하는 글입니다.
- **주제** 기후 변화에 따른 국가 기후 변화 생물지표종 지정의 의미

029~030 쪽

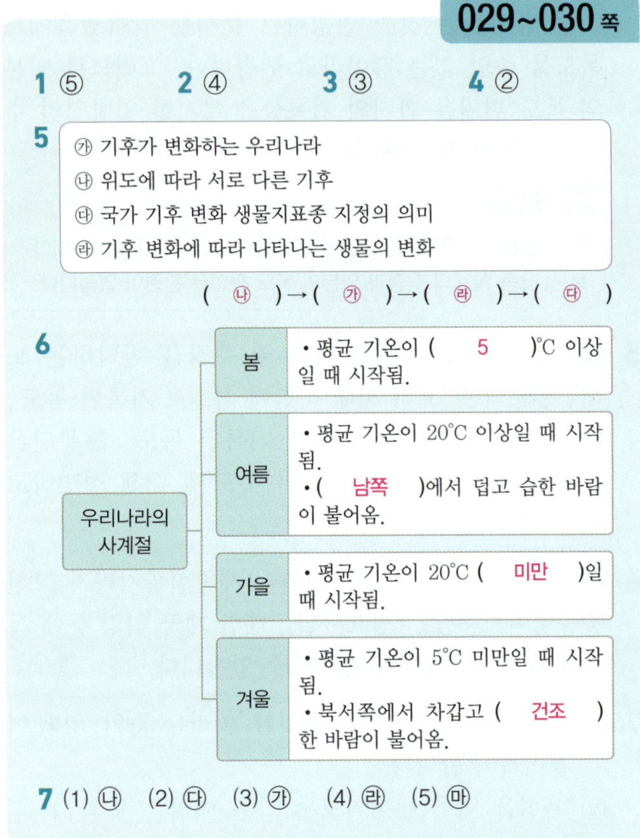

1 이 글은 우리나라의 기후가 변해서 생물들에게 나타난 변화를 설명하고, 그 변화에 대응하기 위해 정부에서 지정한 국가 기후 변화 생물지표종에 대해 소개하고 있습니다.

2 ❶문단에서 중위도에 있는 우리나라는 사계절이 나타난다고 했습니다.

3 현재 기후 변화로 지구의 평균 기온이 상승하면서 따뜻해진 날씨로 인해 큰산개구리의 산란 시기가 점점 빨라지고 있다고 하였습니다.

> **오답 풀이**
> ① 국가 기후 변화 생물지표종 때문에 생태계가 망가진 것은 아닙니다.
> ② 지금 같은 추세라면 낚시제비꽃의 분포 지역은 점점 북쪽으로 올라갈 것입니다.
> ④, ⑤ 국가 기후 변화 생물지표종은 계절에 따라 활동, 분포 지역 등의 변화가 뚜렷하거나 뚜렷할 것으로 예상되는 생물로 정합니다. 그러므로 국가 기후 변화 생물 지표종은 다른 생물보다 기후 변화에 더 민감할 것입니다.

4 ㉠의 앞에서는 우리나라 기후의 특징을 설명하고, ㉠의 뒤에서는 우리나라 기후가 변화하고 있다고 했습니다. 그러므로 ㉠에는 이야기를 앞의 내용과 관련시키면서 다른 방향으로 바꿀 때 쓰는 말인 '그런데'가 들어가야 합니다. ㉡의 앞에는 생태계가 파괴될 것이라는 내용이, 뒤에는 국가 기후 변화 생물지표종을 정해 생태계 변화를 파악한다는 내용이 나옵니다. 그러므로 ㉡에는 앞의 내용이 뒤의 내용의 원인이나 근거, 조건 등이 될 때 쓰는 말인 '그래서'가 들어가야 합니다.

> **오답 풀이**
> · '그러나'는 앞의 내용과 뒤의 내용이 서로 반대될 때 쓰는 말입니다.
> · '그리고'는 앞의 내용에 이어 뒤의 내용을 단순히 나열할 때 쓰는 말입니다.
> · '그러므로'는 앞의 내용이 뒤의 내용의 이유나 원인, 근거가 될 때 쓰는 말입니다.

5 ❶문단은 '위도에 따라 서로 다른 기후', ❷문단은 '기후가 변화하는 우리나라'에 대해 설명하고 있습니다. ❸문단은 '기후 변화에 따라 나타나는 생물의 변화', ❹문단은 '국가 기후 변화 생물지표종 지정의 의미'에 대해 설명하고 있습니다.

6 우리나라는 일평균 기온이 일정하게 유지되는 날을 계절의 시작으로 정합니다. 우리나라는 여름에 남쪽에서 덥고 습한 바람이 불어오고, 겨울에는 북서쪽에서 차갑고 건조한 바람이 불어옵니다.

7 (1) '북상'은 '북쪽을 향하여 올라감.'이라는 뜻입니다.
(2) '개화'는 '풀이나 나무의 꽃이 핌.'이라는 뜻입니다.
(3) '자생'은 '저절로 나서 자람.'이라는 뜻입니다.
(4) '분포'는 '일정한 범위에 흩어져 퍼져 있음.'이라는 뜻입니다.
(5) '주시'는 '어떤 목표물에 주의를 집중하여 봄.'이라는 뜻입니다.

비주얼 사회 교과서 개념　　**031 쪽**

(1) 기후　　(2) 중위도

(1) '오랜 기간 한 지역에 나타나는 평균적인 대기 상태.'를 '기후'라고 합니다.

(2) '저위도와 고위도의 중간.'은 '중위도'입니다.

- **글의 종류** 설명문
- **글의 특징** 이 글은 황사와 미세 먼지, 초미세 먼지의 특징을 설명하고 대기의 질이 좋지 않을 때의 대처 방안을 설명하고 있습니다.
- **주제** 황사와 미세 먼지, 초미세 먼지의 특징

033~034 쪽

1 ①, ③, ⑤   **2** ②   **3** ㉮   **4** ②

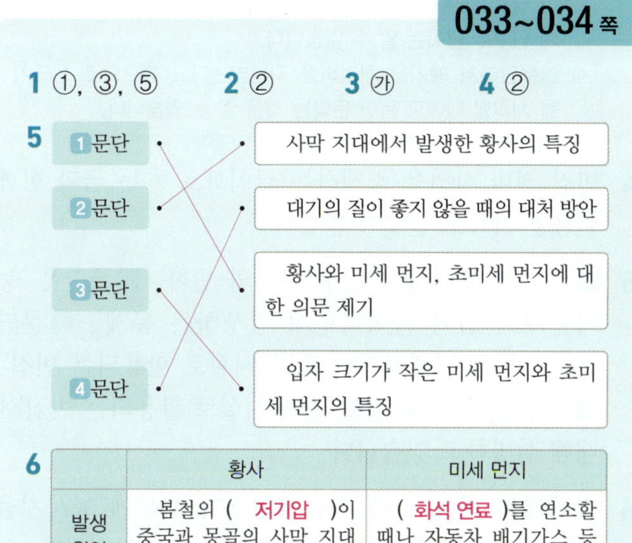

6

	황사	미세 먼지
발생 원인	봄철의 (저기압)이 중국과 몽골의 사막 지대를 지날 때 발생함.	(화석 연료)를 연소할 때나 자동차 배기가스 등에서 배출됨.
주성분	흙먼지	황산염, 질산염, 중금속 등의 (화학 물질)
입자 지름	(5~8)㎛	• 미세 먼지: 10㎛ 이하 • (초미세 먼지): 2.5㎛ 이하
발생 시기	(3월)에서 5월까지 주로 발생함.	일 년 내내 발생함.

7 (1) 질 (2) 발원 (3) 유입 (4) 침투 (5) 부득이

1 이 글은 황사와 미세 먼지, 초미세 먼지의 특징을 설명하고 있습니다. 그러므로 핵심어는 '황사'와 '미세 먼지', '초미세 먼지'입니다.

2 ①은 1문단에서, ③과 ④는 3문단에서, ⑤는 4문단에서 확인할 수 있습니다. 하지만 황사를 감소시키는 방안은 이 글에서 확인할 수 없습니다.

① 1문단에서 황사는 중국 북서부에서 발원했다고 했습니다.
③ 3문단에서 미세 먼지에는 황산염, 질산염, 중금속 등의 화학 물질이 들어 있다고 했습니다.
④ 3문단에서 미세 먼지는 입자 지름이 10㎛ 이하, 초미세 먼지는 2.5㎛ 이하라고 했습니다.
⑤ 4문단에서 봄철에는 황사와 미세 먼지가 동시에 발생하기 때문에 유독 대기의 질이 좋지 않다고 했습니다.

3 미세 먼지는 대기 오염의 결과물이므로 대기 오염이 개선되면 미세 먼지 농도도 낮아질 수 있습니다.

㉯ 황사는 서쪽에서 동쪽으로 부는 바람의 영향을 받으므로 중국, 한국, 일본 순으로 이동합니다. 그러므로 일본보다 우리나라가 황사의 영향을 더 많이 받습니다.
㉰ 황사, 미세 먼지, 초미세 먼지 중에서 초미세 먼지 입자가 가장 작으므로 초미세 먼지가 인체에 가장 깊이 침투합니다.

4 황사는 주로 봄철에 발생하고 겨울에는 발생률이 높지 않다고 했고, 가을철에 발생하는 자연재해에 대해서는 언급되지 않았으므로 ②는 알맞지 않은 자료입니다.

5 1문단은 '황사와 미세 먼지, 초미세 먼지에 대한 의문 제기', 2문단은 '사막 지대에서 발생한 황사의 특징', 3문단은 '입자 크기가 작은 미세 먼지와 초미세 먼지의 특징', 4문단은 '대기의 질이 좋지 않을 때의 대처 방안'에 대해 설명하고 있습니다.

6 이 글은 2문단에서 황사의 특징을, 3문단에서 미세 먼지와 초미세 먼지의 특징을 설명하고 있습니다.

7 (1) '속성, 가치, 쓸모, 등급 등과 같은 사물의 근본 성질.'이라는 뜻의 '질'이 들어가야 합니다.
(2) '사회 현상이나 사상 따위가 맨 처음 생겨나다.'라는 뜻의 '발원하다'가 들어가야 합니다.
(3) '액체나 기체, 열 따위가 어떤 곳으로 흘러들게 되다.'라는 뜻의 '유입되다'가 들어가야 합니다.
(4) '세균이나 병균 따위가 몸속에 들어오다.'라는 뜻의 '침투하다'가 들어가야 합니다.
(5) '마지못하여 할 수 없게.'라는 뜻의 '부득이하게'가 들어가야 합니다.

(1) '양'은 '세거나 잴 수 있는 분량이나 수량.'이라는 뜻입니다.
(2) '발견하다'는 '미처 찾아내지 못하였거나 아직 알려지지 아니한 사물이나 현상, 사실 따위를 찾아내다.'라는 뜻입니다.
(3) '수입되다'는 '다른 나라로부터 상품이나 기술 따위가 사들여지다.'라는 뜻입니다.
(4) '침식하다'는 '비, 하천, 빙하, 바람 따위의 자연 현상이 지표를 깎다.'라는 뜻입니다.
(5) '부정확하게'는 '바르지 아니하거나 확실하지 아니하게.'라는 뜻입니다.

비주얼 사회 교과서 개념   **035 쪽**

(1) 재해   (2) 변화

(1) '자연 현상으로 발생하는 피해.'는 '자연재해'입니다.
(2) '일정 지역에서 오랜 기간에 걸쳐서 진행되는 기상의 변화.'는 '기후 변화'입니다.

- **글의 종류** 설명문
- **글의 특징** 이 글은 농어촌의 빈집 증가 문제와 이것을 해결하기 위한 빈집 정비 사업을 소개하고 있습니다.
- **주제** 농어촌의 빈집 문제를 해결하기 위한 빈집 정비 사업

037~038 쪽

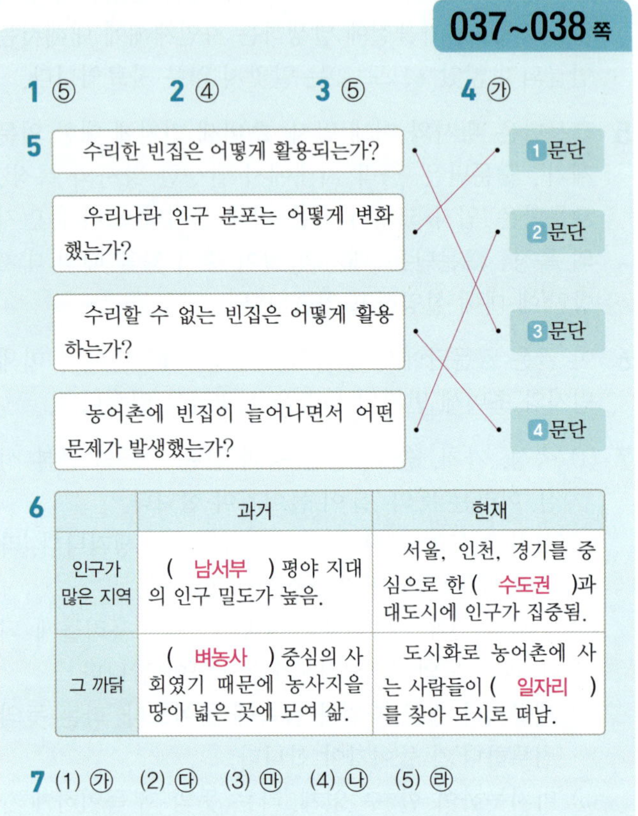

6

	과거	현재
인구가 많은 지역	(남서부) 평야 지대의 인구 밀도가 높음.	서울, 인천, 경기를 중심으로 한 (수도권)과 대도시에 인구가 집중됨.
그 까닭	(벼농사) 중심의 사회였기 때문에 농사지을 땅이 넓은 곳에 모여 삶.	도시화로 농어촌에 사는 사람들이 (일자리)를 찾아 도시로 떠남.

7 (1) ㉮ (2) ㉱ (3) ㉲ (4) ㉯ (5) ㉳

1 이 글은 도시화로 인해 농어촌에 빈집이 증가한 문제와 이것을 해결하기 위한 빈집 정비 사업을 소개하고 있는 글입니다.

2 2문단에서 2022년 기준 전국의 빈집은 13만 2천여 채이며 이 중에서 농어촌의 빈집은 8만 9천여 채라고 했습니다. 그러므로 도시와 농어촌 중에서 빈집이 더 많은 곳은 농어촌이며 그 차이는 두 배가 넘습니다.

> **오답 풀이**
> ① 1문단에서 우리나라는 1960년대 이후 도시화가 진행되었다고 했습니다.
> ② 농어촌에 빈집이 많아지자 여러 지방 자치 단체는 농어촌을 떠난 사람들을 불러들이기 위해 빈집 정비 사업을 진행하고 있다고 했습니다.
> ③ 1문단에서 과거 우리나라는 벼농사 중심의 사회였다고 했습니다.
> ⑤ 2문단에서 방치된 빈집은 안전사고나 범죄에 노출되기 쉽다고 했습니다.

3 도시화가 진행되면서 사람들이 일자리를 찾아 도시로 떠나자, 농어촌에 빈집이 많아졌습니다. 이에 농어

촌은 인구가 감소해 지역 소멸의 위기에 처했고, 이를 해결하기 위해 빈집 정비 사업을 진행하고 있습니다.

> **오답 풀이**
> ① 4문단에서 노후 정도가 심해 위험하거나 수리할 수 없는 빈집은 아예 철거한다고 했습니다.
> ② 2문단에서 빈집 인근 주민들은 빈집이 안전사고나 범죄에 노출되기 쉬워 불안해한다고 했으므로 빈집이 철거되면 불안감이 줄어들 것입니다.
> ③ 이 글의 내용만으로는 1960년대와 2020년대의 우리나라 전체 인구수 변화는 알 수 없습니다.
> ④ 4문단에서 폐기물 처리비를 지원받는다고 했으므로 쓰레기를 처리할 때에도 돈이 든다는 것을 알 수 있습니다.

4 빈집 정비 사업을 소개하는 글이므로 ㉮는 글과 함께 활용할 자료로 알맞지 않습니다.

5 1문단은 '우리나라 인구 분포의 변화', 2문단은 '농어촌에 빈집이 늘어나면서 발생하는 문제', 3문단은 '수리 후 임대하거나 숙박 시설로 활용되는 빈집', 4문단은 '철거 후 생활 편의 시설로 활용되는 빈집'에 대해 설명하고 있습니다.

6 과거에는 벼농사 중심의 사회였기 때문에 농사지을 땅이 넓은 남서부 평야 지대에 인구가 많았습니다. 현재는 도시화로 농어촌에 살던 사람들이 일자리를 찾아 도시로 떠나면서 수도권과 대도시에 인구가 집중되었습니다.

7 (1) '개량'은 '나쁜 점을 보완하여 더 좋게 고침.'이라는 뜻입니다.
(2) '노후'는 '제구실을 하지 못할 정도로 낡고 오래됨.'이라는 뜻입니다.
(3) '무상'은 '어떤 행위에 대하여 아무런 대가나 보상이 없음.'이라는 뜻입니다.
(4) '방치'는 '돌보거나 간섭하지 않고 그대로 둠.'이라는 뜻입니다.
(5) '철거'는 '건물, 시설 따위를 무너뜨려 없애거나 걷어치움.'이라는 뜻입니다.

> **비주얼 사회 교과서 개념**　　**039 쪽**
>
> (1) 인구　　(2) 분포

(1) '일정한 넓이의 땅에 사람들이 어느 정도 모여 살고 있는지를 나타낸 것.'은 '인구 밀도'입니다.

(2) '사람들이 어디에 얼마나 모여 살고 있는가를 나타낸 것.'은 '인구 분포'입니다.

- **글의 종류** 설명문
- **글의 특징** 이 글은 우리나라 국토 개발 계획이 시대별로 어떻게 진행되었는지를 설명하고 있습니다.
- **주제** 우리나라 국토 개발 계획의 역사

041~042쪽

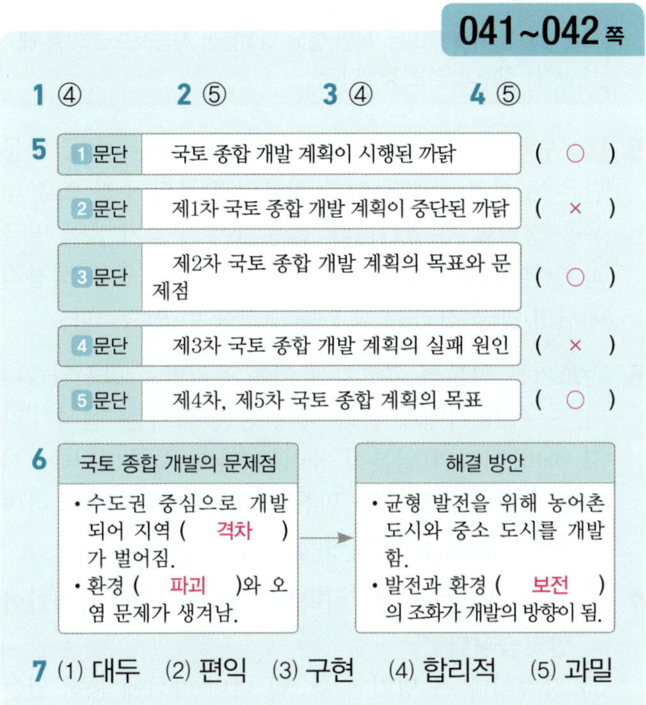

1 이 글은 우리나라 국토 종합 개발 계획의 역사를 시기별로 제시하여 제1차부터 제5차까지 변화 내용을 중점적으로 살펴보았습니다.

2 국토 개발 계획의 필요성과 국토 종합 개발 계획의 주기는 1문단에서 확인할 수 있습니다. 국토 종합 개발 계획의 주요 내용은 2문단부터 4문단까지에 설명했습니다. 앞으로의 국토 종합 계획의 방향성은 5문단에서 확인할 수 있습니다. 국토 종합 개발 계획에서 제외된 지역은 이 글에 제시되지 않았습니다.

3 5문단에서 제4차 국토 종합 계획부터 친환경적 발전을 강조하기 위해 '국토 종합 개발 계획'에서 '개발'이라는 단어를 뺐다고 설명했습니다.

오답 풀이

①, ②, ③과 관련된 내용은 글에 제시되지 않았습니다. 제2차 계획부터는 수도권 과밀을 완화하려고 농어촌 개발을 했으므로 ④의 질문은 알맞지 않습니다.

4 '두다'는 하나의 낱말이 여러 가지 뜻을 가지고 있는 다의어입니다. ㉠은 '중요성이나 가치 따위를 부여하다.'라는 뜻으로 쓰였습니다. 이와 같은 뜻으로 '두다'가 쓰인 것은 ⑤입니다.

오답 풀이

①은 '일정한 곳에 놓다.'의 뜻으로, ②는 '어떤 상황이나 상태 속에 놓다.'라는 뜻으로 쓰였습니다. ③은 '가져가거나 데려가지 않고 남기거나 버리다.'라는 뜻으로, ④는 '생각 따위를 가지다.'라는 뜻으로 쓰였습니다.

5 1문단은 '국토 종합 개발 계획이 시행된 까닭', 2문단은 '제1차 국토 종합 개발 계획의 내용과 성과', 3문단은 '제2차 국토 종합 개발 계획의 목표와 문제점', 4문단은 '제3차 국토 종합 개발 계획의 목표와 내용', 5문단은 '제4차, 제5차 국토 종합 계획의 목표'를 설명하고 있습니다.

6 과거 수도권 중심으로 진행된 국토 종합 개발 계획의 결과로 지역 격차 문제 및 환경 파괴와 오염 문제가 대두되었습니다. 이에 대한 해결 방안으로 균형 발전을 위해 농어촌 도시와 중소 도시를 개발하고 발전과 환경 보전의 조화를 개발 방향으로 정해 계획이 수정되었습니다.

7 (1) '어떤 세력이나 현상이 새롭게 나타남.'이라는 뜻의 '대두'가 들어가야 합니다.
(2) '편리하고 유익함.'이라는 뜻의 '편익'이 들어가야 합니다.
(3) '어떤 내용을 구체적인 사실로 나타나게 함.'이라는 뜻의 '구현'이 들어가야 합니다.
(4) '이론이나 이치에 합당한.'이라는 뜻의 '합리적'이 들어가야 합니다.
(5) '인구나 건물, 산업 따위가 한곳에 지나치게 집중되어 있음.'이라는 뜻의 '과밀'이 들어가야 합니다.

오답 어휘 설명

(1) '대체'는 '다른 것으로 바뀜.'이라는 뜻입니다.
(2) '편법'은 '정상적인 절차를 따르지 않은 간편하고 손쉬운 방법.'이라는 뜻입니다.
(3) '구경'은 '흥미나 관심을 가지고 봄.'이라는 뜻입니다.
(4) '보수적'은 '새로운 것이나 변화를 반대하고 전통적인 것을 옹호하며 유지하려는.'이라는 뜻입니다.
(5) '과소'는 '과밀'의 반대말로 '너무 성김.'이라는 뜻입니다.

비주얼 사회 교과서 개념　　**043쪽**

(1) 도시화   (2) 이동

(1) '도시의 수가 증가하고 도시 면적이 확대되며 도시 주민이 늘어나는 현상.'은 '도시화'입니다.
(2) '사람들이 한 장소에서 다른 장소로 옮겨 가는 현상.'은 '인구 이동'입니다.

- **글의 종류** 설명문
- **글의 특징** 공주 석장리에서 구석기 시대 유물을 발굴한 손보기의 노력과 업적에 대한 이야기입니다.
- **주제** 한국의 구석기 시대 유물 발굴

047~048 쪽

1 ④　　**2** ④　　**3** ③　　**4** ③

5
㉮ 공주 석장리에서의 발굴 결과
㉯ 공주에서 구석기 유물을 발굴한 계기
㉰ 구석기 시대에 대한 일본의 잘못된 주장
㉱ 구석기 유물 발굴과 일본식 고고학 용어 변경

(㉯) → (㉰) → (㉱) → (㉮)

6

	뗀석기	간석기
시대	(구석기) 시대	신석기 시대
일본식 용어	타제 석기	(마제 석기)
만든 방법	돌을 (떼어) 만듦.	돌을 갈아 만듦.

7 (1) 우월　(2) 발굴　(3) 일방적　(4) 용어　(5) 사명감

1 이 글은 손보기가 공주 석장리에서 구석기 유물을 발굴한 과정을 보여 주고 있으므로 '한국의 구석기 유물 발굴'에 대해 쓴 글이라는 것을 알 수 있습니다.

2 우리나라에서 구석기 시대가 시작된 연도가 언제인지는 글에 나와 있지 않습니다.

오답 풀이
① **1**문단에서 모어 부부가 공주의 금강을 답사하다가 흙더미에서 돌 조각을 발견했다고 했습니다.
② **1**, **4**문단에서 공주 석장리에서 구석기 유물이 나왔다고 했습니다.
③ **4**문단에서 1974년에 국사 교과서에 구석기 시대에 대한 내용이 실렸다고 했습니다.
⑤ **3**문단에서 구석기 시대에는 뗀석기를, 신석기 시대에는 간석기를 사용했다고 했습니다.

3 ㉠은 일본이 만들어 낸 잘못된 주장이며 이것 때문에 우리나라에서 구석기 시대에 대한 연구가 활발히 진행되지 않았습니다. 이를 통해 일본이 조사나 연구를 거치지 않고 우리나라의 역사를 제멋대로 해석했다는 것을 알 수 있습니다.

4 '어떤 일에 꽉 잡혀서 벗어나지 못하게 하고.'는 '발목을 잡고'의 뜻입니다. 이 관용 표현은 일본으로부터 독립한 후에도 일본이 만들어 낸 잘못된 주장의 영향을

받는 상황에서 쓸 수 있습니다.

오답 풀이
① '손을 끊고'는 '교제나 거래 따위를 중단하고.'라는 뜻입니다.
② '무릎을 치고'는 '갑자기 어떤 놀라운 사실을 알게 되었거나 희미한 기억이 되살아날 때, 또는 몹시 기쁠 때 무릎을 탁 치고.'라는 뜻입니다.
④ '어깨를 견주고'는 '서로 비슷한 지위나 힘을 가지고.'라는 뜻입니다.
⑤ '팔을 걷어붙이고'는 '어떤 일에 뛰어들어 적극적으로 일할 태세를 갖추고.'라는 뜻입니다.

5 **1**문단은 '공주에서 구석기 유물'을 발굴한 계기, **2**문단은 '구석기 시대에 대한 일본의 잘못된 주장'으로 내용을 정리할 수 있습니다. **3**문단은 '구석기 유물 발굴과 일본식 고고학 용어 변경', **4**문단은 '공주 석장리에서의 발굴 결과'로 내용을 정리할 수 있습니다.

6 손보기는 일본식 고고학 용어를 우리말로 바꾸었습니다. 구석기 시대에 돌을 떼어 만든 석기는 '뗀석기'라고 하며 이것의 일본식 용어는 '타제 석기'입니다. 신석기 시대에 돌을 갈아 만든 석기는 '간석기'라고 하며 이것의 일본식 용어는 '마제 석기'입니다.

7 (1) '다른 것보다 나음.'이라는 뜻의 '우월'이 들어가야 알맞습니다.
(2) '땅속이나 큰 덩치의 흙, 돌 더미 따위에 묻혀 있는 것을 찾아서 파냄.'이라는 뜻의 '발굴'이 들어가야 알맞습니다.
(3) '어느 한쪽으로 치우친 것.'이라는 뜻의 '일방적'이 들어가야 알맞습니다.
(4) '일정한 분야에서 주로 사용하는 말.'이라는 뜻의 '용어'가 들어가야 알맞습니다.
(5) '주어진 임무를 잘 수행하려는 마음가짐.'이라는 뜻의 '사명감'이 들어가야 알맞습니다.

비주얼 사회 교과서 개념　**049 쪽**

(1) 선사　　(2) 구석기　(3) 신석기

(1) '문자로 된 자료가 없는 석기 시대와 청동기 시대.'는 '선사 시대'입니다.
(2) '돌을 깨뜨려서 도구를 만들어 쓰던 가장 오래 전의 석기 시대.'는 '구석기 시대'입니다.
(3) '돌을 갈아서 만든 도구를 사용하고 농경과 목축을 하며 정착 생활을 시작한 시대.'는 '신석기 시대'입니다.

8조법에 나타난 불평등 사회

- **글의 종류** 설명문
- **글의 특징** 청동기 시대에 세워진 국가 고조선의 8조법을 통해 당시 사회 모습을 설명하는 글입니다.
- **주제** 8조법에 나타난 고조선의 사회 모습

051~052 쪽

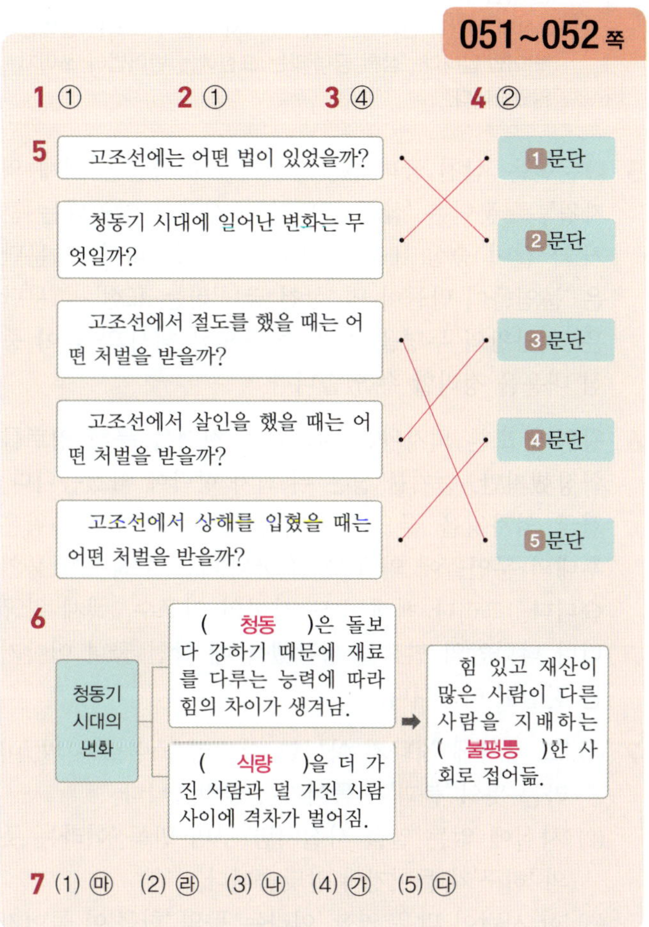

1 이 글은 중국의 옛 기록인 『한서』에 남아 있는 8조법의 조항을 하나씩 나누어 당시 고조선의 사회 모습을 분석하고 있습니다.

2 2문단에서 청동기 시대에 한반도에는 최초의 국가인 고조선이 세워졌다고 했습니다.

> **오답 풀이**
> ② 1문단에서 청동기 시대에는 농사가 발달했다고 했으므로 알맞지 않습니다.
> ③ 3문단에서 '널리 사람을 이롭게 한다.'라는 뜻을 바탕으로 세워진 고조선에서는 생명의 가치가 무엇보다 소중했다고 했습니다.
> ④ 5문단에서 죄를 용서받으려면 돈을 내야 한다고 했지만, 돈을 내면 높은 신분을 살 수 있다는 내용은 없습니다.
> ⑤ 1문단에서 청동기 시대에는 식량을 더 가진 사람과 덜 가진 사람 사이에 격차가 벌어졌다고 했으므로 부자와 가난한 사람의 차이가 있었습니다.

3 '눈에는 눈 이에는 이'는 해를 입은 만큼 앙갚음하는 것을 비유적으로 이르는 말입니다. 그러므로 살인을 죽음으로 벌하는 고조선의 법 조항과 뜻이 통하는 속담입니다.

> **오답 풀이**
> ① '눈 찌를 막대'는 '남의 급소를 찔러 해를 끼치려고 하는 고약한 마음을 비유적으로 이르는 말.'이라는 뜻입니다.
> ② '눈 가리고 아웅'은 '얕은수로 남을 속이려 한다는 말.'이라는 뜻입니다.
> ③ '눈은 마음의 거울'은 '눈만 보아도 그 사람의 마음을 짐작할 수 있음을 비유적으로 이르는 말.'이라는 뜻입니다.
> ⑤ '눈 뜨고 코 베어갈 세상'은 '눈을 멀쩡히 뜨고 있어도 코를 베어 갈 만큼 세상인심이 고약하다는 말.'이라는 뜻입니다.

4 2문단에서 8조법의 일부가 중국의 옛 기록인 『한서』에 남아 있다고 하였으므로 답을 알 수 있는 질문은 ②입니다.

5 1문단은 '불평등한 사회가 시작된 청동기 시대', 2문단은 '고조선의 8조법', 3문단은 '8조법에서 살인을 했을 때의 처벌', 4문단은 '8조법에서 상해를 입혔을 때의 처벌', 5문단은 '8조법에서 절도를 했을 때의 처벌'에 대해 설명하고 있습니다.

6 청동기 시대는 돌보다 강한 재료인 청동을 다루는 사람과 식량을 많이 가진 사람이 다른 사람을 지배하는 불평등한 사회였습니다.

7 (1) '내가'는 '노력이나 희생을 통하여 얻게 되는 결과.'라는 뜻입니다.
(2) '상해'는 '남의 몸에 상처를 내어 해를 끼침.'이라는 뜻입니다.
(3) '손실'은 '줄거나 잃어버려서 손해를 봄.'이라는 뜻입니다.
(4) '강등하다'는 '등급이나 계급 따위를 낮추다.'라는 뜻입니다.
(5) '배상하다'는 '남에게 입힌 손해를 물어 주다.'라는 뜻입니다.

비주얼 사회 교과서 개념　　**053 쪽**

> (1) 청동기　(2) 단군왕검

(1) '무기, 생산 도구와 같은 주요 기구를 청동으로 만들어 사용하던 시대.'는 '청동기 시대'입니다.

(2) '고조선을 세운 왕이자 우리 민족의 시조.'는 '단군왕검'입니다.

- **글의 종류** 설명문
- **글의 특징** 의자왕과 삼천 궁녀 이야기가 진실이 아님을 밝힌 글로, 진실을 바로잡을 필요성을 제시하고 있습니다.
- **주제** 의자왕과 삼천 궁녀 이야기의 진실

055~056 쪽

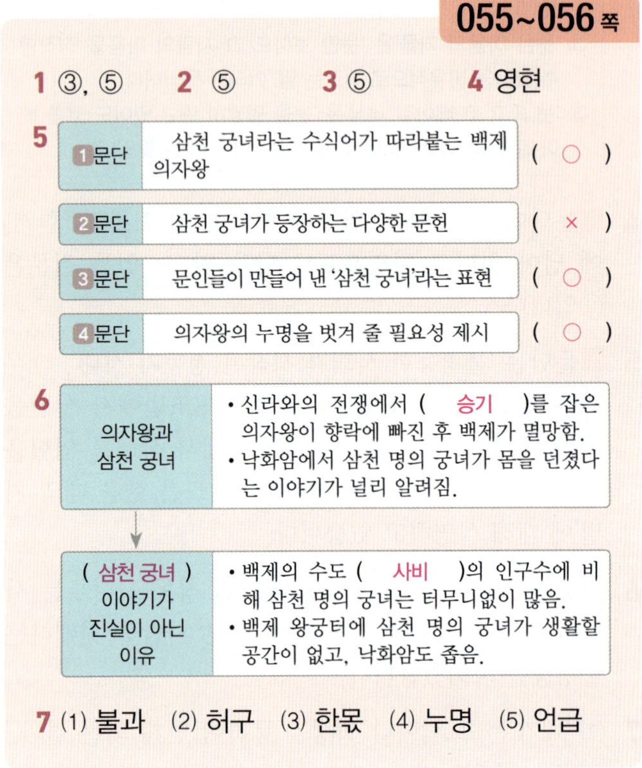

1 ③, ⑤ 2 ⑤ 3 ⑤ 4 영현

5
1문단	삼천 궁녀라는 수식어가 따라붙는 백제 의자왕	(○)
2문단	삼천 궁녀가 등장하는 다양한 문헌	(×)
3문단	문인들이 만들어 낸 '삼천 궁녀'라는 표현	(○)
4문단	의자왕의 누명을 벗겨 줄 필요성 제시	(○)

6
의자왕과 삼천 궁녀	• 신라와의 전쟁에서 (승기)를 잡은 의자왕이 향락에 빠진 후 백제가 멸망함. • 낙화암에서 삼천 명의 궁녀가 몸을 던졌다는 이야기가 널리 알려짐.
(삼천 궁녀) 이야기가 진실이 아닌 이유	• 백제의 수도 (사비)의 인구수에 비해 삼천 명의 궁녀는 터무니없이 많음. • 백제 왕궁터에 삼천 명의 궁녀가 생활할 공간이 없고, 낙화암도 좁음.

7 (1) 불과 (2) 허구 (3) 한몫 (4) 누명 (5) 언급

1 이 글은 의자왕과 삼천 궁녀 이야기가 진실이 아니라는 것을 밝힌 글이므로 '의자왕'과 '삼천 궁녀'가 핵심어입니다.

2 3문단에서 '삼천 궁녀'라는 표현은 조선의 문인들이 만든 것이라고 했습니다.

> **오답 풀이**
> ① 의자왕의 후궁이 몇 명이었는지는 알 수 없습니다.
> ② 『삼국유사』에 의자왕과 후궁과 관련된 이야기가 잘못되었다는 기록이 있으므로 백제에 대한 기록이 없는 것은 아닙니다.
> ③ 2문단에서 백제의 수도인 사비의 인구를 언급했지만, 남녀의 수가 어땠는지는 알 수 없습니다.
> ④ 3문단에서 일제 강점기에 삼천 궁녀를 벽화로 기록했다고 했습니다.

3 ㉠에서는 '손'이 '어떤 사람의 영향력이나 권한이 미치는 범위.'라는 뜻으로 쓰였습니다.

> **오답 풀이**
> ①의 뜻은 '김장하는 데 손이 부족하다.'라는 문장에, ②의 뜻은 '손이 자고 갈 수 있도록 방을 비워 두었다.'라는 문장에 쓰입니다. ③의 뜻은 '나는 손에 책을 들었다.'라는 문장에, ④의 뜻은 '우리 집은 손이 귀하다.'라는 문장에 쓰입니다.

4 '삼천 궁녀'라는 표현은 의자왕이 향락에 빠져 나라를 지키지 못한 것을 강조한 표현이며 이것을 알맞게 파악한 친구는 '영현'입니다.

> **오답 풀이**
> 로아: 처음 왕위에 올랐을 때 의자왕은 신라와 전쟁을 벌이며 영토를 확장했으므로 의자왕이 이루어 낸 성과가 전혀 없는 것은 아닙니다.
> 규진: 실제 생각과 반대되는 표현을 써서 뜻을 강조하는 방법은 '반어법'입니다. '삼천 궁녀'라는 표현에는 반어법이 쓰이지 않았습니다.

5 1문단은 '삼천 궁녀라는 수식어가 따라붙는 백제 의자왕', 2문단은 '삼천 궁녀가 존재하지 않았다는 근거'와 같이 중심 내용을 정리할 수 있습니다. 3문단은 '문인들이 만들어 낸 '삼천 궁녀'라는 표현', 4문단은 '의자왕의 누명을 벗겨 줄 필요성 제시'와 같이 중심 내용을 정리할 수 있습니다.

6 왕위에 오른 의자왕은 신라와의 전쟁을 통해 영토를 확장했지만, 승기를 잡은 뒤 점차 향락에 빠졌습니다. 결국 의자왕을 끝으로 백제가 멸망했으며 의자왕은 후대의 문인들에 의해 '삼천 궁녀'라는 수식어가 붙었습니다. 그러나 백제 수도 사비의 인구수, 백제 왕궁터나 낙화암의 면적을 생각했을 때 삼천 궁녀 이야기는 진실이 아닙니다.

7 (1) '그 수량에 지나지 아니한 상태임을 이르는 말.'이라는 뜻의 '불과'가 들어가야 알맞습니다.
(2) '사실에 없는 일을 사실처럼 꾸며 만듦.'이라는 뜻의 '허구'가 들어가야 알맞습니다.
(3) '한 사람이 맡은 역할.'이라는 뜻의 '한몫'이 들어가야 알맞습니다.
(4) '사실이 아닌 일로 이름을 더럽히는 억울한 평판.'이라는 뜻의 '누명'이 들어가야 알맞습니다.
(5) '어떤 문제에 대하여 말함.'이라는 뜻의 '언급'이 들어가야 알맞습니다.

비주얼 사회 교과서 개념 **057 쪽**

(1) 근초고 (2) 해상

(1) '백제가 강력한 고대 국가의 기반을 마련하게 한 백제 제13대 왕.'은 '근초고왕'입니다.

(2) '바다 위를 장악한 나라.'는 '해상 왕국'을 뜻합니다.

- **글의 종류** 설명문
- **글의 특징** 영토를 개척하고 나라를 안정시킨 광개토 대왕의 업적을 소개하는 글입니다.
- **주제** 광개토 대왕의 업적

059~060 쪽

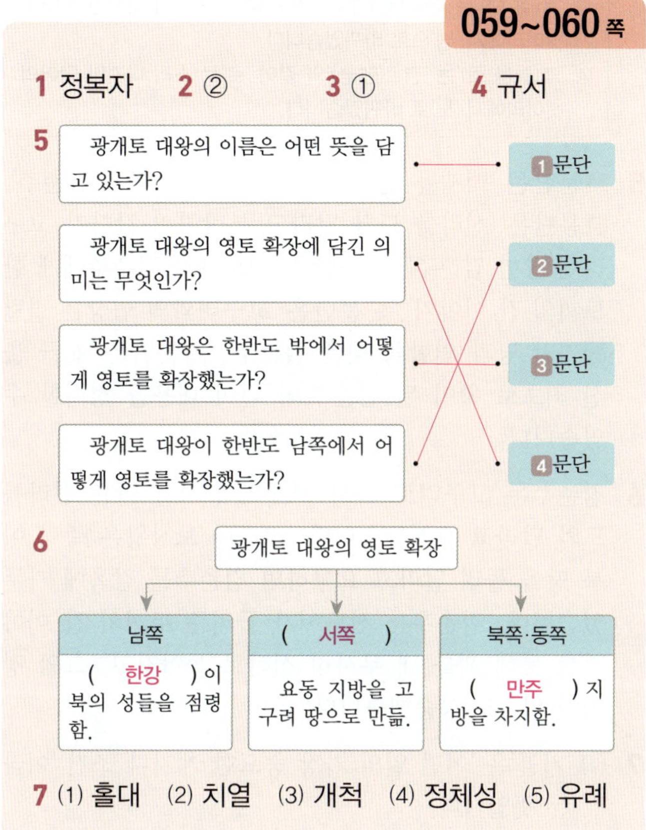

1 이 글은 광개토 대왕의 업적을 소개한 글로, 1 문단에서 광개토 대왕을 한국사에서 유례를 찾기 힘든 위대한 정복자라고 칭했습니다.

2 광개토 대왕은 백제와 영토 전쟁을 벌였지만 백제와 신라를 정복한 것이 아니라 친선 관계였던 신라를 도와 왜를 몰아내고 가야까지 공격해 한반도 남쪽에 큰 영향력을 미쳤을 뿐입니다.

① 4 문단에서 광개토 대왕은 정복한 땅에서 식량, 세금, 특산물, 가축 등을 받는 경제적 이득을 취했다고 했습니다.
③ 4 문단에서 광개토 대왕은 새롭게 정복한 지역 주민을 백성으로 받아들였다고 했습니다.
④ 3 문단에서 광개토 대왕은 중국으로 눈을 돌려 후연과의 전쟁에서 승리하고 요동 지방을 고구려의 땅으로 만들었다고 했습니다.
⑤ 4 문단에서 광개토 대왕은 고구려가 중심이 되어 주변 국가를 통합하고 살피고자 했다고 했습니다.

3 ⓒ의 앞에는 백제가 고구려에 항복했다는 내용이, 뒤에는 백제가 고구려에 굴복하는 척만 했다는 내용이 나옵니다. 서로 반대되는 내용을 이어 주는 말은 '그러나'입니다.

②, ④ '그래서'와 '그러므로'는 앞의 내용이 뒤의 내용의 원인이나 근거, 조건 등이 될 때 쓰는 말입니다.
③ '그리고'는 앞의 내용에 이어 뒤의 내용을 단순히 나열할 때 쓰는 말입니다.
⑤ '그리하여'는 앞의 내용이 뒤의 내용의 원인이거나 앞의 내용이 발전하여 뒤의 내용이 전개될 때 쓰는 말입니다.

4 1 문단에서 사후에 광개토 대왕의 공덕을 기리며 '국강상광개토경평안호태왕'이라는 이름을 붙였다고 했으며, 광개토 대왕의 이름에 고구려의 힘을 과시하려는 의도는 없습니다.

5 1 문단은 '위대한 정복자 광개토 대왕', 2 문단은 '한반도 남쪽으로 영토를 확장한 광개토 대왕', 3 문단은 '한반도 밖으로 영토를 확장한 광개토 대왕', 4 문단은 '광개토 대왕의 영토 확장에 담긴 의미'로 내용을 요약할 수 있습니다.

6 광개토 대왕은 한반도 남쪽으로는 임진강을 넘어 한강 이북의 성들을 점령했습니다. 백제와의 전쟁을 마무리한 광개토 대왕은 후연을 물리쳐 서쪽의 요동 지방을 고구려 땅으로 만들었습니다. 그리고 한반도 북쪽과 동쪽의 나라들을 정복해 만주 지방까지 영토를 확상했습니다.

7 (1) '홀대'는 '소홀히 대접함.'이라는 뜻입니다.
(2) '치열'은 '기세나 세력 따위가 불길같이 맹렬함.'이라는 뜻입니다.
(3) '개척'은 '새로운 영역, 운명, 진로 따위를 처음으로 열어 나감.'이라는 뜻입니다.
(4) '정체성'은 '어떤 존재의 변하지 않는 원래의 특성을 깨닫는 성질.'이라는 뜻입니다.
(5) '유례'는 '같거나 비슷한 예.'라는 뜻입니다.

비주얼 사회 교과서 개념　　**061 쪽**

(1) 광개토　(2) 영토

(1) 고구려 제19대 왕은 '광개토 대왕'입니다.

(2) '국가의 땅을 늘려서 넓히는 것.'을 '영토 확장'이라고 합니다.

- **글의 종류** 전기문
- **글의 특징** 백제를 멸망시키기 위해 고구려와 당에 도움을 요청했던 김춘추가 마침내 당과의 동맹을 이끌어 낸 뒤 진골 출신으로서 최초로 왕이 된 과정을 알 수 있습니다.
- **주제** 삼국 통일의 기틀을 마련한 김춘추

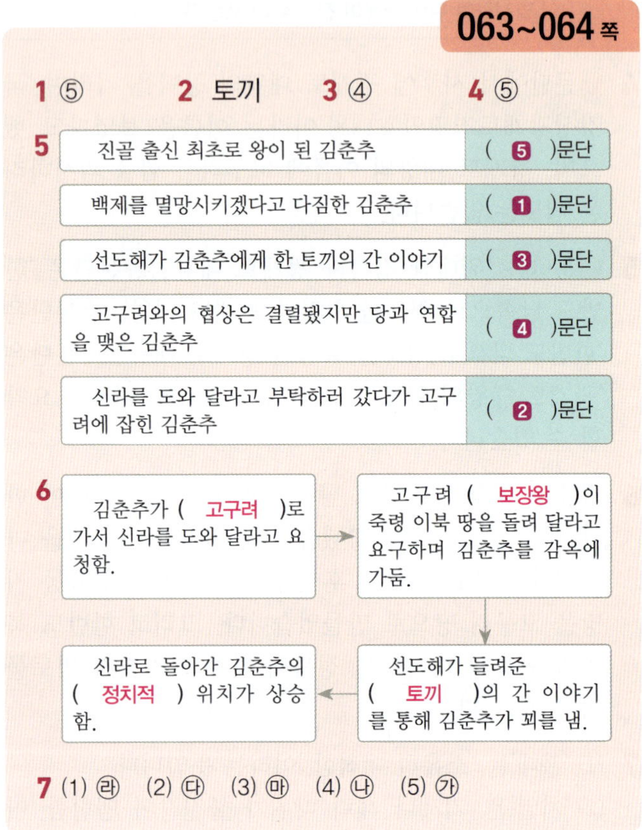

063~064 쪽

1 ⑤　　2 토끼　　3 ④　　4 ⑤

5
진골 출신 최초로 왕이 된 김춘추	(**5**)문단
백제를 멸망시키겠다고 다짐한 김춘추	(**1**)문단
선도해가 김춘추에게 한 토끼의 간 이야기	(**3**)문단
고구려와의 협상은 결렬됐지만 당과 연합을 맺은 김춘추	(**4**)문단
신라를 도와 달라고 부탁하러 갔다가 고구려에 잡힌 김춘추	(**2**)문단

6

김춘추가 (**고구려**)로 가서 신라를 도와 달라고 요청함. → 고구려 (**보장왕**)이 죽령 이북 땅을 돌려 달라고 요구하며 김춘추를 감옥에 가둠.

신라로 돌아간 김춘추의 (**정치적**) 위치가 상승함. ← 선도해가 들려준 (**토끼**)의 간 이야기를 통해 김춘추가 꾀를 냄.

7 (1) 라　(2) 다　(3) 마　(4) 나　(5) 가

1 이 글은 김춘추가 나당 연합을 맺은 뒤 진골 출신 최초로 왕이 된 과정을 보여 주고 있습니다.

2 김춘추는 꾀를 써서 고구려를 빠져 나왔으므로 용궁으로 가던 중 꾀를 써서 다시 육지로 돌아가 위기를 면한, 토끼에 대응합니다.

3 토끼가 살기 위해 육지에 가면 용왕이 원하는 간을 가져올 수 있다고 거짓말을 했듯이, 김춘추도 신라로 돌아가기 위해 거짓말을 했을 것입니다. 그러므로 편지에는 신라로 돌아가면 보장왕의 요구를 들어주겠다는 내용을 썼을 것이라고 짐작할 수 있습니다.

오답 풀이

① 보장왕이 원하는 것은 선물이 아니라, 죽령 이북의 땅이었습니다.
② 보장왕의 요구와는 거리가 먼 내용입니다.
③ 보장왕에게 함께 신라로 가자는 것은 김춘추를 감옥에 가둔 보장왕에게 할 말로 적절하지 않습니다.
⑤ 자신을 도와준 선도해를 곤란하게 했을 리도 없고, 김춘추의 처지와도 관련이 없는 내용입니다.

4 두음 법칙은 한자어에만 적용되는 것이므로 ⑤ '노트'에는 두음 법칙이 적용되지 않습니다.

오답 풀이

① '樂(즐거울 락)'은 '오락(娛樂)'과 같이 '락'으로 소리 나지만 단어의 첫머리에서 '낙'으로 바뀌었습니다.
② '來(올 래)'는 '미래(未來)'와 같이 '래'로 소리 나지만 단어의 첫머리에서 '내'로 바뀌었습니다.
③ '冷(찰 랭)'은 '한랭(寒冷)'과 같이 '랭'으로 소리 나지만 단어의 첫머리에서 '냉'으로 바뀌었습니다.
④ '老(늙을 로)'는 '경로(敬老)'와 같이 '로'로 소리 나지만 단어의 첫머리에서 '노'로 바뀌었습니다.

5 **1** 문단은 '백제를 멸망시키려는 계획을 세운 김춘추', **2** 문단은 '신라를 도와 달라고 부탁하러 갔다가 고구려에 잡힌 김춘추', **3** 문단은 '선도해가 김춘추에게 한 토끼의 간 이야기', **4** 문단은 '고구려와의 협상은 결렬됐지만 당과 연합을 맺은 김춘추', **5** 문단은 '진골 출신 최초로 왕이 된 김춘추'와 같이 내용을 정리할 수 있습니다.

6 김춘추는 고구려로 가서 백제의 공격을 받는 신라를 도와 달라고 요청했습니다. 그러나 보장왕은 죽령 이북 땅을 돌려 달라고 요구하며 김춘추를 감옥에 가두었습니다. 김춘추는 선도해가 들려준 토끼의 간 이야기를 통해 꾀를 내 무사히 신라로 돌아갔고, 그의 정치적 위치도 상승했습니다.

7 (1) '기틀'은 '어떤 일의 가장 중요한 계기나 조건.'이라는 뜻입니다.
(2) '성사'는 '일을 이룸. 또는 일이 이루어짐.'이라는 뜻입니다.
(3) '적국'은 '전쟁 상대국이나 적대 관계에 있는 나라.'라는 뜻입니다.
(4) '측근'은 '곁에서 가까이 모시는 사람.'이라는 뜻입니다.
(5) '호감'은 '좋게 여기는 감정.'이라는 뜻입니다.

비주얼 사회 교과서 개념　　**065 쪽**

(1) 나당　　(2) 통일

(1) '삼국 통일을 이룩할 때 우리 영토를 차지하려 한 당의 세력을 몰아낸 전쟁.'은 '나당 전쟁'입니다.
(2) '고대 우리나라에 있었던 세 나라 신라, 백제, 고구려를 하나로 모음.'은 '삼국 통일'을 뜻합니다.

- **글의 종류** 설명문
- **글의 특징** 고대 국가 가야의 흥망을 설명하는 글로, 풍요로운 연맹 국가였지만 멸망할 수밖에 없었던 가야의 한계에 대해 이야기하고 있습니다.
- **주제** 철의 나라 가야의 건국과 멸망

067~068 쪽

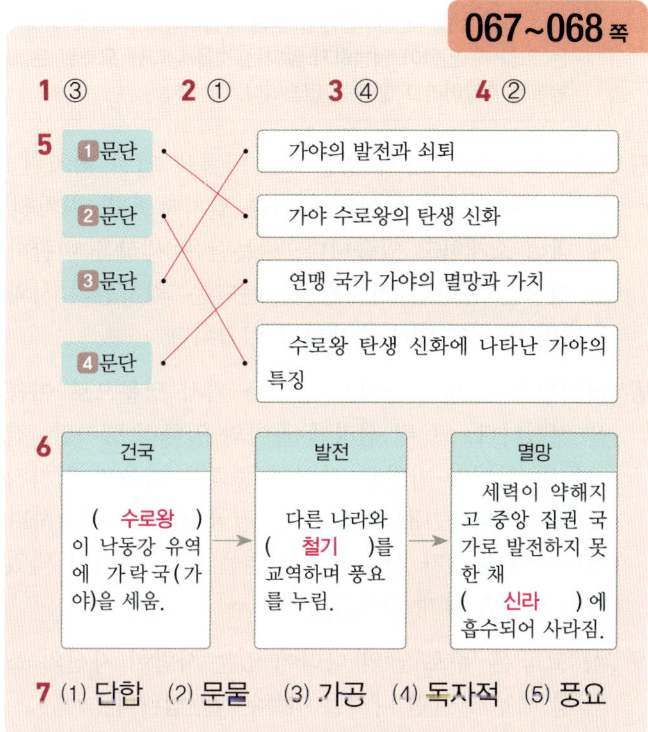

1 이 글에서는 수로왕이 가야를 세운 뒤 신라에 흡수되어 사라지기까지 가야의 건국과 멸망 과정에 대해 설명했습니다.

2 3문단에서 육지와 바다가 만나는 교통의 중심지에 터를 잡은 가야가 발전된 기술로 철기를 수출해 풍요를 누렸음을 확인할 수 있습니다.

> **오답 풀이**
>
> ② 4문단에서 가야는 중앙 집권 국가로 도약하지 못했다고 했습니다.
>
> ③ 3문단에서 가야는 다른 나라와 철기를 교역했다고 했으므로 다른 나라와 영향을 주고받았습니다.
>
> ④ 3문단과 4문단에서 고구려의 공격으로 한차례 세력이 약해진 가야가 신라에 흡수되어 멸망했다는 내용을 확인할 수 있습니다.
>
> ⑤ 1문단에서 하늘에서 내려온 상자 속 여섯 개의 황금알에서 태어난 아이들 모두 가락국의 왕이 되었다고 했습니다.

3 가야는 중앙 집권 체제를 갖춘 삼국이 서로 경쟁하는 동안 연맹 국가에서 중앙 집권 국가로 발전하지 못했습니다. 그 결과 가야는 고구려, 백제, 신라에 이은 네 번째 세력으로 인정받지 못하고 삼국과 가야가 존재

했던 시기를 '사국 시대'가 아닌 '삼국 시대'라고 부르게 되었습니다.

4 '분산'은 '갈라져 흩어짐. 또는 그렇게 되게 함.'이라는 뜻이고, '집중'은 '한곳을 중심으로 하여 모임. 또는 그렇게 모음.'이라는 뜻입니다. 그러므로 '분산'과 '집중'은 서로 반의 관계인 낱말입니다. 이와 같은 관계로 짝 지어진 것은 '성공'과 '실패'입니다.

> **오답 풀이**
>
> ①, ⑤는 유의 관계, ③, ④는 상하 관계로 짝 지어진 낱말들입니다.

5 1문단은 '가야 수로왕의 탄생 신화', 2문단은 '수로왕 탄생 신화에 나타난 가야의 특징'에 대해 설명하고 있습니다. 3문단은 '가야의 발전과 쇠퇴', 4문단은 '연맹 국가 가야의 멸망과 가치'에 대해 설명하고 있습니다.

6 수로왕이 낙동강 유역에 세운 나라 가락국(가야)은 철이 풍부하고 가공 기술이 뛰어나서 다른 나라와 철기를 교역하며 풍요를 누렸습니다. 그러나 세력이 약해지고 연맹 국가에서 중앙 집권 국가로 발전하지 못하고 신라에 흡수되어 멸망했습니다.

7 (1) '많은 사람이 마음과 힘을 한데 뭉침.'이라는 뜻의 '단합'이 들어가야 알맞습니다.
(2) '정치, 경제, 학문, 종교, 예술과 같은 문화의 산물.'이라는 뜻의 '문물'이 들어가야 알맞습니다.
(3) '기술이나 힘 등을 이용해 원료나 재료를 새로운 제품으로 만듦.'이라는 뜻의 '가공'이 들어가야 알맞습니다.
(4) '다른 것과 구별되는 혼자만의 특유한 것.'이라는 뜻의 '독자적'이 들어가야 알맞습니다.
(5) '매우 많아서 넉넉함.'이라는 뜻의 '풍요'가 들어가야 알맞습니다.

비주얼 사회 교과서 개념　　**069 쪽**

(1) 연맹　　(2) 철기　　(3) 교역

(1) '여러 부족이 힘을 합쳐 하나의 국가를 형성한 모습.'을 '연맹 국가'라고 합니다.

(2) '쇠로 만든 그릇이나 기구.'를 '철기'라고 합니다.

(3) '나라와 나라 사이에서 물건을 사고팔고 하여 서로 바꿈.'을 '교역'이라고 합니다.

• **글의 종류** 전기문
• **글의 특징** 육두품이라는 신분의 한계 때문에 좌절할 수밖에 없었던 최치원의 삶과 그가 남긴 시를 소개한 글로, 최치원이 느꼈을 좌절감에 공감할 수 있습니다.
• **주제** 최치원의 삶과 시

071~072쪽

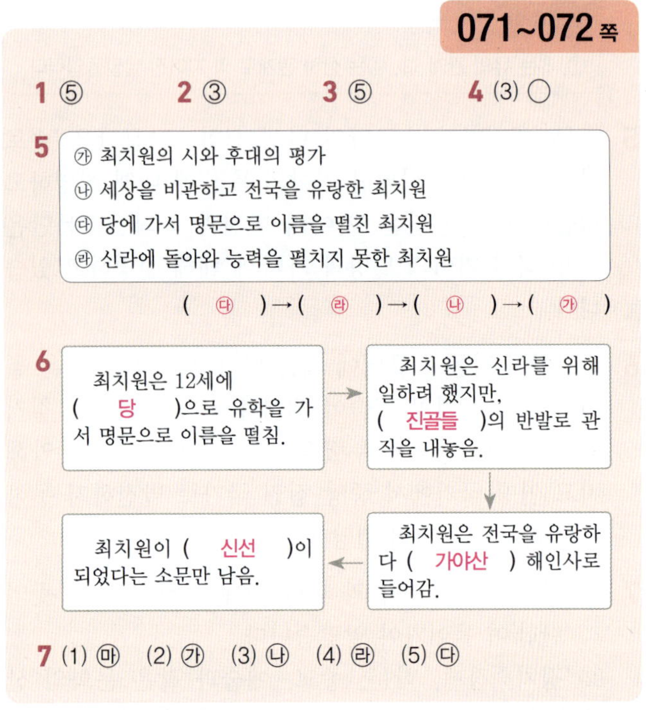

1 ⑤　　2 ③　　3 ⑤　　4 (3) ◯

5 ㉮ 최치원의 시와 후대의 평가
ㄴ 세상을 비관하고 전국을 유랑한 최치원
ㄷ 당에 가서 명문으로 이름을 떨친 최치원
ㄹ 신라에 돌아와 능력을 펼치지 못한 최치원

(㉯) → (㉰) → (㉱) → (㉲)

6
최치원은 12세에 (**당**)으로 유학을 가서 명문으로 이름을 떨침. → 최치원은 신라를 위해 일하려 했지만, (**진골들**)의 반발로 관직을 내놓음.

최치원이 (**신선**)이 되었다는 소문만 남음. ← 최치원은 전국을 유랑하다 (**가야산**) 해인사로 들어감.

7 (1) ㉱　(2) ㉮　(3) ㉯　(4) ㉰　(5) ㉲

1 이 글은 역사적 인물인 최치원의 일생을 시간의 흐름에 따라 소개하고 있습니다.

2 진성 여왕은 신라를 개혁할 방법을 정리한 글을 올린 최치원의 공을 인정하고 벼슬을 내렸습니다. 최치원이 관직에서 물러나게 만든 것은 최치원에게 반발한 진골들입니다.

> **오답 풀이**
> ① ①문단과 ②문단에서 최치원은 육두품 출신이어서 높은 관직에 오를 수 없었고 진골들의 견제를 받았다고 했으므로 왕족이 아닙니다.
> ② ①문단에서 최치원은 당에서 난을 일으킨 황소를 꾸짖는 글을 지어 명문으로 이름을 떨쳤다고 했습니다.
> ④ ③문단에서 관직을 그만두고 전국을 유랑하던 최치원은 가야산 해인사로 들어간 뒤 사라져 버렸다고 했습니다.
> ⑤ ①문단과 ②문단에서 육두품인 최치원이 신분의 벽을 뛰어넘지 못했던 것으로 보아, 통일신라는 엄격한 신분 계급이 있었다는 것을 알 수 있습니다.

3 ㉠의 시에서 말하는 이는 시를 읊고 있지만 알아듣는 이가 없으며 말하는 이의 마음은 자신이 있는 공간이 아닌 만 리 밖을 향하고 있습니다. 그러므로 이 시에는 세상의 인정을 받지 못해 외로운 마음이 표현되어 있습니다.

4 소설 속 치원이 글을 잘 쓰고 도술까지 부릴 수 있는 것은 실제 최치원의 능력에 신비로운 능력을 더해 소설 속 인물의 뛰어난 모습을 강조한 것이라고 볼 수 있습니다.

> **오답 풀이**
> (1) 소설 속 치원은 글을 잘 쓰는 능력 때문에 죽음을 맞이하지 않았습니다.
> (2) 소설 속 치원이 신선이 된 것은 실제 최치원이 가야산에 들어가 사라진 것을 더 신비롭게 표현한 것입니다. 그러므로 이것은 소설 속 인물이 평범하지 않다는 것을 나타낸 요소일 뿐, 행복한 결말이라고 할 수는 없습니다.

5 ①문단은 '당에 가서 명문으로 이름을 떨친 최치원', ②문단은 '신라에 돌아와 능력을 펼치지 못한 최치원'에 대해 소개하고 있습니다. ③문단은 '세상을 비관하고 전국을 유랑한 최치원', ④문단은 '최치원의 시와 후대의 평가'에 대해 소개하고 있습니다.

6 최치원은 12세에 당으로 유학을 가서 명문으로 이름을 떨칩니다. 그 뒤 신라에 돌아와 일하려 했지만, 진골들의 경계와 반발로 자신의 능력을 마음껏 펼치지 못하고 관직을 내놓았습니다. 결국 전국을 유랑하다 가야산에 들어가 사라진 최치원을 두고 신선이 되었다는 소문만 남게 되었습니다.

7 (1) '고국'은 '주로 남의 나라에 있는 사람이 자신의 조상 때부터 살던 나라를 이르는 말.'입니다.
(2) '괴리'는 '서로 어그러져 동떨어짐.'이라는 뜻입니다.
(3) '비운'은 '순조롭지 못하거나 슬픈 운수나 운명.'이라는 뜻입니다.
(4) '무성하다'는 '생각이나 말, 소문 따위가 마구 뒤섞이거나 퍼져서 많다.'라는 뜻입니다.
(5) '좌천되다'는 '현재의 직위나 지위보다 낮거나 좋지 않은 자리로 떨어지다.'라는 뜻입니다.

비주얼 사회 교과서 개념　　**073쪽**

(1) 불교　　(2) 골품제

(1) '기원전 6세기경 인도의 석가모니가 만든 후 동양 여러 나라에 전파된 종교.'는 '불교'입니다.

(2) '신라 때에, 혈통에 따라 성골과 진골이라는 '골' 신분과 6두품부터 1두품까지 여섯 등급의 '두품'으로 나누는 신분 제도.'는 '골품제'입니다.

- **글의 종류** 논설문
- **글의 특징** 이 글은 우리의 역사를 왜곡하려는 중국의 동북 공정에 문제를 제기하며 발해가 우리 역사라는 주장과 근거를 제시하는 글로, 역사를 지키기 위해서는 관심이 필요하다는 생각을 강조하고 있습니다.
- **주제** 고구려를 계승한 발해의 역사에 대한 관심 촉구

075~076쪽

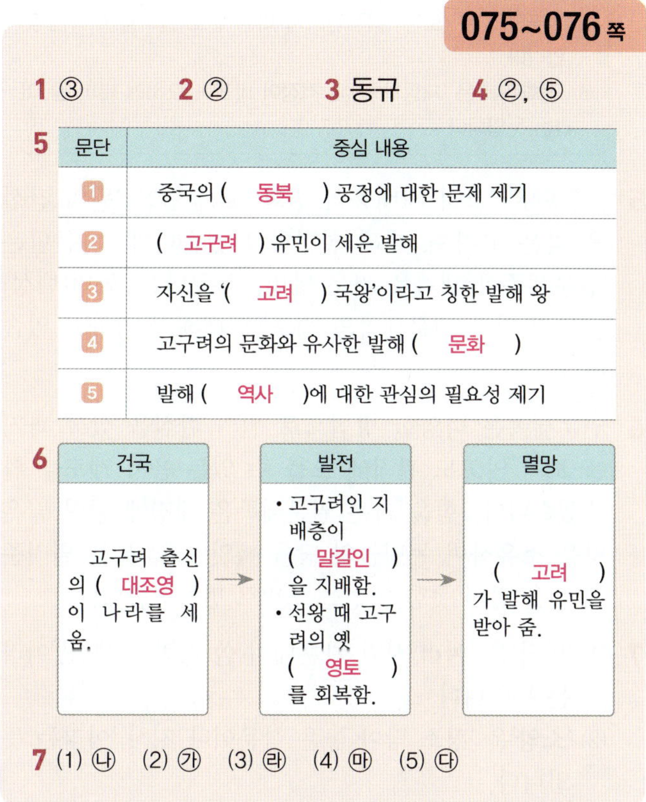

1 ③　　　**2** ②　　　**3** 동규　　　**4** ②, ⑤

5

문단	중심 내용
1	중국의 (동북) 공정에 대한 문제 제기
2	(고구려) 유민이 세운 발해
3	자신을 '(고려) 국왕'이라고 칭한 발해 왕
4	고구려의 문화와 유사한 발해 (문화)
5	발해 (역사)에 대한 관심의 필요성 제기

6

건국	발전	멸망
고구려 출신의 (대조영)이 나라를 세움.	• 고구려인 지배층이 (말갈인)을 지배함. • 선왕 때 고구려의 옛 (영토)를 회복함.	(고려)가 발해 유민을 받아 줌.

7 (1) ㉴　(2) ㉮　(3) ㉱　(4) ㉯　(5) ㉰

1 이 글은 우리 민족의 역사인 발해의 역사를 빼앗기지 않기 위해 관심이 필요하다는 것을 알리는 글이므로 ③이 제목으로 알맞습니다.

2 2문단에서 발해가 멸망했을 때 고구려를 계승한 또 다른 나라 고려가 발해 유민을 받아 주었다는 점은 고구려, 발해, 고려 세 나라의 계통이 같다는 것을 의미한다고 했습니다.

> **오답 풀이**
> ① 1문단에서 동북 공정은 공식 연구가 종료되었다고 했습니다.
> ③ 2문단에서 발해는 선왕 때 고구려의 옛 영토를 대부분 회복했다고 했습니다.
> ④ 3문단에서 중국 지린성에서 발굴된 발해 무덤에서는 고구려의 전통을 잇는 금관이 나왔다고 했습니다.
> ⑤ 4문단에서 발해 왕이 자신을 '고려 국왕'이라고 칭했던 표현은 일본과 주고받은 외교 문서에 증거로 남아 있다고 했습니다.

3 중국의 역사책 『구당서』와 일본과 주고받은 외교 문서 등 발해와 고구려의 관련성을 찾을 수 있는 여러 문헌이 존재합니다.

> **오답 풀이**
> 서윤: 중국은 발해가 우리나라 역사가 아니라고 주장하고 있으므로 발해의 인구 중 고구려인보다 말갈인이 많았다는 것을 자신들의 근거로 삼을 것입니다.
> 주안: 고조선과 고구려도 중국 동북 지역에 있었던 나라이므로 동북 공정의 대상이 될 수 있습니다.

4 '유사하다'는 '서로 비슷하다.'라는 뜻입니다. 그러므로 '두 개의 대상이 크기, 모양, 상태, 성질 따위가 똑같지는 아니하지만 전체적 또는 부분적으로 일치하는 점이 많은 상태에 있다.'라는 뜻의 '비슷하다'나 '거의 같을 정도로 비슷하다.'라는 뜻의 '흡사하다'와 바꾸어 쓸 수 있습니다.

> **오답 풀이**
> ① '비견하다'는 '서로 비슷한 위치에서 견주다.'라는 뜻입니다.
> ③ '불사하다'는 '닮지 않은 상태에 있다.'라는 뜻입니다.
> ④ '특별하다'는 '보통과 구별되게 다르다.'라는 뜻입니다.

5 1문단은 '중국의 동북 공정에 대한 문제 제기', 2문단은 '고구려 유민이 세운 발해', 3문단은 '자신을 '고려 국왕'이라고 칭한 발해 왕', 4문단은 '고구려의 문화와 유사한 발해 문화', 5문단은 '발해 역사에 대한 관심의 필요성 제기'로 내용을 정리할 수 있습니다.

6 발해는 고구려 출신의 인물 대조영이 건국하였고, 고구려인 지배층이 말갈인을 지배하는 구조였습니다. 또한, 발해는 선왕 때 고구려의 옛 영토를 대부분 회복하였고, 발해가 멸망했을 때 고려가 발해 유민을 받아 주었습니다.

7 (1) '기상'은 '사람이 타고난 기개나 마음씨.'라는 뜻입니다.
(2) '실상'은 '실제 모양이나 상태.'라는 뜻입니다.
(3) '체계적'은 '전체가 일정한 원리에 따라 단계적으로 잘 짜여진 것.'이라는 뜻입니다.
(4) '계승하다'는 '조상의 전통이나 문화유산, 업적 따위를 물려받아 이어 나가다.'라는 뜻입니다.
(5) '자처하다'는 '자기를 어떤 사람으로 여겨 그렇게 처신하다.'라는 뜻입니다.

비주얼 사회 교과서 개념　**077**쪽

(1) 해동성국　　　(2) 주자감

(1) '발해의 번영기에 당이 발해를 높이 평가하여 이르던 말.'은 '해동성국'입니다.

(2) '발해 때에 둔, 최고의 교육 기관.'은 '주자감'입니다.

- **글의 종류** 설명문
- **글의 특징** 이 글은 원을 배경으로 권력을 차지한 권문세족의 횡포를 설명하고 있습니다.
- **주제** 고려 후기 권문세족의 횡포

079~080 쪽

1 ② **2** ⑤ **3** (3) ○ **4** ④

5

문단	중심 내용
1	고려 (지배층)의 변화
2	원의 (간섭)을 받은 고려
3	(권문세족)이 세력을 키운 방법
4	(농민(백성)들)을 착취한 권문세족의 횡포

6

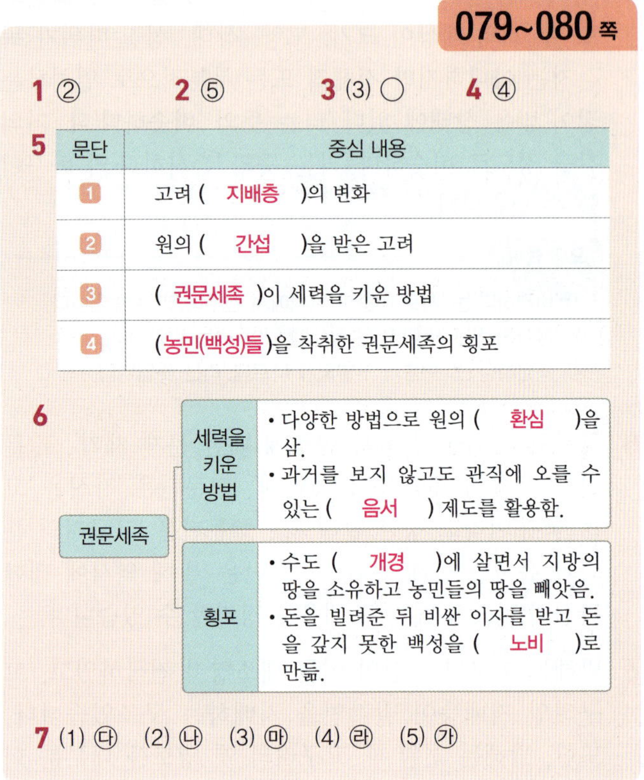

권문세족	세력을 키운 방법	• 다양한 방법으로 원의 (환심)을 삼. • 과거를 보지 않고도 관직에 오를 수 있는 (음서) 제도를 활용함.
	횡포	• 수도 (개경)에 살면서 지방의 땅을 소유하고 농민들의 땅을 빼앗음. • 돈을 빌려준 뒤 비싼 이자를 받고 돈을 갚지 못한 백성을 (노비)로 만듦.

7 (1) ㉐ (2) ㉑ (3) ㉒ (4) ㉓ (5) ㉒

1 이 글은 고려가 원의 간섭을 받던 시기에 지배층으로 등장한 권문세족과 그들의 횡포에 대해 설명하고 있습니다.

2 무신들이 원과 대립한 까닭은 이 글에서 확인할 수 없습니다. 권문세족의 횡포는 **4** 문단에서, 음서제도의 의미는 **3** 문단에서 확인할 수 있습니다. 고려 지배층의 변화는 **1** 문단에서, 고려에 대한 원의 횡포는 **2** 문단에서 확인할 수 있습니다.

3 권문세족은 원의 환심을 사서 세력을 키운 사람들이었기 때문에 원에서 온 사람들에게 잘 보이려고 몽골어를 배우는 권문세족도 있었을 것이라고 추론할 수 있습니다.

오답 풀이
(1) 권문세족은 원을 배경으로 하여 지배층이 되었으므로 원의 힘이 세지면 권문세족의 힘도 강해졌을 것입니다.
(2) 권문세족은 대부분 학문적 소양을 갖추지 못했기 때문에 과거 제도를 축소하려 했을 것입니다.
(4) 권문세족은 산과 강을 경계로 할 만큼 넓은 땅을 가지고 농민들을 착취한 세력이었습니다.

4 권문세족이 농민들을 착취하는 횡포를 부린 것은 '가렴주구'라는 한자 성어로 표현할 수 있습니다. '가렴주구'는 '세금을 가혹하게 거두어들이고, 무리하게 재물을 빼앗음.'이라는 뜻입니다.

오답 풀이
① '진퇴양난'은 '이러지도 저러지도 못하는 어려운 처지.'라는 뜻입니다.
② '개과천선'은 '지난날의 잘못이나 허물을 고쳐 올바르고 착하게 됨.'이라는 뜻입니다.
③ '사필귀정'은 '모든 일은 반드시 바른 길로 돌아감.'이라는 뜻입니다.
⑤ '전화위복'은 '재앙과 근심, 걱정이 바뀌어 오히려 복이 됨.'이라는 뜻입니다.

5 **1** 문단은 '고려 지배층의 변화,' **2** 문단은 '원의 간섭을 받은 고려'에 대해 설명하고 있습니다. **3** 문단은 '권문세족이 세력을 키운 방법,' **4** 문단은 '농민(백성)들을 착취한 권문세족의 횡포'에 대해 설명하고 있습니다.

6 권문세족은 다양한 방법으로 원의 환심을 샀고 과거를 보지 않고도 관직에 오를 수 있는 음서 제도를 활용했습니다. 힘을 키운 권문세족은 개경에 살며 넓은 땅을 소유하며 농민들의 땅을 빼앗았고, 돈을 빌려준 뒤 돈을 갚지 못한 백성을 노비로 만들었습니다.

7 (1) '발탁'은 '여러 사람 가운데서 쓸 사람을 뽑음.'이라는 뜻입니다.
(2) '소양'은 '평소 닦아 놓은 학문이나 지식.'이라는 뜻입니다.
(3) '재정'은 '단체나 국가가 수입과 재산을 관리하며 사용하는 것. 또는 그 운영 상태.'라는 뜻입니다.
(4) '촉매'는 '어떤 일을 원하는 방향으로 이끌거나 빨리 진행되도록 하는 일.'이라는 뜻입니다.
(5) '환심'은 '기뻐하고 즐거워하는 마음.'이라는 뜻입니다.

비주얼 사회 교과서 개념 **081 쪽**

(1) 왕건 (2) 권문세족 (3) 신진

(1) '고려의 제1대 왕인 '태조'의 본명.'은 '왕건'입니다.
(2) '벼슬이 높고 권세가 있는 집안.'은 '권문세족'의 뜻입니다.
(3) '고려 후기에 등장해 조선을 건국한 사회 세력.'은 '신진 사대부'입니다.

- **글의 종류** 설명문
- **글의 특징** 이 글은 우리나라 지폐에 등장하는 조선의 인물들에 대해 설명하고 있습니다.
- **주제** 지폐 속 조선 시대 인물들과 그 업적

083~084 쪽

1 지폐 **2** ③ **3** ④ **4** ④, ㉣

5
㉮ 천 원 지폐 속 인물, 이황
㉯ 오천 원 지폐 속 인물, 이이
㉰ 만 원 지폐 속 인물, 세종 대왕
㉱ 오만 원 지폐 속 인물, 신사임당
㉲ 화폐에 초상화를 그려 넣는 까닭

(㉲) → (㉮) → (㉯) → (㉰) → (㉱)

6

인물	지폐 종류	인물의 업적
이황	(1000)원	• 제자를 양성하며 학문에 몰두함. • 성리학을 발전시켜 '동방의 (주자)'라고 불림.
이이	5000원	• 성리학을 연구함. • 강력한 (개혁)을 통해 나라를 바꾸고자 함.
세종 대왕	10000원	• (출신)을 가리지 않고 인재를 뽑음. • 과학 기술과 문화를 발전시키고 국방을 튼튼히 함. • (훈민정음)을 창제함.
신사 임당	(50000)원	• 대표적인 현모양처임. • 여러 편의 그림과 시를 남긴 예술가임.

7 (1) 위조 (2) 거론 (3) 사양 (4) 제고 (5) 모사

1 이 글은 우리나라 지폐 4종에 조선 시대 인물의 초상화가 들어 있다는 내용입니다.

2 ⑤문단에서 신사임당이 이이의 어머니라고 하였으므로 ③이 알맞은 내용입니다.

오답 풀이
① ①문단에서 우리나라의 화폐는 지폐 4종과 주화 4종이 있다고 했습니다.
② ②문단의 내용으로 보아, 이황은 벼슬보다 학문에 관심이 많은 사람입니다.
④ 현재 사용되는 지폐 속 인물 중 가장 늦게 등장한 것은 신사임당입니다.
⑤ 이황에게 벼슬을 내리려고 했던 왕은 중종, 인종, 명종, 선조입니다.

3 ①문단에서 우리나라의 주화 4종 중에서 유일하게 100원에만 이순신을 새기고 나머지에는 다보탑과 벼이삭, 학을 새겼다고 하였으므로 ④는 알맞지 않습니다. 다보탑은 10원, 벼 이삭은 50원, 학은 500원에 새겨져 있습니다.

오답 풀이
① 신사임당과 같은 조선 시대 여성 위인에 대한 궁금증을 떠올리는 것은 이 글을 읽은 뒤의 반응으로 알맞습니다.
② 우리나라 지폐에 그려진 인물들에 대해 알아보았으므로 다른 나라의 지폐에 그려진 인물을 궁금해할 수 있습니다.
③ 이이도 성리학을 연구했지만 이황과 해석이 다르다고 하였으므로 이 글을 읽은 뒤에 찾아볼 내용으로 알맞습니다.
⑤ 현재 사용되는 지폐를 살펴본 뒤 새로 만들 수 있는 지폐를 상상해 볼 수 있습니다.

4 '만 원'과 '세종 대왕'에서 띄어쓰기 규칙을 찾을 수 있습니다. '만 원'은 숫자 '만'과 돈을 세는 단위 '원'을 띄어서 썼습니다. '세종 대왕'은 왕이 죽은 뒤에 붙인 이름인 '세종'과 훌륭하고 뛰어난 임금을 높여 이르는 호칭어 '대왕'을 띄어서 썼습니다.

5 ①문단은 '화폐에 초상화를 그려 넣는 까닭', ②문단은 '천 원 지폐 속 인물, 이황', ③문단은 '오천 원 지폐 속 인물, 이이', ④문단은 '만 원 지폐 속 인물, 세종 대왕', ⑤문단은 '오만 원 지폐 속 인물, 신사임당'에 대해 설명하고 있습니다.

6 이 글은 지폐에 등장하는 네 명의 인물과 그 인물들의 업적을 소개한 글입니다.

7 (1) '어떤 물건을 속일 목적으로 꾸며 진짜처럼 만듦.'이라는 뜻의 '위조'가 들어가야 합니다.
(2) '어떤 것이 이야기의 주제나 문제로 논의됨.'이라는 뜻의 '거론'이 들어가야 합니다.
(3) '겸손하여 받지 아니하거나 응하지 않음.'이라는 뜻의 '사양'이 들어가야 합니다.
(4) '수준이나 정도 따위를 끌어올림.'이라는 뜻의 '제고'가 들어가야 합니다.
(5) '어떤 그림의 본을 떠서 똑같이 그림.'이라는 뜻의 '모사'가 들어가야 합니다.

비주얼 사회 교과서 개념 **085 쪽**

(1) 훈민정음 (2) 유교

(1) '백성을 가르치는 바른 소리라는 뜻으로, 1443년에 세종이 창제한 우리나라 글자를 이르는 말.'은 '훈민정음'입니다.
(2) '공자의 사상이나 가르침을 근본으로 삼는 학문.'은 '유교'입니다.

- **글의 종류** 설명문
- **글의 특징** 이 글은 임진왜란 당시 자신의 안전을 지켰던 선조와 백성을 지켰던 세자 광해군의 대조적 상황을 설명하고 있습니다.
- **주제** 임진왜란 당시 조정을 둘로 나누어 통치한 선조와 광해군

087~088쪽

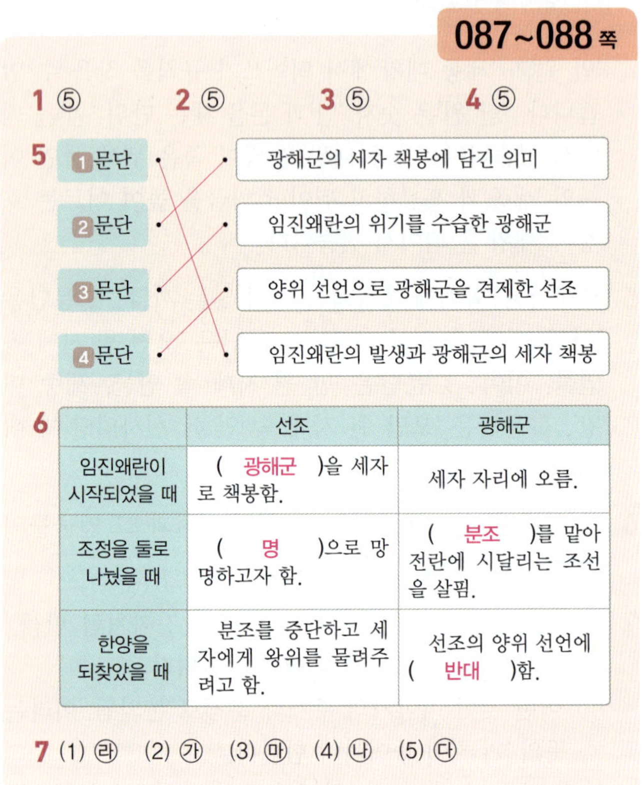

1 ⑤　　2 ⑤　　3 ⑤　　4 ⑤

5
- **1문단** · → 임진왜란의 발생과 광해군의 세자 책봉
- **2문단** · → 광해군의 세자 책봉에 담긴 의미
- **3문단** · → 임진왜란의 위기를 수습한 광해군
- **4문단** · → 양위 선언으로 광해군을 견제한 선조

6

	선조	광해군
임진왜란이 시작되었을 때	(광해군)을 세자로 책봉함.	세자 자리에 오름.
조정을 둘로 나눴을 때	(명)으로 망명하고자 함.	(분조)를 맡아 전란에 시달리는 조선을 살핌.
한양을 되찾았을 때	분조를 중단하고 세자에게 왕위를 물려주려고 함.	선조의 양위 선언에 (반대)함.

7 (1) 라　(2) 가　(3) 마　(4) 나　(5) 다

1 이 글은 임진왜란 당시 선조와 광해군이 분조를 했던 상황을 설명하고 있습니다.

2 선조가 망명을 포기한 것은 사실이 아니며 그 대신 명이 지원군을 보냈습니다. 또한, 한양으로 돌아온 선조는 세자인 광해군에게 왕위를 물려주겠다고 선언했습니다.

3 ㉠은 '지위나 신분 따위를 얻게 되다.'라는 뜻으로 '오르다'가 쓰였습니다. 이와 같은 뜻으로 '오르다'가 쓰인 것은 ⑤입니다.

> **오답 풀이**
> ① '사람이나 동물 따위가 아래에서 위쪽으로 움직여 가다.'라는 뜻으로 쓰였습니다.
> ② '길을 떠나다.'라는 뜻으로 쓰였습니다.
> ③ '탈것에 타다.'라는 뜻으로 쓰였습니다.
> ④ '어떤 정도에 달하다.'라는 뜻으로 쓰였습니다.

4 선조가 세자 광해군에게 양위하겠다고 선언한 것은 실제 왕위를 내려놓는 것이 아니라 세자의 효심과 신하들의 충성심을 시험해 본 것입니다. 그래서 신하들

이나 세자는 선조의 양위 선언에 반대했던 것이고 선조는 그것을 노려 7년간 18번이나 반복하며 왕권을 강화하려 했습니다.

> **오답 풀이**
> ① 양위 선언은 비정상적 판단이 아니라 정치적 전략이었습니다.
> ② 양위 선언은 백성들과는 크게 연관이 없습니다.
> ③ 양위 선언은 선조의 압박감보다는 전략적인 이유가 있었습니다.
> ④ 신하들의 힘이 세서 양위 선언을 반복한 것은 아닙니다.

5 **1**문단은 '임진왜란의 발생과 광해군의 세자 책봉', **2**문단은 '광해군의 세자 책봉에 담긴 의미', **3**문단은 '임진왜란의 위기를 수습한 광해군', **4**문단은 '양위 선언으로 광해군을 견제한 선조'로 내용을 요약할 수 있습니다.

6 선조는 임진왜란이 시작되자 광해군을 세자로 책봉하고 명으로 망명하고자 했습니다. 세자 자리에 오른 광해군은 분조를 맡아 전쟁에 시달리는 조선을 살폈습니다. 한양을 되찾자 선조는 세자 광해군에게 왕위를 물려주려고 했고 광해군은 선조의 양위 선언에 반대했습니다.

7 (1) '전략'은 '정치, 경제 따위의 사회적 활동을 하는 데 필요한 책략.'이라는 뜻입니다.
(2) '낙점되다'는 '여러 후보 가운데 마땅한 대상이 선택되다.'라는 뜻입니다.
(3) '망명하다'는 '탄압이나 위협을 피하기 위해 몰래 자기 나라를 떠나 다른 나라로 가다.'라는 뜻입니다.
(4) '도모하다'는 '어떤 일을 이루기 위하여 대책과 방법을 세우다.'라는 뜻입니다.
(5) '한목소리'는 '같은 견해나 사상의 표현을 비유적으로 이르는 말.'이라는 뜻입니다.

비주얼 사회 교과서 개념　　**089쪽**

(1) 왜란　　(2) 호란

(1) '조선 선조 25년(1592)에 일본이 침입한 전쟁.'은 '임진왜란'입니다.
(1) '조선 인조 14년(1636)에 청나라가 침입한 전쟁.'은 '병자호란'입니다.

- **글의 종류** 설명문
- **글의 특징** 이 글은 동학의 발생 및 사상, 그리고 동학에 대한 탄압과 변화에 대해 설명하고 있습니다.
- **주제** 동학의 발생과 사상 및 변화 과정

091~092 쪽

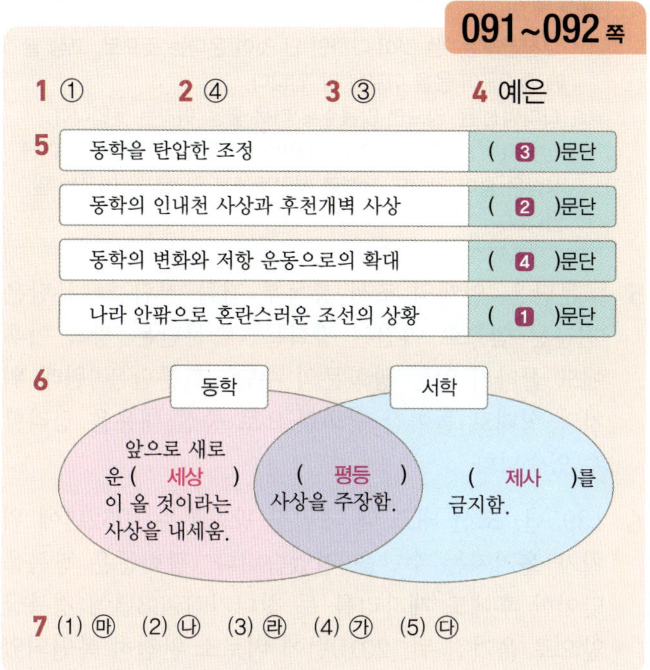

1 ①　　**2** ④　　**3** ③　　**4** 예은

5

동학을 탄압한 조정	(**3**)문단
동학의 인내천 사상과 후천개벽 사상	(**2**)문단
동학의 변화와 저항 운동으로의 확대	(**4**)문단
나라 안팎으로 혼란스러운 조선의 상황	(**1**)문단

6

7 (1) ㉺　(2) ㉴　(3) ㉳　(4) ㉮　(5) ㉲

1 이 글은 동학의 발생과 사상, 변화에 대해 설명하고 있습니다.

2 서학의 사상과 인내천의 뜻은 **2**문단에서 확인할 수 있습니다. 세도 정치의 뜻과 서양 문물이 조선에 들어온 경로는 **1**문단에서 확인할 수 있습니다. 농민군이 승리한 곳은 이 글에서 확인할 수 없습니다.

3 지배층의 수탈을 견디던 백성들에게 사람은 모두 존엄하고 평등하다는 인내천 사상은 희망이 되었습니다. 그리고 이것은 동학이 백성들에게 환영받고 널리 전파되는 원인이 되었습니다.

① **2**문단에서 인내천 사상은 신분제 사회를 뒤흔드는 생각이었다고 했고 **3**문단에서 지배층은 신분제를 부정하는 동학이 탐탁지 않았다고 했습니다. 그러므로 동학이 양반들의 사상에서 영향을 받았다는 내용은 알맞지 않습니다.
② 천주교(서학)가 중국을 통해 조선으로 들어왔으며 천주교는 동학보다 먼저 만들어졌습니다.
④ 인내천 사상과 혁명의 위험성은 서로 관련이 없습니다.
⑤ 인내천 사상은 현재의 신분제가 바뀌기를 바라는 내용입니다.

4 탐관오리들에게 수탈을 당하던 백성들은 결국 폭발해서 동학을 믿는 사람들과 함께 봉기를 일으켰습니다. 이러한 농민들의 모습에 어울리는 속담은 아무리 눌

려 지내는 미천한 사람이나, 순하고 좋은 사람이라도 너무 업신여기면 가만있지 아니한다는 말인 '지렁이도 밟으면 꿈틀한다.'입니다.

지수: '믿는 도끼에 발등 찍힌다.'는 잘되리라고 믿고 있던 일이 어긋나거나 믿고 있던 사람이 배반하여 오히려 해를 입음을 비유적으로 이르는 말입니다. 교주 최제우가 신도들을 배신했다는 내용은 글에 나타나 있지 않습니다.
경민: '고생 끝에 낙이 온다.'는 어려운 일이나 고된 일을 겪은 뒤에는 반드시 즐겁고 좋은 일이 생긴다는 말입니다. 양반들이 동학의 사상을 받아들였다는 내용은 글에 나타나 있지 않습니다.

5 **1**문단은 '나라 안팎으로 혼란스러운 조선의 상황', **2**문단은 '동학의 인내천 사상과 후천개벽 사상', **3**문단은 '동학을 탄압한 조정', **4**문단은 '동학의 변화와 저항 운동으로의 확대'로 중심 내용을 요약할 수 있습니다.

6 동학과 서학은 공통적으로 평등 사상을 주장했습니다. 동학은 앞으로 새로운 세상이 올 것이라는 후천개벽 사상을 내세웠고, 서학은 제사를 금지했다는 것이 서로 다릅니다.

7 (1) '단정하다'는 '딱 잘라서 판단하고 결정하다.'라는 뜻입니다.
(2) '반감'은 '반대하거나 반항하는 감정.'이라는 뜻입니다.
(3) '불온하다'는 '말, 행동, 또는 사상 등이 통치 권력이나 체제에 반대되거나 맞지 않다.'라는 뜻입니다.
(4) '존엄하다'는 '어떤 사람이나 신분이 매우 높고 엄숙하다.'라는 뜻입니다.
(5) '탐탁하다'는 '모양이나 태도, 또는 어떤 일 따위가 마음에 들어 만족하다.'라는 뜻입니다.

비주얼 사회 교과서 개념　　**093 쪽**

(1) 세도　　(2) 정변　　(3) 동학

(1) '특정한 집안이 권력을 잡고 나랏일을 마음대로 하는 정치.'는 '세도 정치'입니다.

(2) '갑신년에 급진 개화파가 우정총국 개국 축하 자리에서 일으킨 정치적 변동.'은 '갑신정변'입니다.

(3) '동학을 믿던 사람들과 농민들이 전봉준을 중심으로 일으킨 봉기.'는 '동학 농민 운동'입니다.

- **글의 종류** 설명문
- **글의 특징** 일제가 조선 총독부 건물을 세우면서 강제로 옮겨진 광화문이 겪은 수난을 설명하는 글입니다.
- **주제** 광화문이 겪은 수난

095~096 쪽

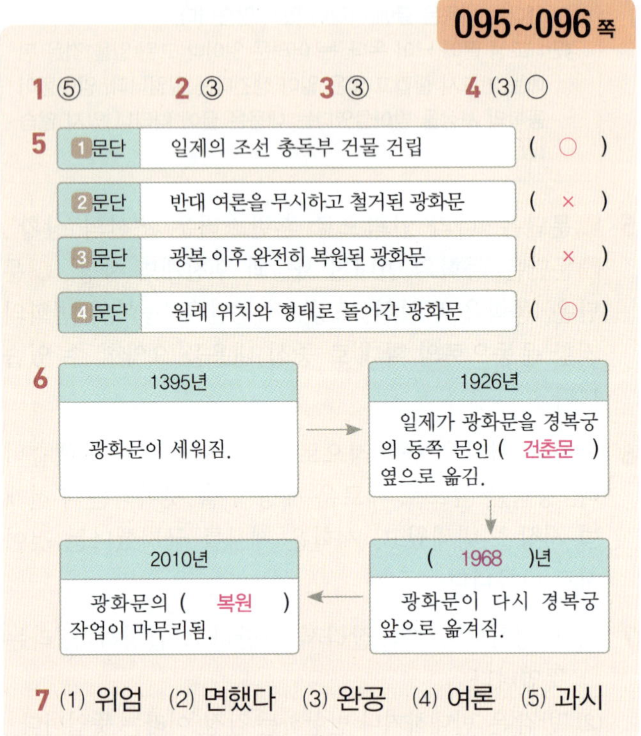

1 ⑤　　2 ③　　3 ③　　4 (3) ○

5

1문단	일제의 조선 총독부 건물 건립	(○)
2문단	반대 여론을 무시하고 철거된 광화문	(×)
3문단	광복 이후 완전히 복원된 광화문	(×)
4문단	원래 위치와 형태로 돌아간 광화문	(○)

6

1395년	1926년
광화문이 세워짐.	일제가 광화문을 경복궁의 동쪽 문인 (건춘문) 옆으로 옮김.

2010년	(1968)년
광화문의 (복원) 작업이 마무리됨.	광화문이 다시 경복궁 앞으로 옮겨짐.

7 (1) 위엄　(2) 면했다　(3) 완공　(4) 여론　(5) 과시

1 이 글은 1910년 일제가 대한 제국의 국권을 강제로 빼앗은 이후부터 시작된 광화문의 수난과 복원의 과정을 시간의 흐름에 따라 설명하고 있습니다.

2 일제가 1910년 대한 제국의 국권을 강제로 빼앗은 것이 가장 먼저 일어난 사건입니다.

오답 풀이

조선 총독부 건물 완공과 광화문 이전은 각각 1926년 10월과 7월에 일어났습니다. 광화문 철거 계획은 1921년 5월에 기사로 알려졌습니다.

3 이 글에는 일본인도 광화문의 철거 계획을 비판했다는 내용만 나올 뿐, 반대한 까닭은 제시되지 않았습니다.

오답 풀이

① 3문단에서 광화문은 6·25 전쟁 때 폭격을 맞아 윗부분이 파괴되었다고 했습니다.
② 2문단에서 총독부의 광화문 철거 계획은 기사로 폭로되었다고 했습니다.
④ 4문단에서 어두운 과거를 남길 것인지 없앨 것인지를 두고 의견이 대립했기 때문에 조선 총독부 건물이 1990년대까지 남아 있었다고 했습니다.
⑤ 3문단에서 조선 총독부 건물은 광복 후 대한민국에서 중앙청으로 사용되었다고 했습니다.

4 1968년에 광화문을 다시 경복궁 앞으로 옮겼지만, 처음과 다르게 위치가 비틀어졌고 다른 재료로 재건축하여 완전히 복원하지 못했습니다. 이러한 상황에는 '눈 위에 서리가 덮인다는 뜻으로, 난처한 일이나 불행한 일이 잇따라 일어남을 이르는 말.'인 '설상가상'이 어울립니다.

오답 풀이

(1) '고진감래'는 '쓴 것이 다하면 단 것이 온다는 뜻으로, 고생 끝에 즐거움이 옴을 이르는 말.'입니다.
(2) '다다익선'은 '많으면 많을수록 더욱 좋음.'이라는 뜻입니다.
(4) '낭중지추'는 '주머니 속의 송곳이라는 뜻으로, 재능이 뛰어난 사람은 숨어 있어도 저절로 사람들에게 알려짐을 이르는 말.'입니다.

5 1문단은 '일제의 조선 총독부 건물 건립', 2문단은 '건춘문 옆으로 이전된 광화문', 3문단은 '광복 이후에도 끝나지 않는 광화문의 수난', 4문단은 '원래 위치와 형태로 돌아간 광화문'으로 중심 내용을 정리할 수 있습니다.

6 1395년, 조선 태조 때 세워진 광화문은 1962년에 위치가 옮겨지는 수난을 겪었습니다. 광화문은 광복을 맞이한 후에도 제자리를 못 찾다가 1968년에 경복궁 앞으로 옮겨진 뒤, 2010년에 비로소 완전히 복원되었습니다.

7 (1) '위엄'은 '존경할 만한 위세가 있어 점잖고 엄숙함. 또는 그런 태도나 기세.'라는 뜻입니다.
(2) '면했다'는 '어떤 일을 당하지 않게 되었다.'라는 뜻입니다.
(3) '완공되었다'는 '공사가 완성되었다.'라는 뜻입니다.
(4) '여론'은 '한 사회의 사람들이 공통적으로 가지고 있는 의견.'이라는 뜻입니다.
(5) '과시하려고'는 '자랑하여 보이려고.'라는 뜻입니다.

비주얼 사회 교과서 개념　　**097 쪽**

(1) 국권　　(2) 무단

(1) '국가의 권력을 억지로 빼앗음.'을 '국권 피탈'이라고 합니다.
(2) '군대나 경찰 따위의 무력으로 행하는 정치.'를 '무단 통치'라고 합니다.

- **글의 종류** 설명문
- **글의 특징** 3·1 운동의 배경 및 전개 과정과 독립을 위해 노력한 어린 영웅들에 대해 소개하는 글입니다.
- **주제** 3·1 운동의 확산과 나라를 되찾기 위한 어린 영웅들의 노력

099~100쪽

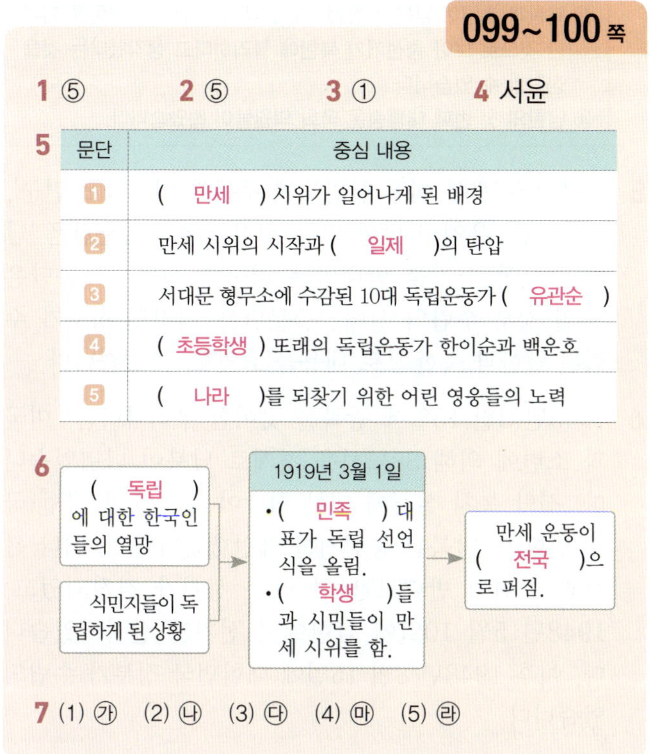

1 ⑤　　**2** ⑤　　**3** ①　　**4** 서윤

5

문단	중심 내용
1	(만세) 시위가 일어나게 된 배경
2	만세 시위의 시작과 (일제)의 탄압
3	서대문 형무소에 수감된 10대 독립운동가 (유관순)
4	(초등학생) 또래의 독립운동가 한이순과 백운호
5	(나라)를 되찾기 위한 어린 영웅들의 노력

6

| (독립)에 대한 한국인들의 열망 / 식민지들이 독립하게 된 상황 | → | **1919년 3월 1일** · (민족) 대표가 독립 선언식을 올림. · (학생)들과 시민들이 만세 시위를 함. | → | 만세 운동이 (전국)으로 퍼짐. |

7 (1) ㉮　(2) ㉯　(3) ㉰　(4) ㉱　(5) ㉲

1 이 글은 독립운동에 참여한 어린 영웅들의 예로 유관순, 한이순, 백운호 등을 소개한 글입니다.

① 독립운동가 유관순에 대한 내용이 나오지만, 그의 일생을 기록한 전기문은 아닙니다.
② 독립운동가 후손에 대한 내용은 글에 나오지 않습니다.
③ 3·1 운동의 과정이 글에 제시되어 있지만, 일어난 사건들을 있는 그대로 전달하는 기사문은 아닙니다.
④ 서대문 형무소 수감자들에 대한 통계가 제시되어 있지만, 조사 내용을 보고하는 보고서는 아닙니다.

2 **2**문단에서 33명의 민족 대표가 독립 의지를 세계에 알리기 위해 독립 선언식을 올렸다고 했습니다.

3 앞 문장은 독립에 대한 한국인들의 열망이 커졌다는 것을, 뒤 문장은 제1차 세계 대전 후 여러 나라들이 독립하게 된 상황이 우리에게 희망을 불러일으켰다는 것을 이야기하고 있습니다. 이 두 문장은 모두 만세 시위가 일어나게 된 배경이자 우리나라 안팎의 상황으로, 서로 동일한 역할을 한다고 볼 수 있습니다. 따라서 두 대상을 비슷한 관계로 연결해 주는 '또한'이 들어가는 것이 알맞습니다.

② '역시'는 생각하던 그대로 되었다는 의미로 사용합니다.
③ '한편'은 앞에서 말한 내용과 다른 측면의 내용을 이야기할 때 사용합니다.
④ '하지만'은 앞 문장과 뒤 문장이 서로 반대되는 내용으로 연결될 때 사용합니다.
⑤ '그러므로'는 앞 문장이 원인이 되고, 뒤 문장이 결과가 될 때 사용합니다.

4 일제가 12세에 불과한 한이순의 나이를 17세로 늘린 것은, 어린 학생에게 어른과 같은 처벌을 내린다는 비난을 피하기 위해서라고 짐작할 수 있습니다.

5 **1**문단은 '만세 시위가 일어나게 된 배경', **2**문단은 '만세 시위의 시작과 일제의 탄압', **3**문단은 '서대문 형무소에 수감된 10대 독립운동가 유관순', **4**문단은 '초등학생 또래의 독립운동가 한이순과 백운호', **5**문단은 '나라를 되찾기 위한 어린 영웅들의 노력'에 대해 설명하고 있습니다.

6 독립에 대한 한국인들의 열망과 식민지들이 독립하게 된 상황은 만세 시위가 시작되는 계기가 되었습니다. 1919년 3월 1일, 민족 대표의 독립 선언식 및 학생들과 시민들의 만세 시위로 시작된 3·1 운동은 전국으로 확산되었습니다.

7 (1) '결성'은 '조직이나 단체 따위를 짜서 만듦.'이라는 뜻입니다.
(2) '시위'는 '많은 사람이 자신들의 뜻을 주장하며 집회나 행진을 하여 힘을 나타내는 일.'이라는 뜻입니다.
(3) '순국'은 '나라를 위해 목숨을 바침.'이라는 뜻입니다.
(4) '열망'은 '열렬하게 바람.'이라는 뜻입니다.
(5) '강압적'은 '강제로 누르는 방식으로 하는 것.'이라는 뜻입니다.

비주얼 사회 교과서 개념　　**101쪽**

(1) 운동　　(2) 임시

(1) '한국이 일본의 강제적인 식민지 정책으로부터 자주독립할 목적으로 일으킨 민족 독립운동.'은 '3·1 운동'입니다.
(2) '대한민국의 광복을 위하여 임시로 조직한 정부.'는 '임시 정부'입니다.

- **글의 종류** 설명문
- **글의 특징** 1945년 8월 15일에 광복이 된 이후 대한민국 정부 수립까지 한반도에서 벌어진 사건들을 설명하는 글입니다.
- **주제** 광복 이후 대한민국 정부의 수립 과정

103~104 쪽

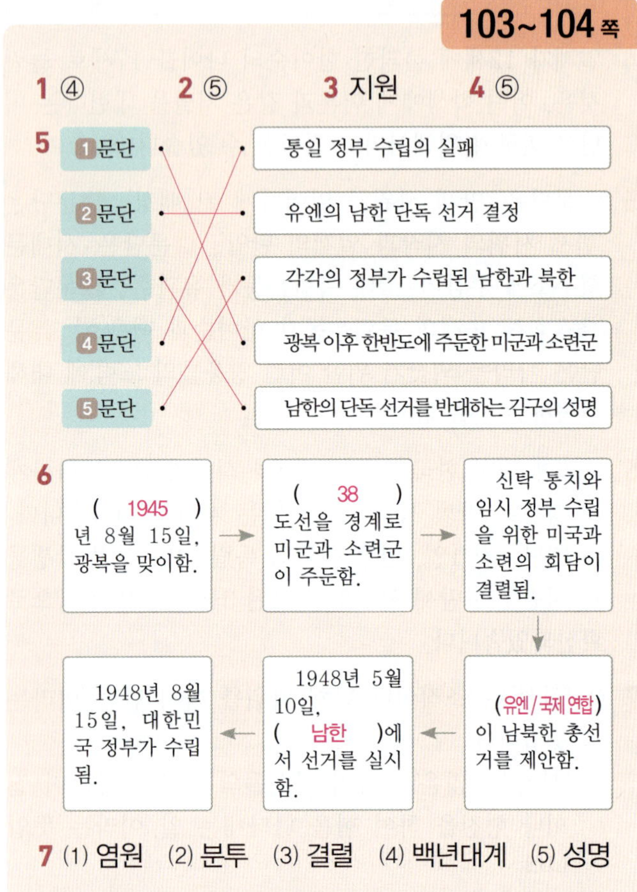

7 (1) 염원 (2) 분투 (3) 결렬 (4) 백년대계 (5) 성명

1 이 글은 1945년 광복부터 1948년 정부 수립까지 한반도에서 벌어진 상황을 설명하고 있습니다.

2 1문단에 미군과 소련군이 남아 있는 일본군들을 몰아낸다는 이유로 한반도에 주둔했다고 나와 있습니다. ①~④의 내용은 이 글에서 확인할 수 없습니다.

3 김구는 통일된 조국을 위해 자기 몸이라도 바치겠다는 의지를 드러냈으므로, '자기 자신을 희생하여 어진 행동을 함.'이라는 뜻의 '살신성인'이라는 표현과 어울립니다.

오답 풀이

예희: '절체절명'은 '몸도 목숨도 다 되었다는 뜻으로, 어찌할 수 없는 절박한 경우를 비유적으로 이르는 말.'입니다. 김구가 미국과 소련의 위협을 받았다는 내용은 글에 나와 있지 않으므로 알맞지 않습니다.
성훈: '결초보은'은 '죽은 뒤에라도 은혜를 잊지 않고 갚음을 이르는 말.'입니다. 미국이 광복을 맞이하는 데 도움을 주어서 은혜를 갚으려 한 상황이 아니므로 알맞지 않습니다.

4 김구는 민주주의나 공산주의 같은 이념보다 자주적 통일 정부를 수립하는 것이 중요하다고 여겼습니다.

오답 풀이

① 38도선은 한반도를 가로로 가르는 선으로 남쪽과 북쪽으로 나누게 됩니다.
② 미국과 소련은 임시 정부 구성을 위해 협상했지만 합의를 이루지 못했습니다.
③ 북한과 소련이 남북한 총선거를 반대하고 위원단 방문을 거부한 것으로 보아 총선거가 북한에 불리하다고 생각했다는 것을 짐작할 수 있습니다.
④ 남한의 첫 번째 대통령은 국회 의원들이 뽑았습니다.

5 1문단은 '광복 이후 한반도에 주둔한 미군과 소련군', 2문단은 '유엔의 남한 단독 선거 결정', 3문단은 '남한의 단독 선거를 반대하는 김구의 성명', 4문단은 '통일 정부 수립의 실패', 5문단은 '각각의 정부가 수립된 남한과 북한'으로 내용을 요약할 수 있습니다.

6 1945년 8월 15일에 광복을 맞이한 우리나라는, 미국과 소련에 의해 38도선을 경계로 남북이 나뉘었습니다. 신탁 통치 실시에 대한 회담이 결렬된 후 유엔(국제 연합)이 남북한 총선거를 제안했습니다. 그러나 북한과 소련의 반대로 남한 단독 선거가 결정되었고, 1948년 5월 10일에 남한에서 선거가 실시되었습니다. 이후 1948년 8월 15일에 대한민국 정부가 수립되었습니다.

7 (1) '염원'은 '마음에 간절히 생각하고 기원함.'이라는 뜻입니다.
(2) '분투했다'는 '있는 힘을 다하여 싸우거나 노력했다.'라는 뜻입니다.
(3) '결렬되었다'는 '교섭이나 회의 따위에서 의견이 합쳐지지 않아 각각 갈라서게 되었다.'라는 뜻입니다.
(4) '백년대계'는 '먼 앞날까지 미리 내다보고 세우는 크고 중요한 계획.'이라는 뜻입니다.
(5) '성명'은 '어떤 일에 대한 자기의 입장이나 견해 또는 방침 따위를 공개적으로 발표함. 또는 그 입장이나 견해.'라는 뜻입니다.

비주얼 사회 교과서 개념 **105 쪽**

(1) 광복   (2) 삼팔선 / 38선

(1) '1945년 8월 15일에 우리나라가 일제로부터 주권을 도로 찾은 일.'은 '광복'입니다.
(2) '위도가 38도가 되는 선.'은 '삼팔선'입니다.

- **글의 종류** 설명문
- **글의 특징** 1950년 6월 25일 북한군의 갑작스러운 침입으로 시작된 6·25 전쟁과 6·25 전쟁이 남긴 이산가족 문제를 설명하는 글입니다.
- **주제** 6·25 전쟁이 남긴 이산가족 문제

107~108쪽

1 ④, ⑤　　**2** ②　　**3** ②　　**4** 하음

5

문단	중심 내용
1	북한의 갑작스러운 (**침입**)으로 시작된 6·25 전쟁
2	(**6·25**) 전쟁의 전개 과정
3	6·25 전쟁이 남긴 (**피해**)
4	(**이산가족**) 상봉 시작과 그 한계
5	(**시간**)과의 싸움이 된 이산가족 문제

6

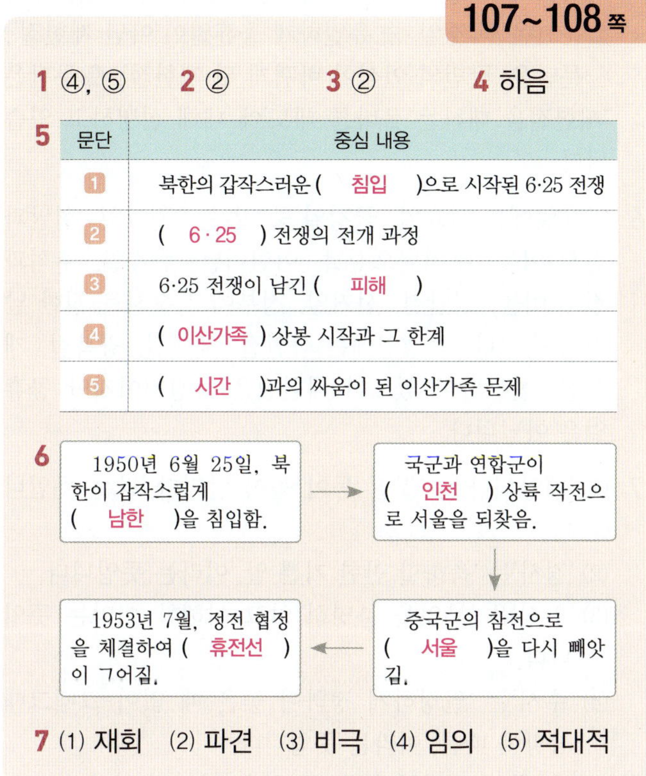

7 (1) 재회　(2) 파견　(3) 비극　(4) 임의　(5) 적대적

1 이 글은 6·25 전쟁과 그 결과로 생겨난 이산가족 문제에 대해 설명하고 있습니다.

2 북한군의 침입 이후, 연합군의 남한 파견, 인천 상륙 작전 개시, 중국군의 참전, 정전 협정 체결, 휴전선 설치의 순서로 사건이 전개되었습니다.

3 3문단에서 6·25 전쟁의 결과로 3백만 명이 넘는 민간인과 군인이 다치거나 죽었다고 했습니다.

> **오답 풀이**
> ① 6·25 전쟁 이후 남북이 적대적 관계가 되었습니다.
> ③ 6·25 전쟁의 결과로 수많은 이산가족이 발생했습니다. 이산가족 상봉 행사로 이산가족들이 다시 만날 수 있게 되었지만, 모든 이산가족이 만나게 된 것은 아닙니다.
> ④ 6·25 전쟁 이전에 남한과 북한에 각각의 정부가 수립되었습니다.
> ⑤ 6·25 전쟁의 결과로 많은 사람이 전쟁을 피해 고향으로 돌아갔다는 내용은 글에 나타나지 않았습니다.

4 ㉡의 '세상을 떠나고 있다'라는 표현은 70년이 넘는 세월이 지나 서로를 그리워하며 기다리던 이산가족들이 돌아가시고 있다는 뜻입니다.

> **오답 풀이**
> 세진: 분단 이후 70년 넘는 세월이 흐르면서 이산가족들의 삶이 얼마 남지 않았습니다.
> 형우: 남한과 북한으로 갈라진 이산가족은 통일이 되기 전에는 만나기 어렵습니다. 전쟁을 멈춘 후 70년 넘게 통일이 이루어지지 않는 상황에서 이산가족들은 점점 희망을 잃고 있습니다.

5 1문단은 '북한의 갑작스러운 침입으로 시작된 6·25 전쟁', 2문단은 '6·25 전쟁의 전개 과정', 3문단은 '6·25 전쟁이 남긴 피해', 4문단은 '이산가족 상봉 시작과 그 한계', 5문단은 '시간과의 싸움이 된 이산가족 문제'로 중심 내용을 정리할 수 있습니다.

6 1950년 6월 25일에 북한이 남한을 침입하여 6·25 전쟁이 시작되었습니다. 후퇴하던 국군은 연합군과 함께 인천 상륙 작전을 펼쳐 서울을 되찾았습니다. 그러나 중국군의 참전으로 서울을 다시 빼앗기고, 1953년 7월에 정전 협정을 맺어 오늘날까지 휴전 상태가 되었습니다.

7 (1) '재회'는 '다시 만남.'이라는 뜻입니다.
(2) '파견'은 '일정한 임무를 주어 사람을 보냄.'이라는 뜻입니다.
(3) '비극'은 '인생의 슬프고 애달픈 일을 당하여 불행한 경우를 이르는 말.'입니다.
(4) '임의'는 '일정한 기준이나 원칙 없이 하고 싶은 대로 함.'이라는 뜻입니다.
(5) '적대적'은 '적으로 대하거나 적과 같이 대하는 것.'을 뜻합니다.

비주얼 사회 교과서 개념　　**109쪽**

(1) 전쟁　　(2) 휴전선　　(3) 이산

(1) '1950년 6월 25일 새벽에 북한군이 북위 38도선 이남으로 기습적으로 침공함으로써 일어난 전쟁.'은 '6·25 전쟁'입니다.

(2) '1953년 7월 27일, 6·25 전쟁의 휴전에 따라서 한반도의 가운데를 가로질러 설정된 군사 경계선.'은 '휴전선'입니다.

(3) '남북 분단 따위의 사정으로 이리저리 흩어져서 서로 소식을 모르는 가족.'을 '이산가족'이라고 합니다.

일반사회 **01**

국경일은 모두 공휴일인가?

- **글의 종류** 설명문
- **글의 특징** 국경일 중 유일하게 공휴일이 아닌 제헌절을 소개하고 제헌절을 대하는 올바른 태도를 알리는 글입니다.
- **주제** 제헌절을 대하는 올바른 태도

113~114쪽

1 ⑤ 2 ② 3 ② 4 민영

5
㉮ 우리나라 공휴일의 종류
㉯ 우리나라 5대 국경일의 종류
㉰ 제헌절을 대하는 올바른 태도
㉱ 국민의 인식이 바뀌게 된 제헌절
㉲ 국경일 중 유일하게 공휴일이 아닌 제헌절

(㉮)→(㉯)→(㉲)→(㉱)→(㉰)

6
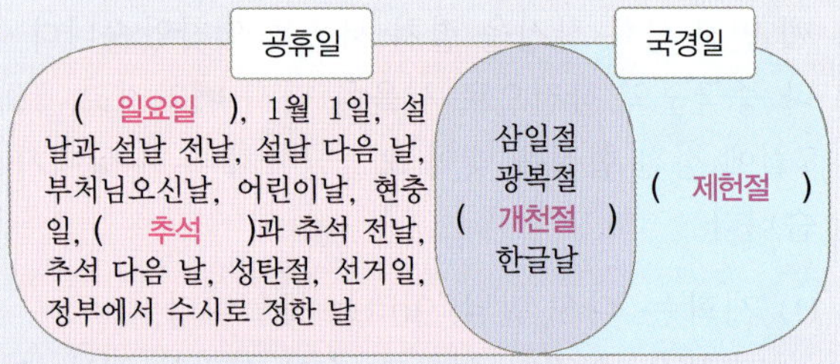

7 (1) ㉯ (2) ㉲ (3) ㉮ (4) ㉰ (5) ㉱

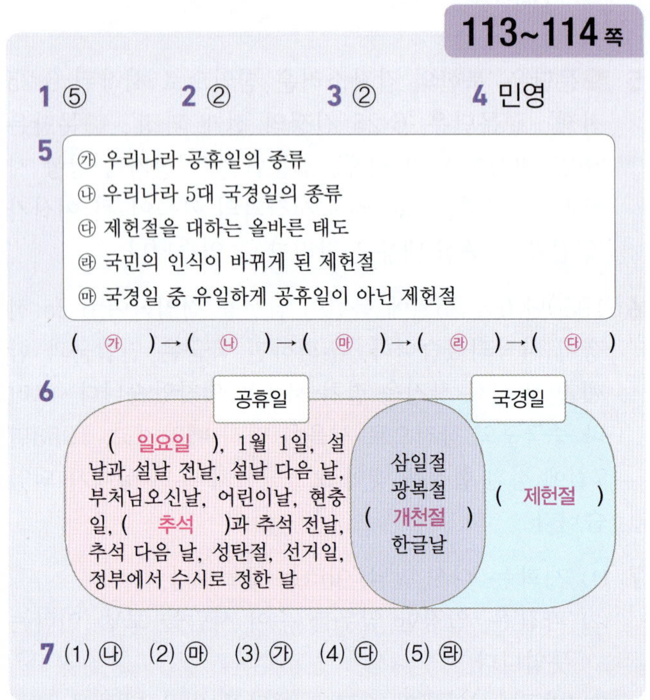

1 이 글은 국경일 중 유일하게 공휴일이 아닌 제헌절에 대해 설명하기 위해 쓴 글입니다.

2 국경일은 국기를 게양하는 날입니다. 제헌절은 국경일이지만 공휴일을 줄여야 한다는 목소리에 2008년부터 공휴일에서 제외되었습니다. 그러므로 국기는 게양하지만 공휴일이 아닌 날은 제헌절입니다.

3 이 글에서는 아이도 어른도 모두 손꼽아 공휴일을 기다린다고 말하고 있을 뿐, 학생들이 가장 좋아하는 공휴일이 언제인지는 제시되어 있지 않습니다.

오답 풀이

① 4문단에서 제헌절을 다른 국경일보다 덜 중요하게 여기거나 국경일이 아닌 기념일이라고 생각하게 되었다고 했습니다.
③ 3문단에서 한글날은 1990년에 국경일에서 기념일로 바뀌었다가 다시 국경일이 되었다고 했습니다.
④ 5문단에서 1948년 7월 17일에 국회에서 대한민국의 첫 헌법을 만들어 발표했다고 했습니다.
⑤ 2문단에서 지금과 같은 5대 국경일을 지정한 것은 1949년 10월 1일이라고 했습니다.

4 추석 당일과 전후 이틀이 공휴일이기 때문에 추석 전날, 추석, 추석 다음 날 모두 3일을 쉴 수 있습니다. 이렇게 휴일이 이틀 이상 계속되는 휴일을 '연휴'라고 합니다.

오답 풀이

주호: 양력과 음력은 날짜를 세는 기준이 서로 다릅니다. 그러므로 새해 첫날인 양력 1월 1일과 설날인 음력 1월 1일은 각각 다른 날이며 모두 공휴일입니다.
예나: 1년에 52일의 일요일이 모두 공휴일이기 때문에 공휴일의 수는 1년에 70일 정도 됩니다.

5 1문단은 '우리나라 공휴일의 종류', 2문단은 '우리나라 5대 국경일의 종류'에 대해 설명하고 있습니다. 3문단은 '국경일 중 유일하게 공휴일이 아닌 제헌절', 4문단은 '국민의 인식이 바뀌게 된 제헌절', 5문단은 '제헌절을 대하는 올바른 태도'에 대해 설명하고 있습니다.

6 공휴일에는 일요일, 국경일 중 일부, 1월 1일, 설날과 전후 이틀, 부처님오신날, 어린이날, 현충일, 추석과 전후 이틀, 성탄절, 선거일, 정부에서 수시로 정한 날이 있습니다. 국경일에는 삼일절, 제헌절, 광복절, 개천절, 한글날이 있으며 제헌절은 국경일이지만 공휴일은 아닙니다.

7 (1) '게양되다'는 '깃발 등이 높이 달리다.'라는 뜻입니다.
(2) '경사'는 '축하할 만한 기쁜 일.'이라는 뜻입니다.
(3) '인식'은 '무엇을 분명히 알고 이해함.'이라는 뜻입니다.
(4) '수시'는 '일정하게 정하여 놓은 때 없이 그때그때 상황에 따름.'이라는 뜻입니다.
(5) '우려'는 '근심하거나 걱정함.'이라는 뜻입니다.

비주얼 사회 교과서 개념 **115쪽**

(1) 국경 (2) 제헌절

(1) '나라의 경사를 기념하기 위하여, 국가에서 법으로 정하여 축하하는 날.'은 '국경일'입니다.

(2) '우리나라의 헌법을 제정한 것을 기념하는 국경일.'은 '제헌절'입니다.

② '유야무야'는 '있는 듯 없는 듯 흐지부지함.'이라는 뜻입니다.
③ '일희일비'는 '한편으로는 기뻐하고 한편으로는 슬퍼함. 또는 기쁨과 슬픔이 번갈아 일어남.'이라는 뜻입니다.
④ '조삼모사'는 '간사한 꾀로 남을 속여 희롱함을 이르는 말.'입니다.
⑤ '표리부동'은 '겉으로 드러나는 언행과 속으로 가지는 생각이 다름.'이라는 뜻입니다.

일반사회 02 종교의 자유가 보장된 우리나라

- **글의 종류** 설명문
- **글의 특징** 우리나라 헌법에 명시된 '종교의 자유'와 우리나라 종교의 특징을 설명하는 글입니다.
- **주제** 종교의 자유와 우리나라 종교의 특징

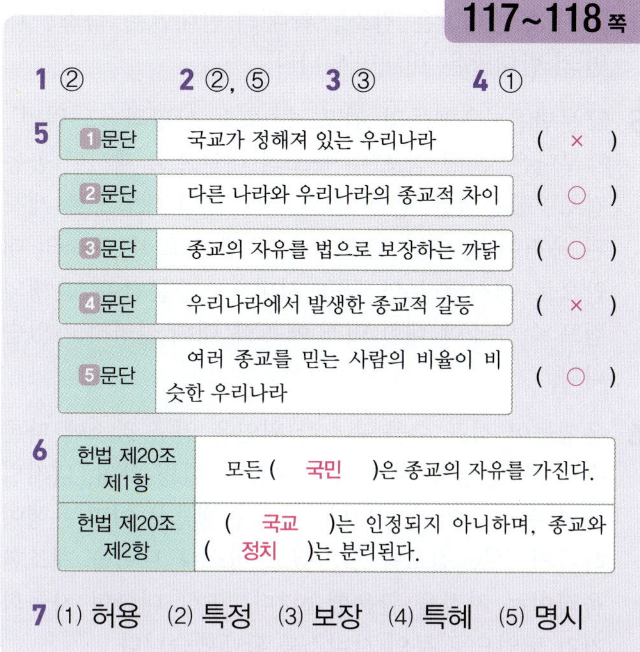

117~118쪽

1 ② **2** ②, ⑤ **3** ③ **4** ①

5
문단	내용	정답
1문단	국교가 정해져 있는 우리나라	(×)
2문단	다른 나라와 우리나라의 종교적 차이	(○)
3문단	종교의 자유를 법으로 보장하는 까닭	(○)
4문단	우리나라에서 발생한 종교적 갈등	(×)
5문단	여러 종교를 믿는 사람의 비율이 비슷한 우리나라	(○)

6
헌법 제20조 제1항	모든 (**국민**)은 종교의 자유를 가진다.
헌법 제20조 제2항	(**국교**)는 인정되지 아니하며, 종교와 (**정치**)는 분리된다.

7 (1) 허용 (2) 특정 (3) 보장 (4) 특혜 (5) 명시

1 이 글은 종교의 자유를 헌법으로 보장하는 까닭을 설명하고 종교의 자유가 보장된 우리나라의 종교적 특징을 소개하는 글입니다.

2 종교의 자유는 국가가 국민이 종교를 가질 권리뿐만 아니라 종교를 가지지 않을 권리를 보장한다고 했습니다.

3 4와 5문단에서 우리나라는 종교가 없는 사람이 많고 각 종교를 믿는 사람의 비율도 서로 비슷해서 종교적 갈등이나 대립이 심하지 않다고 했습니다. 바꾸어 말하면 종교가 다르면 사회적 갈등이 일어날 수도 있다는 뜻이 됩니다.

① 이 글의 내용만으로는 중국에 국교가 있는지 없는지 알 수 없습니다.
② 2015년, 통계청의 자료를 볼 때, 대한민국 국민의 절반 이상은 종교가 없습니다.
④ 이 글의 내용만으로는 다른 나라에서 사람들이 믿는 종교의 비율이 어떠한지 알 수 없습니다.
⑤ 살아서의 자아실현을 중시하고, 죽음 이후의 세계에 대해서는 언급하지 않는 것은 유교입니다.

4 ⓛ에는 '큰 차이 없이 거의 같음.'이라는 뜻의 '대동소이'가 어울립니다.

5 1문단은 '종교의 자유가 보장된 우리나라', 2문단은 '다른 나라와 우리나라의 종교적 차이', 3문단은 '종교의 자유를 법으로 보장하는 까닭', 4문단은 '종교가 없는 사람이 많은 우리나라', 5문단은 '여러 종교를 믿는 사람의 비율이 비슷한 우리나라'에 대해 설명하고 있습니다.

6 헌법 제20조 제1항에는 '모든 국민은 종교의 자유를 가진다.'라고 명시하고 있으며, 헌법 제20조 제2항에는 '국교는 인정되지 아니하며, 종교와 정치는 분리된다.'라고 되어 있습니다.

7 (1) '허용'은 '허락되어 너그럽게 받아들임.'이라는 뜻입니다.
(2) '특정'은 '특별히 지정함.'이라는 뜻입니다.
(3) '보장'은 '어떤 일이 어려움 없이 이루어지도록 조건을 마련하여 보증하거나 보호함.'이라는 뜻입니다.
(4) '특혜'는 '특별한 은혜나 혜택.'이라는 뜻입니다.
(5) '명시'는 '분명하게 드러내 보임.'이라는 뜻입니다.

(1) '고용'은 '삯을 받고 남의 일을 해 줌.'이라는 뜻입니다.
(2) '특가'는 '특별히 싸게 매긴 값.'이라는 뜻입니다.
(3) '보류'는 '어떤 일을 당장 처리하지 아니하고 나중으로 미루어 둠.'이라는 뜻입니다.
(4) '특징'은 '다른 것에 비하여 특별히 눈에 뜨이는 점.'이라는 뜻입니다.
(5) '암시'는 '넌지시 알림. 또는 그 내용.'이라는 뜻입니다.

비주얼 사회 교과서 개념

119쪽

(1) 종교 (2) 자유

(1) '신이나 자연과 같이 절대적인 힘을 통하여 고민을 해결하고 삶의 근본적인 목적을 찾으려는 문화.'를 '종교'라고 합니다.

(2) '법률이 허용하는 범위 안에서 제한이나 간섭을 받지 않고 종교를 믿을 수 있는 자유.'는 '종교의 자유'입니다.

- **글의 종류** 설명문
- **글의 특징** 은행이 점포 수를 줄이면서 고객이 불편을 겪지 않도록 제시한 여러 가지 대안을 소개한 글입니다.
- **주제** 은행 점포 수 축소의 대안

121~122 쪽

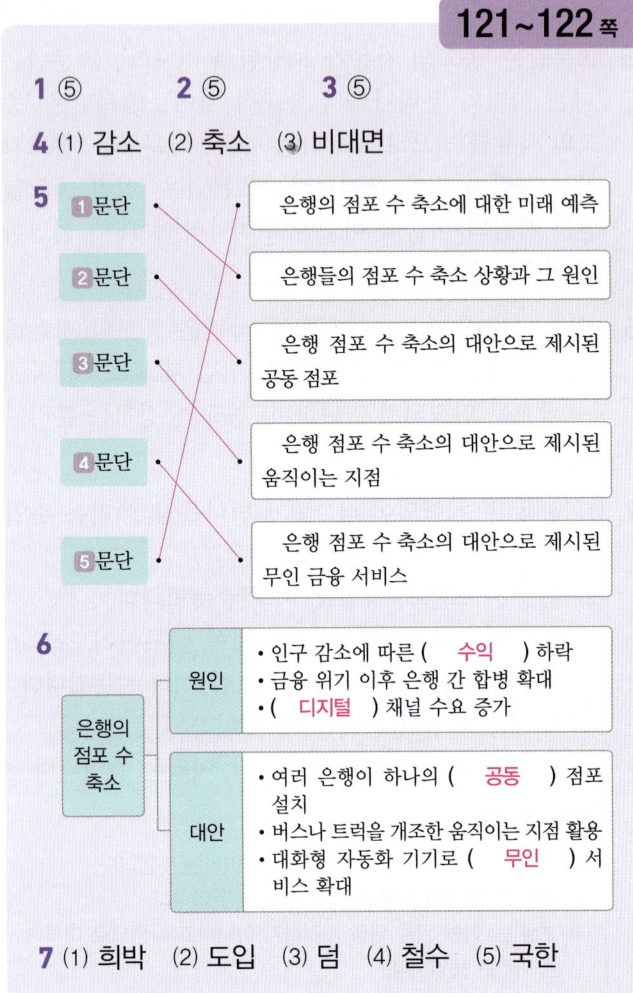

1 이 글에서는 은행들이 점포 수를 축소하는 상황을 소개하고 그에 대한 은행들의 대안을 설명했습니다.

2 ④문단에서 기존 자동화 기기는 기능이 현금 입출금 정도에 국한되지만, 새롭게 도입된 대화형 자동화 기기는 예금, 대출 등 직원이 하는 업무의 대부분을 해결할 수 있다고 했습니다.

3 은행의 점포 수 축소가 세계적인 추세라는 것을 보여 줄 수 있는 ⑤가 활용하기에 알맞은 자료입니다.

4 '증가'의 반대말은 '감소', '확대'의 반대말은 '축소', '대면'의 반대말은 '비대면'입니다.

5 ①문단은 '은행들의 점포 수 축소 상황과 그 원인', ②문단은 '은행 점포 수 축소의 대안으로 제시된 공동 점포', ③문단은 '은행 점포 수 축소의 대안으로 제시된 움직이는 지점', ④문단은 '은행 점포 수 축소의 대안으로 제시된 무인 금융 서비스', ⑤문단은 '은행의 점포 수 축소에 대한 미래 예측'에 대해 설명하고 있습니다.

6 은행들이 점포 수를 축소한 원인은 인구 감소에 따른 수익 하락, 금융 위기 이후 은행 간 합병 확대, 디지털 채널 수요 증가 등입니다. 이에 은행들은 여러 은행이 하나의 공동 점포를 설치했고 버스나 트럭을 개조한 움직이는 지점을 활용했습니다. 또한 대화형 자동화 기기 도입으로 무인 서비스를 확대했습니다.

7 (1) '어떤 일이 이루어질 가능성이 적다.'라는 뜻의 '희박하다'가 들어가야 합니다.
(2) '기술, 방법, 물자 따위를 끌어 들였다.'라는 뜻의 '도입하였다'가 들어가야 합니다.
(3) '제 값어치 외에 거저로 조금 더 얹어 주는 일.'이라는 뜻의 '덤'이 들어가야 합니다.
(4) '진출하였던 곳에서 시설이나 장비 따위를 거두어 가지고 물러났다.'라는 뜻의 '철수했다'가 들어가야 알맞습니다.
(5) '범위가 일정한 부분에 한정되었다.'라는 뜻의 '국한되었다'가 들어가야 알맞습니다.

비주얼 사회 교과서 개념   **123 쪽**

(1) 예금   (2) 대출   (3) 이자

(1) '은행이나 우체국 따위에 돈을 맡기는 일.'은 '예금'의 뜻입니다.
(2) '돈이나 물건 따위를 빌려주거나 빌림.'은 '대출'의 뜻입니다.
(3) '남에게 돈을 빌려 쓴 대가로 치르는 일정한 비율의 돈.'은 '이자'의 뜻입니다.

- **글의 종류** 설명문
- **글의 특징** 우리나라 국민의 납세 의무를 소개하고 체납자가 어떤 처벌을 받는지, 체납자를 관리하기 위해 어떤 노력을 하는지를 설명하는 글입니다.
- **주제** 체납자에 대한 처벌과 관리

125~126 쪽

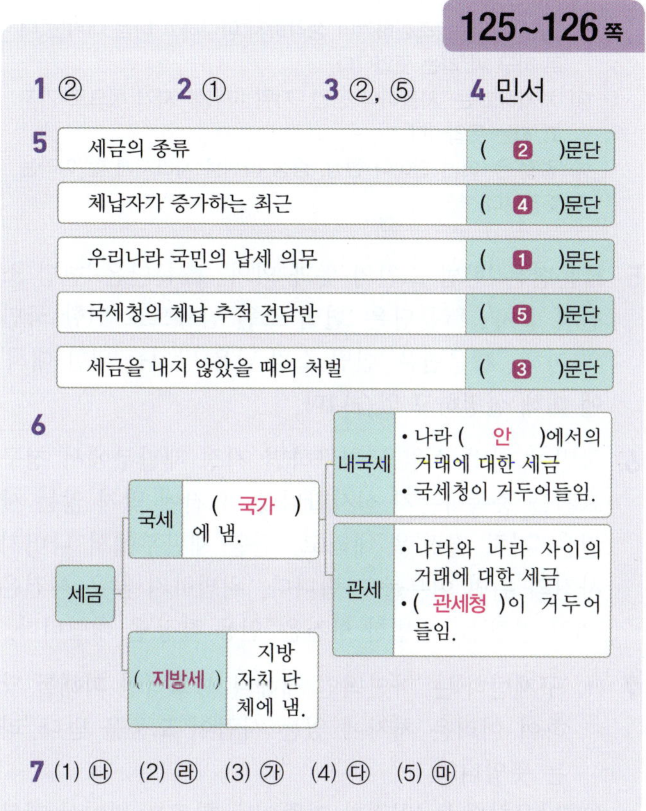

1 ②   **2** ①   **3** ②, ⑤   **4** 민서

5

세금의 종류	(**2**)문단
체납자가 증가하는 최근	(**4**)문단
우리나라 국민의 납세 의무	(**1**)문단
국세청의 체납 추적 전담반	(**5**)문단
세금을 내지 않았을 때의 처벌	(**3**)문단

6

세금	국세 (**국가**)에 냄.	내국세 · 나라 (**안**)에서의 거래에 대한 세금 · 국세청이 거두어들임.
		관세 · 나라와 나라 사이의 거래에 대한 세금 · (**관세청**)이 거두어들임.
	(**지방세**) 지방 자치 단체에 냄.	

7 (1) ㉯   (2) ㉱   (3) ㉮   (4) ㉰   (5) ㉲

1 이 글은 세금을 내야 하는 까닭과 세금의 종류, 세금을 내지 않았을 때의 처벌, 체납자 관리를 위한 노력 등 세금에 대해 설명하고 있습니다.

2 세금을 내는 방법에 대해서는 이 글에서 설명하고 있지 않습니다.

오답 풀이

② **2**문단에 국세와 지방세는 세금을 거두어들이는 곳이 다르다는 내용이 나와 있습니다.
③ **3**문단에 체납한 금액이 많을 때 받는 처벌이 나와 있습니다.
④ **1**문단에 헌법에 정해져 있기 때문에 우리가 세금을 내야 한다는 내용이 나와 있습니다.
⑤ **4**문단에 체납자들이 세금을 내지 않으려고 어떤 행동을 하는지 나와 있습니다.

3 '은닉한'은 '남의 물건이나 범죄인을 감춘.'이라는 뜻입니다. 그러므로 '감추어 보이지 않게 한.'이라는 뜻의 '숨긴'이나 '남이 보거나 찾아내지 못하도록 가리거나 숨겨 둔.'이라는 뜻의 '감추어 둔'과 바꾸어 쓸 수 있습니다.

4 '체납 추적 전담반'은 국세청에서 고의로 고액을 체납한 사람들을 관리하고 추적하는 일을 전문적으로 담당하는 부서입니다.

오답 풀이

예린: **5**문단에서 전담반은 오랜 기간, 많은 금액을 체납한 사람을 추적한다고 했습니다.
주호: **5**문단에 전담반 직원들이 세금 징수 과정에서 소송에 휘말리기도 한다는 내용이 나와 있습니다.
현수: 전담반은 재산을 추적하는 일뿐만 아니라 재산이 발견되면 즉시 세금을 징수하는 일도 합니다.

5 **1**문단은 '우리나라 국민의 납세 의무', **2**문단은 '세금의 종류'로 내용을 요약할 수 있습니다. **3**문단은 '세금을 내지 않았을 때의 처벌', **4**문단은 '체납자가 증가하는 최근', **5**문단은 '국세청의 체납 추적 전담반'으로 내용을 요약할 수 있습니다.

6 세금은 국가에 내는 국세와 지방 자치 단체에 내는 지방세로 나뉘고, 국세는 다시 나라 안에서의 거래에 대한 세금인 내국세와 나라와 나라 사이의 거래에 대한 세금인 관세로 나뉜다고 하였습니다. 내국세와 관세는 세금을 거두어들이는 곳도 다르며, 내국세는 국세청이, 관세는 관세청이 거두어들입니다.

7 (1) '고의'는 '일부러 하는 생각이나 태도.'라는 뜻입니다.
(2) '의무'는 '법으로 정해져 강제성이 있는, 반드시 해야 하는 일.'이라는 뜻입니다.
(3) '잠복'은 '드러나지 않게 숨음.'이라는 뜻입니다.
(4) '징역'은 '죄인을 교도소에 가두어 노동을 시키는 형벌.'이라는 뜻입니다.
(5) '지능적'은 '사물이나 상황을 이해하고 대처하는 지적인 적응 능력이 있는 것.'이라는 뜻입니다.

비주얼 사회 교과서 개념   **127 쪽**

(1) 직접   (2) 간접

(1) '국가가 세금을 내야 하는 사람들에게 직접 거두어들이는 세금.'은 '직접세'입니다.

(2) '일부 상품의 소비나 유통에 세금을 매겨 상품을 구입하거나 사용하는 사람이 내는 세금.'은 '간접세'입니다.

- **글의 종류** 설명문
- **글의 특징** 헌법재판소의 업무 중 하나인 헌법 소원을 소개하며 제도를 남용하는 사람들에 대한 문제를 제기하고 있는 글입니다.
- **주제** 헌법 소원의 남용 문제

129~130 쪽

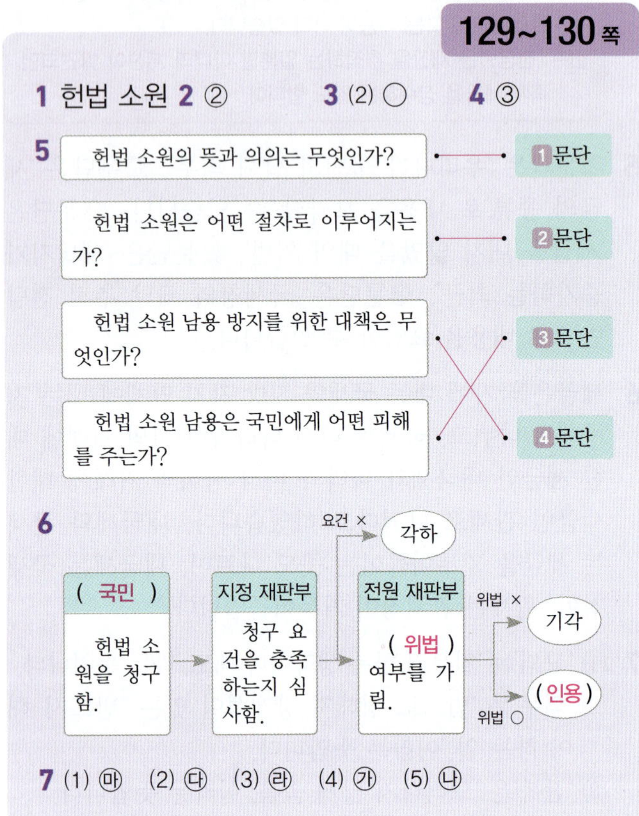

1 이 글은 국가가 국민의 기본권을 침해했을 때 헌법재판소에 이를 회복시켜 달라고 요청하는 제도인 헌법 소원과 이 제도를 남용하는 사람들에 대해 설명하고 있습니다.

2 1문단에서 헌법 소원이 다른 법률에 규정된 절차를 모두 거친 뒤에도 피해를 구제받지 못했을 때 선택하는 최후의 수단이라고 하였습니다.

> **오답 풀이**
> ① 3문단에서 경제적 능력이 없어도 헌법 소원을 제기할 수 있으며 이들을 위해 국선 대리인을 선임해 준다고 했습니다.
> ③ 헌법 소원이 잘 알려지지 않아서 신청자가 적다는 내용은 글에 제시되지 않았습니다.
> ④ 3문단에서 헌법재판소의 미제 사건은 2019년보다 2023년에 약 1.5배 증가했다고 했습니다.
> ⑤ 헌법 소원을 막는 것은 기본권을 침해하는 것이기 때문에 같은 사건을 여러 번 접수해도 막을 수 있는 규정은 없습니다.

3 1문단에서 헌법은 모든 법률의 기본이 된다고 하였으므로 헌법은 법률의 바탕이 된다고 할 수 있습니다.

4 ㉓'처리하는'은 '일이나 사무, 사건을 절차에 따라 정리해 마무리하는.'이라는 뜻입니다. '제작하는'은 '재료를 가지고 기능과 내용을 가진 새로운 물건이나 예술 작품을 만드는.'이라는 뜻이므로 ㉴와 바꾸어 쓰기에 알맞지 않습니다. ㉴는 '마무리하는', '해결하는' 등과 바꾸어 써야 자연스럽습니다.

> **오답 풀이**
> ① '만족하는지'는 '모자람이 없이 충분하고 넉넉한지.'라는 뜻입니다.
> ② '함부로 써'는 '조심하거나 생각하지 아니하고 마음 내키는 대로 마구 써.'라는 뜻입니다.
> ④ '차지하고'는 '사물이나 공간, 지위 따위를 자기 몫으로 가지고.'라는 뜻입니다.
> ⑤ '없앨'은 '어떤 일이나 현상, 증상 따위를 사라지게 할.'이라는 뜻입니다.

5 1문단은 '헌법 소원의 뜻과 의의', 2문단은 '헌법 소원의 절차', 3문단은 '헌법 소원 남용으로 인한 국민의 피해', 4문단은 '헌법 소원 남용 방지를 위한 대책'에 대해 설명하고 있습니다.

6 국민이 헌법 소원을 청구하면 지정 재판부에서 청구 요건을 충족하는지 심사합니다. 요건에 맞지 않는 사건은 '각하 결정'을 내리고, 전원 재판부에서 나머지 사건의 위법 여부를 가립니다. 위법하지 않은 사건은 '기각 결정'을, 위법한 사건은 '인용 결정'을 내립니다.

7 (1) '구제받다'는 '자연적인 재해나 사회적인 피해를 당하여 어려운 처지에 있는 사람이 도움을 받다.'라는 뜻입니다.
(2) '남용하다'는 '일정한 기준이나 한도를 넘어서 함부로 쓰다.'라는 뜻입니다.
(3) '선임하다'는 '여러 사람 가운데서 어떤 직무나 임무를 맡을 사람을 골라내다.'라는 뜻입니다.
(4) '제기되다'는 '소송이 일어나다.'라는 뜻입니다.
(5) '침해하다'는 '침범하여 해를 끼치다.'라는 뜻입니다.

비주얼 사회 교과서 개념 **131 쪽**

(1) 헌법   (2) 기본

(1) '국가를 통치하는 기본 원리이며 국민의 기본권을 보장하고, 다른 것으로 대체할 수 없는 최고 법규.'는 '헌법'입니다.

(2) '인간이 태어날 때부터 가지고 있는 기본적인 권리.'는 '기본권'입니다.

- **글의 종류** 영화 감상문
- **글의 특징** 글쓴이가 영화 「원더」를 본 뒤에 인권의 의미와 중요성에 대해 생각한 점을 쓴 글입니다.
- **주제** 영화를 보고 느낀 인권의 의미와 중요성

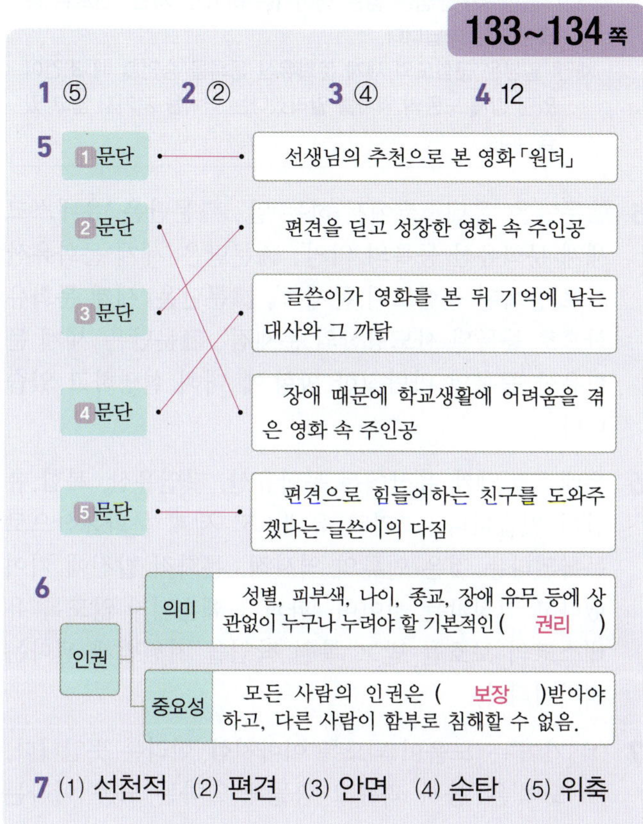

1 이 글은 영화를 보고 느낀 인권의 의미와 중요성을 소개한 글입니다.

2 글쓴이가 본 영화의 배경이 된 실제 사건이 있는지는 글에 제시되지 않았습니다.

> **오답 풀이**
> ① 1문단에서 글쓴이가 영화를 본 까닭이 무엇인지를 설명했습니다.
> ③ 4문단에 글쓴이가 인상 깊게 본 영화 속 대사가 무엇인지 소개했습니다.
> ④ 글쓴이는 5문단에 영화를 본 뒤에 어떤 생각을 했는지를 썼습니다.
> ⑤ 3문단에서 잭이 어기의 험담을 하고 나중에 두 사람이 화해했다는 내용을 통해 주인공과 갈등이 있었던 인물이 잭이라는 것을 알 수 있습니다.

3 ㉮'안면'과 ㉯'얼굴'은 유의 관계의 낱말로, 서로 바꾸어 써도 뜻이 통합니다. ㉮는 한자어이고, ㉯는 고유어입니다.

4 글쓴이가 본 영화에서 줄리안이 어기를 괴물이라고

말한 것은 어기의 이름과 명예에 대해 비난한 것이라고 볼 수 있습니다. 이와 관련된 세계 인권 선언의 조항은 제12조입니다.

5 1문단은 '선생님의 추천으로 본 영화 「원더」', 2문단은 '장애 때문에 학교생활에 어려움을 겪은 영화 속 주인공', 3문단은 '편견을 딛고 성장한 영화 속 주인공'으로 요약할 수 있습니다. 4문단은 '글쓴이가 영화를 본 뒤 기억에 남는 대사와 그 까닭', 5문단은 '편견으로 힘들어하는 친구를 도와주겠다는 글쓴이의 다짐'으로 요약할 수 있습니다.

6 인권의 의미는 '성별, 피부색, 나이, 종교, 장애 유무 등에 상관없이 누구나 누려야 할 기본적인 권리'입니다. 모든 사람의 인권은 보장받아야 하고 다른 사람이 함부로 침해할 수 없습니다.

7 (1) '선천적'은 '태어날 때부터 지니고 있는 것.'이라는 뜻입니다.
(2) '편견'은 '공정하지 못하고 한쪽으로 치우친 생각.'이라는 뜻입니다.
(3) '안면'은 '눈, 코, 입이 있는 머리의 앞면.'이라는 뜻입니다.
(4) '순탄하게'는 '삶 따위가 아무 탈 없이 순조롭게.'라는 뜻입니다.
(5) '위축되어서'는 '어떤 힘에 눌려 졸아들고 기를 펴지 못하게 되어서.'라는 뜻입니다.

> **오답 어휘 설명**
> (1) '낙천적'은 '세상과 인생을 즐겁고 좋은 것으로 여기는 것.'이라는 뜻입니다.
> (2) '편식'은 '어떤 특정한 음식만을 가려서 즐겨 먹음.'이라는 뜻입니다.
> (3) '안색'은 '얼굴에 나타나는 표정이나 빛깔.'이라는 뜻입니다.
> (4) '간탄하게'는 '마음속 깊이 크게 느끼게.'라는 뜻입니다.
> (5) '단축되어서'는 '시간이나 거리 따위가 짧게 줄어들어서.'라는 뜻입니다.

비주얼 사회 교과서 개념 **135 쪽**

(1) 인권   (2) 선언

(1) '인간으로서 당연히 가지는 기본적 권리.'를 '인권'이라고 합니다.

(2) '제3회 국제 연합 총회에서 채택된 인권에 관한 문서.'는 '세계 인권 선언'이라고 합니다.

- **글의 종류** 설명문
- **글의 특징** 유네스코의 세계 문화유산 등록이 지니는 의의를 밝히면서, 일본의 세계 문화유산 등록 과정의 문제점을 지적하는 글입니다.
- **주제** 유네스코 세계 문화유산 등록의 의미

137~138쪽

1 ④ **2** ⑤ **3** (3) ○ **4** 민지

5

문단	중심 내용
1	(유네스코)에서 하는 일
2	유네스코 세계 문화유산 (등록)의 의의
3	세계 문화유산으로 등록된 (군함도 / 하시마섬)의 문제점
4	세계 문화유산으로 등록된 (사도광산)의 문제점
5	세계 문화유산 등록의 바람직한 방향

6

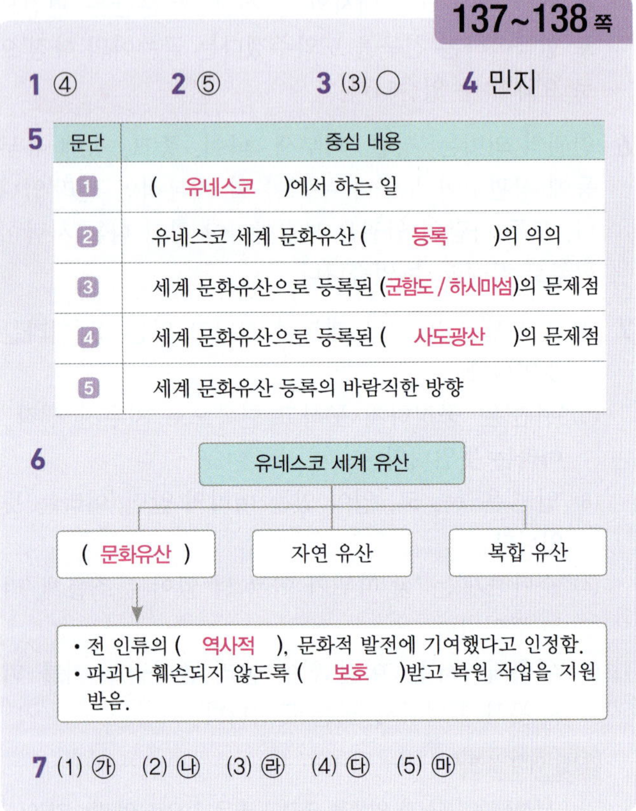

7 (1) ㉮ (2) ㉯ (3) ㉱ (4) ㉰ (5) ㉲

1 이 글은 군함도, 사도광산과 같이 강제 노역의 역사가 있는 문화유산의 유네스코 세계 문화유산 등록에 대한 문제점을 지적하려고 썼습니다.

2 ㉠과 ㉡은 모두 식민 지배 과정에서 한국인들을 강제로 노동시킨 곳입니다. 일본인들이 강제 노동을 했다는 내용은 글에 나와 있지 않습니다.

> **오답 풀이**
>
> ①, ② **3**문단과 **4**문단에서 ㉠은 석탄을, ㉡은 금과 은을 채굴했던 곳이라고 했습니다.
> ③ ㉠은 2015년에 세계 문화유산으로 등록된 곳이고, ㉡은 2024년에 세계 문화유산으로 등록되었습니다.
> ④ ㉠과 ㉡은 모두 일제 강점기에 한국인을 데려가 강제로 노동시킨 곳입니다.

3 일본은 군함도와 사도광산을 유네스코 세계 문화유산으로 등록하면서 일본의 좋은 면만 보여 주려고 하였습니다. 이를 통해 일본이 근대 유산에 담긴, 식민지를 수탈했던 과거를 숨기고 싶어 한다는 것을 짐작할 수 있습니다.

4 군함도는 석탄을 채굴하던 탄광이 있던 곳으로, 일본이 20세기 초반 일본의 경제를 이끈 군함도의 역사적 가치를 보존하겠다고 세계 문화유산으로 등록했습니다. 그러나 일본은 군함도에서 벌어진 강제 노동의 역사를 숨기고 있습니다.

> **오답 풀이**
>
> 서진: 군함도가 군함을 닮은 섬이기는 하지만, 자연유산으로 등록된 것은 아닙니다.
> 채연: 일본은 군함도의 세계 문화유산 등록을 승인할 때 조건이었던 강제 노동의 역사를 알리겠다는 약속을 지키지 않고 있습니다.

5 **1**문단은 '유네스코에서 하는 일', **2**문단은 '유네스코 세계 문화유산 등록의 의의', **3**문단은 '세계 문화유산으로 등록된 군함도의 문제점', **4**문단은 '세계 문화유산으로 등록된 사도광산의 문제점', **5**문단은 '세계 문화유산 등록의 바람직한 방향'에 대해 설명하고 있습니다.

6 유네스코 세계 유산에는 문화유산, 자연유산, 복합 유산이 있습니다. 그리고 유네스코 세계 문화유산으로 등록된다는 것은 인류의 역사적, 문화적 발전에 기여했다고 인정받는 것이며, 파괴나 훼손되지 않도록 유네스코의 보호를 받고 복원 작업을 지원받게 된다는 의미입니다.

7 (1) '기여'는 '도움이 되도록 이바지함.'이라는 뜻입니다.
(2) '노역'은 '몹시 괴롭고 힘들게 일하는 노동.'이라는 뜻입니다.
(3) '승인'은 '어떤 사실을 마땅하다고 받아들임.'이라는 뜻입니다.
(4) '유산'은 '앞 세대가 물려준 사물 또는 문화.'라는 뜻입니다.
(5) '채굴'은 '땅을 파고 땅속에 묻혀 있는 광물을 캐냄.'이라는 뜻입니다.

(1) 국제   (2) 비정부

(1) '어떤 국제적인 목적이나 활동을 위해서 두 나라 이상의 회원국으로 구성된 조직체.'는 '국제기구'입니다.
(2) '정부 간의 협정에 의하지 아니하고 민간의 국제 협력으로 설립된 조직.'은 '비정부 기구'입니다.

내신과 수능의 빠른시작!
중학 국어 빠작 시리즈

비문학 독해 0~3단계

독해력과 어휘력을
함께 키우는
독해 기본서

문학 독해 1~3단계

필수 작품을 통해
문학 독해력을 기르는
독해 기본서

문학X비문학 독해 1~3단계

문학 독해력과
비문학 독해력을 함께 키우는
독해 기본서

고전 문학 독해

필수 작품을 통해
고전 문학 독해력을 기르는
독해 기본서

어휘 1~3단계

내신과 **수능**의
기초를 마련하는
중학 어휘 기본서

한자 어휘

중학 국어 필수 어휘를
배우는 한자 어휘 기본서

서술형 쓰기

유형으로 익히는
실전 TIP 중심의
서술형 실전서

첫 문법

중학 국어 문법을
쉽게 익히는 문법 입문서

문법

풍부한 문제로 문법 개념을
정리하는 문법서

정답과 해설

빠작

초등 비문학 독해 **통합사회**

믿고 보는 동아출판 초등 교재

기초학습서부터 교과서 개념 다지기, 과목별 전문서까지!
초등학교 입학 전부터, 예비 중등까지!
초등학생에게 꼭 필요한 영역을 빠짐없이! 동아출판 초등 교재 라인업

BEST
2022 개정 교육과정
초능력 맞춤법 + 받아쓰기
초등 1~2학년 공부 단짝
초등 국어 1·2
쉽고 빠른 맞춤법 학습
받아쓰기 단계별 연습
국어 교과서 어휘 학습

초능력 비주얼씽킹 과학
초능력 비주얼씽킹 초등 한국사
초능력 수학 연산
초능력 국어 독해
초능력 급수 한자

초등 영역별 기초학습서
초능력 국어 / 수학 / 과학 / 한국사 / 한자

초고필 비문학 독해 1
5-6학년
예비 중등

초고필 우리수의 사칙연산
초고필 지금 국어 문법을 해야 할 때
초고필 국어 어휘
반편성 배치고사 + 진단평가
초고필 한국사

예비 중등
초고필 국어 / 수학 / 한국사
적중 반편성 배치고사 + 진단평가